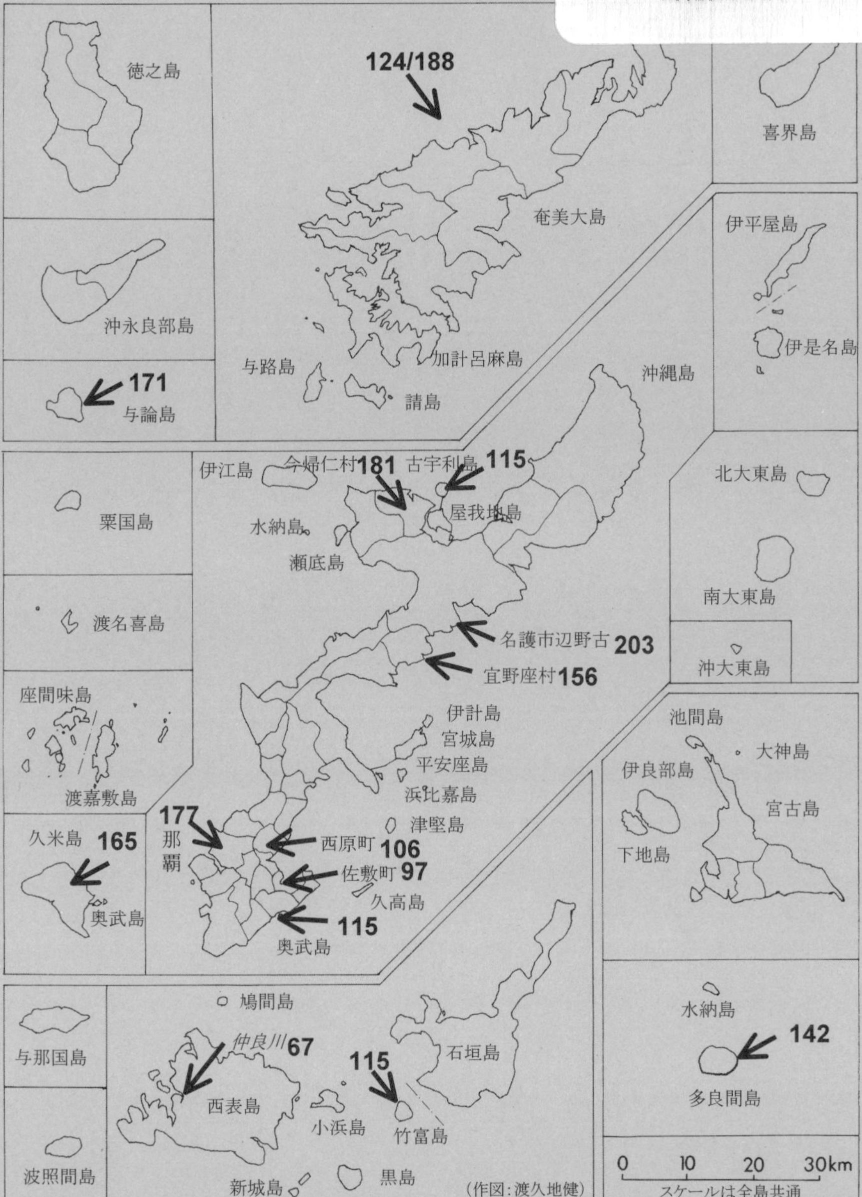

徳之島	124/188 奄美大島 喜界島
沖永良部島	加計呂麻島 伊平屋島 / 伊是名島
171 与論島	与路島 / 請島 沖縄島
粟国島	伊江島 今帰仁村 181 古宇利島 115 屋我地島 / 水納島 / 瀬底島	北大東島 / 南大東島
渡名喜島	名護市辺野古 203 宜野座村 156	沖大東島
座間味島 / 渡嘉敷島	伊計島 宮城島 平安座島 浜比嘉島 津堅島	池間島 大神島 伊良部島 宮古島 下地島
久米島 165 / 奥武島	177 那覇 西原町 106 佐敷町 97 奥武島 115 久高島	
与那国島 / 波照間島	鳩間島 仲良川 67 西表島 小浜島 竹富島 115 石垣島 新城島 黒島 (作図:渡久地健)	水納島 142 多良間島 0 10 20 30km スケールは全島共通

南島の地名 第6集/2005年
南島地名研究センター編

仲松弥秀先生カジマヤー記念号

＊カジマヤー（数え歳97歳、申年の成年祝）の日の仲松弥秀先生
2004年10月17日

ボーダーインク

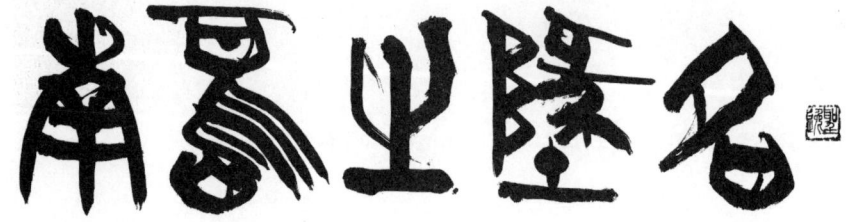

揮毫「南島の地名」：南山聖逸氏（書道研究南聖会・読売書法会幹事・謙慎書道会理事）

仲松弥秀先生写真帖 3

＊写真裏に「友・新城こうえいさんと、師範学校時代」と記載。右が仲松弥秀先生。新城氏は糸満高校校長を勤めた。

＊当山正堅先生（右）と（朝鮮にて）。
当山先生は恩納・谷茶の出身。

＊教職実習。中央ソフト帽をかぶった人の左隣が仲松弥秀先生。

＊今帰仁尋常小学校時代（はじめての教職）、昭和6年3月。前列左側3番目。

仲松弥秀先生写真帖　5

＊宜野座尋常小学校時代の先生たち。前列に座っている2人の左が弥秀先生。

＊文検地理合格者。前列右端が弥秀先生。沖縄で初の合格者。昭和13年1月。

＊一高女の女学生とともに。

親友・宮城幸吉氏（左）と。
地域文化功労彰を祝う会。
2003年2月28日

大宜味村謝名城のアシャギ再建の日。
1999年（深沢惠子撮影）

刊行のことば

　南島地名研究センターの初代代表をつとめられた仲松弥秀先生は昨年10月17日、カジマヤー（数え年97歳、申年の成年祝(トゥシビー)）を迎えられた。仲松先生のこれまでの南島地名研究におけるご尽力、後学のご指導に感謝し、『南島の地名』第6集を「仲松弥秀先生カジマヤー記念号」として刊行することにした。仲松先生のますますのご健康をお祈りいたしたい。
　南島地名研究センターが久茂地公民館で高らかに発足の産声をあげたのは1982年3月13日であった。その際、「南島地名研究センター結成の趣意書」のたたき台となる文書を書いた記憶がふっとよみがえってきた。あれから二昔余の歳月が経過している。爾来、本会は毎年、大会・総会、例会を開き、地名巡検を実施し、会誌『南島の地名』と会報「珊瑚の島だより」（最新号は47号）を発行してきた。また、1991年10月には、南島地名研究センター編『地名を歩く』（ボーダーインク発行）を出版し、活動成果の一端を世に問うことができた。このように、本会は着実に活動を継続してきたが、今後とも、「継続は力なり」として、南島地名研究をより魅力あるものにするよう、より一層努力していきたいと思う。
　今回寄稿された会員、原稿依頼を快諾くださったゲストの方々、ホスト役を努めた編集委員諸氏の熱意が実って、豊穣なる「仲松弥秀先生カジマヤー記念号」が刊行できたことを皆様と共によろこびたいと思う。
　末筆ながら、本会の活動に深い理解を示され、第1集から『南島の地名』の刊行などにおいてご協力をいただいているボーダーインク代表取締役の宮城正勝氏に御礼申しあげたい。

2005年6月10日
南島地名研究センター代表
　島　袋　伸　三

南島の地名（第6集：仲松弥秀先生カジマヤー記念号）目次

ページ		
口絵	仲松弥秀先生写真帖	
7	刊行のことば	島袋　伸三
	年譜、研究業績、聞き書き、仲松ノート目録	
10	仲松弥秀先生年譜	
12	仲松弥秀先生研究業績目録	
17	〈聞き書き〉仲松弥秀の生い立ち	深沢　惠子
23	〈聞き書き〉朝鮮から帰った仲松弥秀	安仁屋　政昭
26	『琉球弧の村落探求』── 仲松弥秀ノート目録	深沢　惠子
	仲松弥秀著書未収録論文、講演録	
29	南朝鮮平頂峯上の土地利用	仲松　弥秀
40	[講演] 沖縄の「マキョ」村落	仲松　弥秀
	論　文	
56	沖縄・九州の交差点の地名	鏡味　明克
67	西表島・仲良川の生活誌── 流域の地名を手がかりに	安渓　遊地
84	「青」と「オウ（オー）」の地名学	目崎　茂和
97	沖縄島中南部の崩壊地形地名	上原　冨二男
106	西原町字翁長の「坂田」誕生と定着	久高　將清
115	〈海神祭〉儀礼に見る他界観の諸相	稲福　みき子
124	「寰瀛水路誌」にみる奄美の地名と海岸描写	渡久地　健
		目崎　茂和
	研究ノート、地名エッセー	
142	多良間村の村制施行日について ── 村の誕生日はいつ?	金城　善
148	御嶽の「神名」についての一考察	仲田　邦彦
156	宜野座村の地名そぞろ歩き	知名　定順
165	謎につつまれた山城	仲村　昌尚
171	「ゆいむん」地名考	堀　信行
	── 与論島の百合が浜から斎場御嶽のユインチ（寄満）	
177	那覇（ナーファ）という地名の由来	久手堅　憲夫
	── 伊波普猷の魚場説は定説になりうるか	
181	今帰仁村の小地名	玉城　三郎
188	地名の偉大さ、不思議さ、面白さに魅せられて	牧野　哲郎
203	名護市辺野古の海岸海域地名素描	島袋　伸三
207	沖縄の地名に接して	山口　均
209	「つる」はどこから来たか	名嘉　順一
	── 特に九州地区の小地名「つる」について	

仲松弥秀先生の思い出

- **214** 弥秀先生との摩訶不思議な縁　　　　　　　　　　仲松　源光
- **216** 仲松弥秀先生の思い出　　　　　　　　　　　　　牧野　哲郎
- **218** 定年退職したら一介の老人だよ　　　　　　　　　仲村　昌尚
- **220** 犬も歩けば　　　　　　　　　　　　　　　　　　津波　高志
- **222** 「墨は知ってもモノ知らぬ人間」に成るなよ!!　　安渓　遊地
  ── 仲松弥秀先生にいただいた言葉
- **225** 仲松弥秀先生とわたし　　　　　　　　　　　　　町田　宗博

＊印を付した写真は、仲松弥秀先生ご家族からご提供をいただきました。

●執筆者一覧（50音順）

安仁屋　政　昭	沖縄国際大学名誉教授
安　渓　遊　地	山口県立大学教授
稲　福　みき子	沖縄国際大学教授
上　原　冨二男	沖縄大学助教授
鏡　味　明　克	三重大学名誉教授
金　城　　善	糸満市立図書館長
久　高　將　清	南島地名研究センター会員
久手堅　憲　夫	地名研究家
島　袋　伸　三	琉球大学名誉教授
玉　城　三　郎	南島地名研究センター会員
知　名　定　順	宜野座村立博物館主幹
津　波　高　志	琉球大学教授
渡久地　　健	㈶沖縄協会嘱託研究員
名　嘉　順　一	元琉球大学教授
仲　田　邦　彦	那覇高等学校教諭
仲　松　源　光	南島地名研究センター会員
仲　松　弥　秀	元琉球大学教授
仲　村　昌　尚	南島地名研究センター会員
深　沢　惠　子	沖縄国際大学非常勤講師
堀　　　信　行	首都大学東京教授
牧　野　哲　郎	奄美文化研究所
町　田　宗　博	琉球大学教授
目　崎　茂　和	南山大学教授
山　口　　均	地名研究会あいち代表

仲松弥秀先生年譜

明治 41（1908）年 5 月 19 日	沖縄県国頭郡恩納村字南恩納 6085 番地に生まれる
大正 4（1915）年 4 月	恩納尋常高等小学校入学（大正 12 年 3 月同校卒業）
大正 13（1924）年 4 月	沖縄県師範学校本科一部入学（昭和 4 年同校卒業）
昭和 4（1929）年 4 月	沖縄県師範学校専攻科入学（昭和 5 年同校卒業）
昭和 5（1930）年 3 月 31 日	沖縄県国頭郡今帰仁小学校訓導
昭和 10（1935）年 8 月 31 日	沖縄県国頭郡宜野座小学校訓導
昭和 13（1938）年 1 月 10 日	文部省地理科教員試験検定合格
3 月 21 日	沖縄県国頭郡久辺小学校首席訓導
昭和 14（1939）年 1 月 9 日	沖縄県真和志大道国民学校訓導
1 月 9 日	沖縄県女子師範学校教授嘱託
8 月 25 日	沖縄県立第二中学校教諭
昭和 17（1942）年 3 月 31 日	朝鮮大邱師範学校教諭
昭和 19（1944）年 6 月 15 日	朝鮮大邱師範学校助教授
昭和 21（1946）年 3 月 31 日	愛知県立常滑工業学校教諭
昭和 22（1947）年 5 月 15 日	愛知県田原町立田原中学校教諭
昭和 25（1950）年 3 月 31 日	愛知県岡崎市立岡崎高等学校教諭
昭和 26（1951）年 4 月 16 日	愛知県岡崎市立葵中学校教諭を勤める（所属は岡崎市立岡崎高等学校）
9 月 30 日	愛知県岡崎市立岡崎高等学校に戻る
昭和 27（1952）年 4 月 1 日	愛知県立岡崎北高等学校教諭
9 月 1 日	東京都大田区立東蒲中学校教諭
昭和 28（1953）年 9 月 1 日	東京都大田区立糀谷中学校第二部主事
昭和 31（1956）年 1 月 1 日	東京都中野区立第六中学校教諭

昭和 34 (1959) 年 8 月 1 日		琉球大学文理学部地理学科助教授
昭和 38 (1963) 年 4 月 1 日		琉球大学文理学部地理学科教授
昭和 39 (1964) 年 4 月		琉球大学内に沖縄文化研究所設立、第 1 期所長となる
昭和 44 (1969) 年 5 月 20 日		沖縄県史編集審議会委員
昭和 45 (1970) 年 1 月 17 日		沖縄県文化財専門審議会委員
昭和 50 (1975) 年 4 月 1 日		琉球大学を定年退職
4 月		沖縄国際大学文学部非常勤講師
昭和 51 (1976) 年 1 月 27 日		第 3 回 伊波普猷賞受賞
昭和 53 (1978) 年 4 月 14 日		琉球大学教養部非常勤講師
昭和 57 (1982) 年 3 月 13 日		南島地名研究センター設立、代表となる
平成 2 (1990) 年 2 月 23 日		第 7 回 東恩納寛惇賞受賞
平成 11 (1999) 年 5 月 1 日		沖縄文化功労者
平成 14 (2002) 年 11 月		地域文化功労彰（文部科学大臣表彰）
平成 15 (2003) 年 11 月 3 日		沖縄県功労者表彰（文化部門）

仲松弥秀先生研究業績目録

1932 年（昭和 7）
　「今帰仁大井川町の地理学的研究」『今帰仁尋常高等小学校創立五十周年記念誌』、今帰仁尋常高等小学校
1941 年（昭和 16）
　「琉球列島における米の自給可能度に就いて（上）(下）」『地理学』9 巻 8、9 号、古今書院
1942 年（昭和 17）
　「琉球列島に於けるマラリア病の地理学的研究」『地理学評論』18 巻 4 号、日本地理学会
1944 年（昭和 19）
　「糸満町及び糸満漁夫の地理学的研究」『地理学評論』20 巻 2 号、日本地理学会
1949 年（昭和 24）
　「南朝鮮平頂上の土地利用」『地理学評論』22 巻 10 号、日本地理学会
1958 年（昭和 33）
　『沖縄の地理』、琉球文教図書
　「沖縄」『世界文化地理体系』日本部 5、平凡社
　「沖縄（集落）」『集落地理講座 3（日本の集落）』、朝倉書店
　『わたしたちの町や村』、琉球文教図書
1960 年（昭和 35）
　「沖縄の地理」『郷土の地理』13、宝文館
　「研究室――沖縄の集落」『沖縄タイムス』10 月 10 日
1961 年（昭和 36）
　「〈御嶽〉の本体」『沖縄文化』2 号、沖縄文化協会
　「〈グシク〉考」『沖縄文化』5 号、沖縄文化協会
1963 年（昭和 38）
　「沖縄の集落（平民百姓村）の景観的研究」『琉球大学文理学部紀要　人文・社会篇』7 号
　「グシクは城ではない」『沖縄タイムス』10 月 14－25 日
　「〈奥武〉考」『沖縄文化』13 号、沖縄文化協会
1964 年（昭和 39）

「琉球列島における村落の構造的性格」『人文地理』16巻2号、人文地理学会
1965年（昭和40）
「沖縄の現状」総理府南方同胞援護会編『日本領土の話』
「鳥越憲三郎著『琉球宗教史の研究』を読んで」『沖縄文化』18巻、沖縄文化協会
「村・部落誌ブームの意義（仲松弥秀・宮里栄輝氏にきく）」『沖縄タイムス』12月7日
「村落の成立と御嶽──鳥越氏の『琉球宗教史の研究』を読んで」『沖縄タイムス』12月8-10日
1966年（昭和41）
「宮古諸島の地理」『宮古諸島学術調査報告　地理・民俗編』、琉球大学沖縄文化研究所
「〈テラ〉と〈ミヤー〉」『沖縄文化』22巻、沖縄文化協会
「沖縄の自然と人文（日本地理学会1965年度秋季大会）」（赤嶺康成・田里友哲・中山満・仲松弥秀共著）『地理学評論』39巻3号、日本地理学会
「伊是名村の地形地質」『伊是名村史』、伊是名村
1967年（昭和42）
「沖縄の地名」『日本地名大事典』、朝倉書店
1968年（昭和43）
「『テラ』と『ミヤ』について」『沖縄タイムス』4月8・9日
『神と村』、琉球大学沖縄文化研究所
1971年（昭和46）
「古層の村」谷川健一編『わが沖縄4』、木耳社
1972年（昭和47）
'Structural characteristics of rural settlements on the mainland of Okinawa.' *Rural settlements in Monsoon Asia. Proceedings of I.G.U. Symposia*, Varanasi and Tokyo. pp. 249-258（小川徹との共著）
「沖縄の自然的環境と歴史」『沖縄文化史辞典』、東京堂
「村と生活」『沖縄県史』22巻民俗1、沖縄県教育委員会
「地理からみた沖縄の歴史」『歴史と地理』202号、山川出版社
「村落の立地と種類」『沖縄文化論叢3』民俗編II、平凡社
「座談会―新城島〈アカマタ祭祀〉をめぐって」『沖縄経験』4号、沖縄経験刊行会
1973年（昭和48）
「再グスク考」『南島考古』3、沖縄考古学会

「村落構造と祭祀世界、本島 ── 祭祀的世界の反映としての集落構成」日本民族学会編『沖縄の民族学的研究 ── 民俗社会と世界像』、民俗学振興会
「御嶽の神」『現代のエスプリ』72号、至文堂
「鼎談・常世と御霊信仰」(桜井徳太郎・谷川健一・仲松弥秀)『伝統と現代』24号、伝統と現代社

1974年（昭和49）

「北東から南西へ六〇〇キロの島列」「沖縄の位置と風土」「宮古諸島」『守礼之邦 沖縄』、講談社
「開かれた島」沖縄思潮編集委員会『沖縄思潮』2号

1975年（昭和50）

「神事による沖縄村落の究明」九学会連合編『人類科学』27、新生社
『神と村』、伝統と現代社
「沖縄社会の変遷」『地理』20巻7号、古今書院

1976年（昭和51）

「沖縄のシマ共同体」沖縄の文化と自然を守る十人委員会編『沖縄喪失の危機』
「沖縄の村落 ── マキと村」九学会連合会編『沖縄 ── 自然・文化・社会』、弘文堂
「南島の海神祭」『フォクロア』30号、伊勢民俗学会
「わが家の三代」『都市新聞』9、2月15日
「御嶽その他の拝所と村落」『琉球新報』11月16日

1977年（昭和52）

「村落形成と祭祀民俗（津堅島）」『津堅島地割調査報告書』、沖縄県教育委員会
『古層の村 ── 沖縄民俗文化論』、沖縄タイムス社
「祖霊信仰とうたき」『英彦山と九州修験道』山岳宗教史研究叢書13、名著出版

1978年（昭和53）

「二つの神を祀る島 ── 祖霊神と来訪神」『えとのす』10号、新日本教育図書社
「南島の諸問題」『まつり通信』209号、まつり同好会
「続・南島の諸問題」『まつり通信』210号、まつり同好会
「沖縄の聖地と葬所」『読谷村立歴史民俗資料館 館報』、同資料館
「南島の信仰と社会（講演）」『フォクロア』36巻38号、伊勢民俗学会

1979年（昭和54）

「郷土の信仰・郷土の祭と年中行事」『ぼくらの沖縄県 ── 郷土の地理と歴

史』（上原源松との共編著）、ポプラ社
　　「イザイホーと島共同体」『どるめん』21号、ＪＩＣＣ出版局
　　「死人観」『葬制墓制研究集成』第1巻、名著出版
1980年（昭和55）
　　「仲松弥秀先生に聞く ── 女・祭・神々」『沖縄女性史研究』3号
　　『恩納村誌』編著、恩納村役場
　　「仲松弥秀氏に聞く ── 沖縄の古代信仰と古代村落形成との関わり」『沖縄アルマナック』2号、社会経済研究所
　　「南島の『国見』行事」『沖縄文化研究』7、法政大学沖縄文化研究所
1981年（昭和56）
　　「沖縄のグスクと聖域」『歴史手帖』9巻4号、名著出版
　　「『おもろ』の中の地名」谷川健一編『地名と風土』、小学館
　　「沖縄の信仰」沖縄文化協会編『沖縄の民俗文化』、沖縄タイムス社
　　「姓の八割五分は地名から〈仲松弥秀氏に聞く〉」『青い海』104号、青い海出版社
　　「西独から沖縄生まれのクライナー氏来る」『沖縄タイムス』10月22日
　　「新おなり神考 ── 南島史学会奄美大会から」『琉球新報』11月27日
　　「琉球王国存否について、もう一度言う」『沖縄タイムス』12月4－8日
1982年（昭和57）
　　「南島の宇宙観 ── 谷川健一氏対談」『地名の話』、平凡社
　　「新『おなり神』考」南島史学会編『南島 ── その歴史と文化』4、第一書房
　　「南島のオボツカグラは天上か」『沖縄タイムス』11月10－12日
1983年（昭和58）
　　「渡名喜村落の形成」『渡名喜村史』下巻、渡名喜村
　　「沖縄の神女と村立て」田中義広編『まつりと芸能の研究』、まつり同好会
　　「川は海から流れる（随想）」『財務』、沖縄総合事務局
　　「信仰（浦添市）」『浦添市史』4巻資料編3、浦添市教育委員会
　　「再編、南島のオボツカグラは天上か ── 外間守善氏に答える」『沖縄タイムス』2月9－14日
　　「琉球弧の自然環境と信仰」『日本地理学会予稿集』24号、日本地理学会
　　「地名は自然・人文の歴史を語る」『南島の地名』第1集、南島地名研究センター
　　「民族南下と東方信仰（解説）」・「島人の信仰と御嶽（解説）」『沖縄歴史地図 歴史編』、柏書房
　　「神グスク分布図」『沖縄歴史地図　考古編』、柏書房

1984 年（昭和 59）
　　「徳之島探訪 ── 特に伊仙町域」『徳之島報告書 1』、沖縄国際大学南島文化研究所
　　「崎浜秀明氏の特別講演に寄せて」『沖縄タイムス』2 月 18 日
1985 年（昭和 60）
　　「ニライ・カナイの神と在住神」『歴史公論』118 号、雄山閣
　　「発刊に際して」『南島の地名』第 2 集、南島地名研究センター
　　「沖縄文化研究の課題と姿勢 ── 琉球王国をどう見るか」『沖縄古代文化』、小学館
1986 年（昭和 61）
　　「沖縄の神と村」『創造の世界』59、小学館
　　「シンポジウム ── 神々のふるさと」『創造の世界』59、小学館
　　「御嶽等拝所（那覇市域）」『那覇市歴史地図 ── 文化遺産悉皆調査報告書』、那覇市教育委員会
　　『首里城内の御嶽研究調査報告書』、那覇市教育委員会
　　「『琉球国由来記』所載御嶽地図」・「グスク分布図」『日本地名大辞典 47　沖縄県』、角川書店
1987 年（昭和 62）
　　「琉球弧の神祭祀」『ザ・沖縄　琉球王朝の栄華を訪ねて』、読売新聞社
　　「書評『近世沖縄の民俗史』について」『沖縄タイムス』12 月 19 日
1988 年（昭和 63）
　　「南島琉球弧のオボツ」窪徳忠先生沖縄調査 20 年記念論文集『沖縄の宗教と民俗』、第一書房
　　「歴史を内蔵した地名」『南島の地名』第 3 集、南島地名研究センター
1989 年（平成 1）
　　「（宜野座村）固有伝統信仰と伝来伝統信仰」「各部落の神事」『宜野座村誌』第 3 巻、宜野座村
　　「沖縄文化の再認識」『沖縄タイムス』5 月 9–11 日
1990 年（平成 2）
　　『神と村』改訂、梟社
1991 年（平成 3）
　　共著、南島地名研究センター編『地名を歩く』、ボーダーインク
1993 年（平成 5）
　　『うるまの島の古層 ── 琉球弧の村と民俗』、梟社

〈聞き書き〉仲松弥秀の生い立ち

深沢 惠子

1　生まれとルーツ

　沖縄本島の中頃、西海岸に沿って南北に細長く位置し、白砂の海岸が続く美しい村が恩納である。歌人の恩納ナビが詠った琉歌は、現在も人びとの脳裏に刻まれていて、恩納岳のなだらかな稜線に心奪われる。
　仲松弥秀は恩納村のメントー（現在の役場の後方）で明治41（1908）年5月に誕生した。仲松家は屋取（ヤードリ）で祖父の時代に恩納に移り住んだ。祖母は大宜味村大保の女性であった。仲松家の六男に生まれた父・弥昌には家族を養うほどの土地もなかった。母方は恩納の総地頭・佐渡山家で恩納親方と称されていた。その家の三女として幼少の頃はのびやかに豊かに育てられた。両親（祖父母）がはやくに他界し長兄が家屋敷を継いだが、ヤー借りしていた医者や下男と琉歌・三線ばかりの暮らしで、屋敷は少しずつ人手にわたり広かった土地も狭くなっていった。
　明治31（1898）年から始まった土地整理事業は36年に終わり、恩納間切は41年に恩納村となった。間切が村になったことで、それまで山田村・安富祖村などとよんでいたのが「字」がつけられて字山田・字安富祖などとなった。

2　幼少時代

　仲松の家に嫁いだ弥秀の母親は、恩納村の名家で跡取りのいなかったメントーの家で弥秀を出産した。男子の誕生は喜ばれ大切に育てられたが、4、5歳頃には叔父の住む近くの南恩納に移り住み、弟も生まれて親子4人のおだやかな日々であったが長くは続かなかった。弟は幼くして

亡くなり、父親は出稼ぎにでて母親との2人の暮らしになった。
　時には母親と海で魚やタコを獲り、多く獲れたときは売りに歩いたりもした。母親は機織りの名人で人の3倍も早く織り上げ、仕上がりも美しかった。藍染めも絣文様の難しい図柄も正確にしあげ、村でも評判の織手であった。親戚にも見守られながら小学校へと通ったが学校では負けず嫌いであった。借りた本を投げて返すなどもしたが、手許に欲しかったのであろう。母の苦労を見て買って欲しいと言えない少年であった。

3　当時の学校

　沖縄県も近代化がいそがれ、恩納間切時代の小学校は明治15（1882）年に番所内の長屋を修理し開校した。教師はただの一人で、就学年令の児童は954人いたが生徒は30人であった。村の人々の暮らしは厳しかった。その後は生徒数も増加し、高等科も設けられ、仲泊小学校・熱田小学校が開設された。当時の風潮として女子に学問は必要なしという思想が根強かった。弥秀少年が生まれた頃には小学校は四年制から六年制に移行し、恩納尋常小学校も開設した。恩納校は海辺に面したカヤ葺きの校舎で、校庭は広く、寒い日にも裸足で走り回っていた。窓は開け放し、海風が通り抜けて自然はあたりまえのように身ぢかであった。教科書も豊富にはなく、昼食の弁当も芋の2、3個だけであったが、海や山の恵みのおかげか子供達は健康であった。服装は芭蕉や木綿の筒袖を肘や膝もあらわに短く、帯はしっかりと結び、年中裸足で石板と石筆や教科書を風呂敷に包んで通学した。大正5、6年頃から6年生には首里・那覇方面の修学旅行もあった。生徒は寝具や弁当を持って列をつくって歩き、早朝出発し東海岸に出て美東小学校に宿泊し、中城を経て西原を通り那覇に着いた。美東小学校では藁のムシロが用意されていたが使用料がでた。6年生には長い道のりであったが那覇は瓦屋も多く、二階屋と店や人の多さにびっくりし、夜の電灯に感動したのである。宿泊は旅館であった。帰りは今まで見たこともない軽便鉄道で嘉手納駅まで乗った。はじめてのことばかりで生徒たちには忘れられない経験と感動を身体一杯に詰め込んで帰路についた。2、3日あと、旅行談として全生徒に報告した。

明治45（1912）年、天皇の大喪にあたり下賜された7,400円を造林資金として、林業の試験地が造られ「明治山」と称され皇民化の波が押し寄せてきていた。日清・日露の戦争に勝ち進んだ日本は東アジアへ侵略を広げていった。恩納村からも本土の紡績工場などに出稼ぎに行く女性たちも増えていった。当時の小学生は新学期などには学用品を揃えるため名護まで買物にいき、片道4～5時間の道のりを歩いた。それでも楽しい一日で、女子は数人が一緒になって、時には道ばたの草花に心を寄せたり走ったりしながら日暮れまでには家に帰りついた。弥秀少年にとっても馬車の荷台の隅に腰掛けたり歩いたり楽しい遠出であった。時には「そば」も食べ心身ともに豊かな気持ちになった。購入した本は何度も読み返した。恩納尋常高等小学校を卒業し、師範学校を受験した弥秀少年は身体測定で身長が1cm足りず、「来年きなさい」といわれて進学は1年のばされた。身体は丈夫で学事奨励会から休まなかった人に授与される皆勤賞を貰っている。

4　師範学校

　1年後、師範に入学し首里の寮に入った。県下から選ばれた優秀な生徒たちは、村の誇りでもあった。明日の沖縄を背負う人材を育てるための教師となるべく育成が急がれていた。入学した師範学校は官費で小遣いも支給されていたが、恩納村からも補助金があった。寮の部屋は8人ぐらいで、掃除は下級生の仕事であった。弥秀少年は1年で寮を出て、久茂地の父親の家に移った。川沿いに広い土地を持っていた父親は貸家を何軒か持っていた。父の家には女の人がいて身の回りの面倒をみていた。母親思いの弥秀には受け入れることの出来ない人であったが、そこから4年間首里まで通学し専攻科を卒業した。師範学校は現在の沖縄県立芸術大学の建っている所にあったので、環境にも恵まれ豊かな文化と自然にかこまれていた。生涯の友となった宮城幸吉と出会ったのも、弥秀が専攻科に進んでから地理の好きな者の集まりで知りあった。幸吉は2歳年下で師範3年のとき、久米島出身の友人で同級生の新城幸栄を介して出会った。まじめで勉強家の幸吉と特別に気があって仲良くなった。

あるとき、幸吉が専門を薬学（化学）にしたことを知った弥秀は、赤筆で絶交状を送った。そこには「君とは生涯、口を利かない」と書いてあった。1ヶ月後、街で偶然に出会ったとたん、うっかりとお互いに「しばらく」と手を挙げて挨拶を交わし仲直りをした。二人とも絶交状のことなど忘れて会いたい思いがあふれていた。それから80年、今でも再会のときには手を握って喜びあうのである。

5　教師になって

　最初に教職に就いたのは、本部半島の今帰仁尋常小学校であった。この地域の集落には拝所（ウタキ）を中心にしたさまざまな行事が継承されていて、弥秀は地理だけでなく、民俗にも心を動かされていった。校長をしていた宮城真治先生にも可愛がられさまざまな教えを受け、沖縄の信仰と村とのかかわりに興味をもち、自らも足をはこび調査した。資料もない時代であった。今帰仁尋常小学校には5、6年在任した。
　26歳になったとき、見合いの話がありその相手は幼馴染みの屋宜恵伊子であった。屋宜の家は瓦葺きの大きな家であった。三高女ではテニスの代表選手として県大会にも出場するなど活発な女性で、寄宿舎では仲良くなったテニス部の宮城千代と生涯姉妹のように交流を続けた。卒業後、東京の震災で身寄りをなくした老人たちが暮らした「浴風園」で働いていた恵伊子は「父危篤」の電報で呼び寄せられた。那覇の船着場には母が迎えにきていた。母の姿を見て、電報が呼び寄せるためのものだったことに気付き、船の長旅のあいだ心配していたことも相まって腹立たしく、くやしかった。
　弥秀が26歳、恵伊子24歳の結婚であった。宜野座尋常小学校から久辺尋常小学校へと転任したが、久辺では教頭に昇任した。ここでもウタキと祭祀を調べて歩いた。生徒たちの中には弁当のない子もいて、弥秀先生は自分のぶんをそっとわたした。昭和12（1937）年、文検地理科試験に合格した。苦手だった英語は妻の恵依子が辞書を引き、恩納村から移って同居していた母親が子守りをし、家族の協力があった。その後、那覇に転任し女子師範と第一高女を経て県立二中の教諭に就いた。二中

は現在の那覇高校にたてられていた。近くには「城岳」「大和人墓地」があり、学校の環境は緑の多い一帯であった。久茂地川沿いの父親の家近くに居を構え歩いて通える距離に移り、那覇での暮らしが始まった。その頃、まさに第二次世界大戦の前夜であった。皇民化教育の嵐は学校で吹き荒れていた。昭和17（1942）年、朝鮮大邱師範学校へ転勤となり、単身で朝鮮に渡り、家族を呼び寄せ敗戦まで暮らした。

6　熊本 — 愛知 — 東京

戦後、朝鮮から熊本県の人吉市に家族で引き上げた。地域の婦人会が乾パンやおにぎりを賄ってくれた。居をかまえた木地屋の民家には他の家族も一緒で虱（しらみ）に悩まされ球磨川で子供達の髪を漉き洗いした。虱の卵が川下にたくさん流れ出ていった。木地屋では山の中なので教員がいなく夫婦で教職にと依頼されたが断り、子供達の健康のことも考えて兵隊たちがいなくなった兵舎の空家に残務兵がいたがそこに移った。電気もなく天井の柱からコードを吊るし暮らしていた。昭和21（1946）年6月から、師範学校の恩師の要請で愛知県の常滑（とこなめ）工業高校の教師に決まり、家族で愛知県で暮らすことになった。食糧難で家族の食を確保するのにも片道2時間もかかる「まやま」までの買い出しなど大変であった。大きな地震や台風にも見舞われ常滑焼の釜屋のレンガも壊れた。それでも渥美半島は山あり、海あり住みやすく岡崎城の近くに住居を構え、沖縄から母も呼び寄せた。母は久茂地の借家に一人住んでいたが、戦争が激しくなると恩納村に帰り屋宜家の人々と一緒に行動していた。壕から壕を逃げ回っていたが、這って逃げていた時、後ろからアメリカ兵に捕まり万座毛のオリにいれられた。トラックにヒョイと飛び乗った時アメリカ兵が尻を押した。「チビ触るな」と叱ったといわれているが、身軽さと気丈さはこの母ゆずりであろう。愛知の岡崎城は桜やさまざまな花が咲き、渥美半島はスイカ・メロン・ミカンなどが実り、螢も飛び交い豊かな自然に囲まれ、楽しい思い出がたくさん詰まった所であった。渥美半島は南方に通じる文化が見えてくることを知った弥秀は、休みになると歩いて調査に出かけた。昭和29（1954）年、東京に移るまで白谷の田

原中学・岡崎北高校などで教えた。
　4月、東京に移り上石神井に住んだ。中学・高校などで教壇にたち、緑豊かな公園と恵まれた環境の中で過ごした。家族揃っての落ち着いた暮らしは、楽しかった。近所の人たちが集まって内職をしたり、時には料理講習会もした。静かな環境の中で子供達の成長の喜びに時が過ぎていった。母親は東京暮らしをすんなりと受け入れ、近所の人たちと会話を楽しんだり、下駄履きでかなり遠くまで散歩に出かけたりしていた。昭和33（1958）年冬、沖縄に引っ越す前に80歳で亡くなった。弥秀にとって母の死は、悲しみも大きく仏壇の前からいつまでも離れなかった。
　翌年、琉球大学の助教授として単身帰島し、家族を呼び寄せる準備をした。また、中学・小学校『地理』の副読本を発行したり、さまざまな分野で活躍した。昭和40（1965）年ごろから、沖縄本島の南から北まで、宮古・八重山・奄美大島など調査を続けた。車の免許は奥さんに取らせて、1日8時間も山をめぐり沖縄の「神」をたずね歩いた。急斜面を下りるときなど棒を使ってスキーのように滑り下りたり、険しい山道もヒョイヒョイと登る姿は母親ゆずりの身軽さであった。
　足で歩いた調査は、昭和42（1968）年『神と村』にまとめられた。本が発行されると多くの人々の心に感動を与え、乾いた砂に水が沁みるように広がった。

〈聞き書き〉朝鮮から帰った仲松弥秀

聞き手・安仁屋 政昭

　私（仲松弥秀）は、1908年（明治41）5月19日、恩納村字南恩納6085番地に生まれた。1929年（昭和4）3月に沖縄県師範学校を卒業、翌年には師範学校専攻科を修了した。専攻は地理学であった。それから約8年間、小学校教師をつとめた。その頃、小学校教師を訓導といった。
　今帰仁・宜野座・久辺の尋常高等小学校につとめ、最後は久辺尋常高等小学校の教頭となった。私は地理学の研究を志し、赴任先の各地で、集落の地理や祭祀を調査した。
　1937年（昭和12）1月には、文検地理科の試験に合格した。文検というのは、文部省の教員検定試験のことで、これによって私は中等学校の教員資格を得た。
　私は1939年（昭和14）から1942年（昭和17）まで、沖縄県女子師範学校・沖縄県立第二中学校教諭として勤務した。担当科目は「地理」であった。日中戦争から太平洋戦争へと暗い淵に沈んでいく激動の時代であった。
　真珠湾攻撃・マレー半島上陸・シンガポール陥落と、「皇軍」の進撃は国民を熱狂させたが、戦勝気分は一時的なものであった。米軍とイギリス連邦軍の反撃によって、日本は次第に追いつめられていった。
　私は、1942年（昭和17）3月、朝鮮の大邱（たいきゅう）師範学校に転勤した。植民地の朝鮮に赴いて「皇民化教育の担い手」となるのであるから、私自身の気持ちは複雑であった。
　関釜（かんぷ）連絡船で朝鮮の釜山（ぷさん）に着き、そこから列車で大邱（たいきゅう）まで行った。大邱は韓国慶尚北道の道都である（大邱：韓国語ではテグ）。
　大邱師範学校の生徒の大多数は、地元の朝鮮の子弟で、内地人（日本本土の人）はごく少数であった。私は朝鮮人の子弟を差別しなかった。

このことが、のちの日本敗戦のときに、私の家族を救ってくれたのだと思う。

　担当科目は「地理」であったが、私は集落の調査研究を、生徒たちに指導した。自分たちが生きてきた集落の成り立ち・時代による変化・祭祀・民俗などを、地元の生徒たちと調べて歩くことは楽しかった。ところが、生徒とともに集落の調査をしたことが、警察に疑われ、スパイ活動ではないかと尋問された。教育も研究も、自由のない時代であった。

　1945年（昭和20）8月15日、「玉音放送」によって日本の敗戦を知らされた。敗戦によって、日本の軍人や官僚や教師たちは、朝鮮の人から「報復」をされ、つらい思いをしたということだが、私と家族は、地元の人から嫌がらせをされることはなかった。私の教え子たちが、守ってくれたのである。私たち家族は、収容所に隔離されることもなかった。

　8月下旬、米軍（進駐軍）が、汽車（朝鮮鉄道）に乗ってやってきた。私たちは、日本へ引き揚げるため、汽車に乗って大邱から釜山へむかった。9月初旬であったと思う。

　家族は、私と妻・娘3人・息子2人の総勢7人、釜山の第七国民学校に1週間ほど滞在した。ここでも、私たちは朝鮮の人からいじめられることはなかった。

　1945年（昭和20）9月中旬、釜山から、引揚船に乗り、佐賀県の唐津港に上陸した。

　外務省の記録によると、朝鮮からの引き揚げ者の上陸地は、京都府の舞鶴、山口県の仙崎、福岡県の博多、長崎県の佐世保市の針尾島（現在のハウステンボス）であり、引揚船が唐津に入港するのは異例である。唐津にも外務省管轄の「引揚掩護局」があったが、ここでは船舶の補修や給油をしただけで、引揚者の受入れ業務はしなかったようである。

　植民地や日本軍占領地からの「公式の外地引き揚げ（強制送還）」は、1945年10月以降のことであるから、私たちが9月に唐津に上陸したのは、非公式の「自前の引き揚げ」であったわけだ。唐津では、地元の大日本婦人会の女性たちが、あたたかく迎えてくれた。

　私たちは、9月下旬には唐津から熊本県の人吉へ移り、それから愛知県、東京都と転々とし、旧制中等学校や新制高校の教師をつとめた（194

6年3月〜1959年7月)。

　戦後の沖縄に初めて来たのは、1957年（昭和32）8月である。当時の琉球政府文教局から教科書編纂の依頼をうけて、十数年ぶりに荒れた沖縄の姿に接した。それから、色々と考えることもあったが、1959年8月、沖縄へ帰り、琉球大学に勤め、首里の儀保に住むこととなった。

＊朝鮮大邱師範。昭和19年に応召。24部隊。前列中央が仲松弥秀先生。

『琉球弧の村落探求』
仲松弥秀ノート目録

深沢 惠子

　数十年にわたり、琉球弧の各村落を調査・聞き書きをメモしたノートをコピーし、『琉球弧の村落探求』と題して製本した。奄美大島とその周辺離島、沖縄本島と周辺離島、宮古諸島と八重山諸島までが記録されている。資料・文献もふくめ、20冊にまとめているが、地図や地名などが自筆で書かれたものや、時には調査地の感想や船賃・宿泊場所も記され、当時の琉球弧の各地の様子など興味深い。沖縄本島は各地で数ヶ所の集落を選んで調査している。部数が少なく、県立図書館や大学に寄贈している。
　以下は、「仲松弥秀ノート」20冊の目録である。

1. **奄美大島**
   1978（昭和53）年　　面縄・今里・加計呂麻の各集落での聞き取り
   1967（昭和42）年　　加計呂麻島・竜郷などでミヤ、トノ屋を地図に記す
   1974（昭和49）年　　今里で数人の老人からトネなどについて聞き書き
   　　　　　　　　　　その他に地図・文献資料

2. **加計呂麻・与路島・請島**
   1975（昭和50）年　　加計呂麻島の各集落と与路島・請島の調査
   　　　　　　　　　　オボツ・テラなどを地図に記す

3. **喜界島・徳之島・沖永良部島・与論島**
   1971（昭和46）年　　喜界島調査、島巡り
   　　　　　　　　　　徳之島（1966年踏査記録）

1966（昭和41）年　　沖永良部島で聞き取りと調査
1973（昭和48）年　　与論島（1983年再調査）

4. 沖縄県本島北部 ── 西海岸南・本部半島
1969（昭和44）年頃　本部の集落
1971（昭和46）年　　恩納村　各字の神アサギ・ノロドゥンチなど
1971（昭和46）年　　名護の集落
1984（昭和56）年　　今帰仁廻り

5. 沖縄県本島北部 ── 西海岸北
1967（昭和42）年　　大宜味村の各集落　ウタキと祭り
1970（昭和45）年　　海神祭　羽地・奥間・比地・その他

6. 沖縄県本島北部 ── 東海岸
1967（昭和42）年　　屋嘉・金武・嘉陽など
1986（昭和61）年　　宜野座・辺野古
1974（昭和49）年　　安田・伊江・楚州・我地・安波・安田・奥

7. 沖縄県本島中部 ── 中頭
1973（昭和48）年　　北谷・石川
1971（昭和46）年　　西原・宜野湾
1964（昭和39）年　　西原（幸地・翁長・棚原－65年など）
1969（昭和44）年　　知花・松本・大山・古謝
1975（昭和50）年　　砂辺・大謝名など
1976（昭和51）年　　読谷（高志保・喜名など）・山城（石川）

8. 沖縄県本島中部 ── 中頭・離島
1962-1970年代　　　浦添・中城・具志川の集落
（昭和37-45年代）　　平安座・宮城・浜比嘉・津堅などの島々

9. 沖縄県本島南部 ── 島尻・離島
1970（昭和45）年　　豊見城・小禄・東風平など
1957（昭和32）年・1975（昭和50）年　　久高島
1978（昭和53）年　　久高、イザイホー

10. 沖縄県離島群 ── 慶良間諸島
1962（昭和37）年　　渡嘉敷村
1981（昭和56）年　　座間味・阿嘉・慶留間

11. 沖縄県離島群 —— 渡名喜・粟国・伊是名・伊平屋・久米島
　　1963（昭和 38）年　　渡名喜島（1986 年再調査）
　　1975（昭和 50）年　　粟国島
　　1973（昭和 48）年　　伊平屋島（1983 年再調査）
　　1968（昭和 43）年　　久米島（1981 年再調査）
12. 宮古諸島 [1]
　　1961（昭和 36）年　　宮古島（1964、1970、1972、1975 年再調査）
13. 宮古諸島 [2]
　　1977（昭和 52）年　　宮古・大神島・池間島・伊良部島
　　1980（昭和 55）年　　多良間島
　　1990（平成 3）年　　 宮古（再調査）
14. 八重山諸島 [1]
　　1967（昭和 42）年　　喜舎場永珣『八重山民謡誌』より抜き書き
　　　　　　　　　　　　　　　　　　（沖縄タイムス社、1967 年発刊）
　　1965（昭和 40）年　　八重山
　　　　　　　　　　　　平得・大浜・伊原間・竹富島
　　1973（昭和 48）年　　西表島・新城島（1979 年再調査）・上地島
　　1960（昭和 35）年　　大浜村落
　　1965（昭和 40）年　　平得・白保・宮良・平久保・大浜・多良間・竹富
15. 八重山諸島 [2]
　　1971（昭和 46）年　　石垣
　　1972（昭和 47）年　　黒島
　　1977（昭和 52）年　　鳩間島・西表島
　　1978（昭和 53）年　　与那国島
　　1970（昭和 45）年　　波照間島
16. 論考叢林 [1]
17. 論考叢林 [2]
18. 資料「文献」[1]
19. 資料「文献」[2]
20. 資料「文献」[3]

著書未収録論文
南朝鮮平頂峯上の土地利用

仲松 弥秀

　(A) 大邱在住時（太平洋戦争中）に 500m 以上のものについて研究したのであるが、資料の散失のため不完全な研究になって仕舞った。その主なるものについて南部より順次に記述を進めたい〔図1参照〕。
　(1) **文珠山**（600m）。急崖によって囲まれた山頂は饅頭状の平坦面。地形図には荒地となっているが現在は松林。その南縁の急崖上に文珠庵の僧院があって、付近に約5段歩の畑。僧院の自給畠であって作物は主に白菜・大根等の野菜類。猪害甚だしく芋類は収穫皆無の時が多い。此の山の北方に国秀峰（602m）の小平頂峰がある。
　(2) **神仏山**（1209m）。"彦陽"の西南約7粁に在り。東側は梁山―慶州地溝に面して急傾斜、特に山頂付近は岩石露出の急崖。平坦面は神佛山より南方鷲棲山（1059m）に及んで長さ約4粁、幅約1粁西へ緩く傾斜している。現在ススキ採取所に利用されているが過去には烽火所が置かれ、其の城址がある〔図2〕。
　(3) **天皇山**（1189m）。此の平頂峯を中心にして、北方の景岩（1015m）から南方の香峰山に至る延々大S字状の山頂平坦面〔図3〕。天皇山の西方8粁に 717m の小平頂峰。又北方に加智山（1240m）を中心とする南方約 6km に平坦山稜、加智山頂は此の平坦面上に 120m 急聳。此の山の西方にも"山内面"に 808m 山及九萬山（785m）上に小平坦面。又東北方に高巚山の小平坦峰がある。
　(4) **䲨山城**（591m）。オリサンソン　"楡川山城"とも云われている。平坦面上には南に開いた凹地があり、そこに"山城"と言われている小聚落が存在している。
　昭和 12 年には 5 戸の戸数が 19 年の調査の節には 3 戸・14 人に減少。

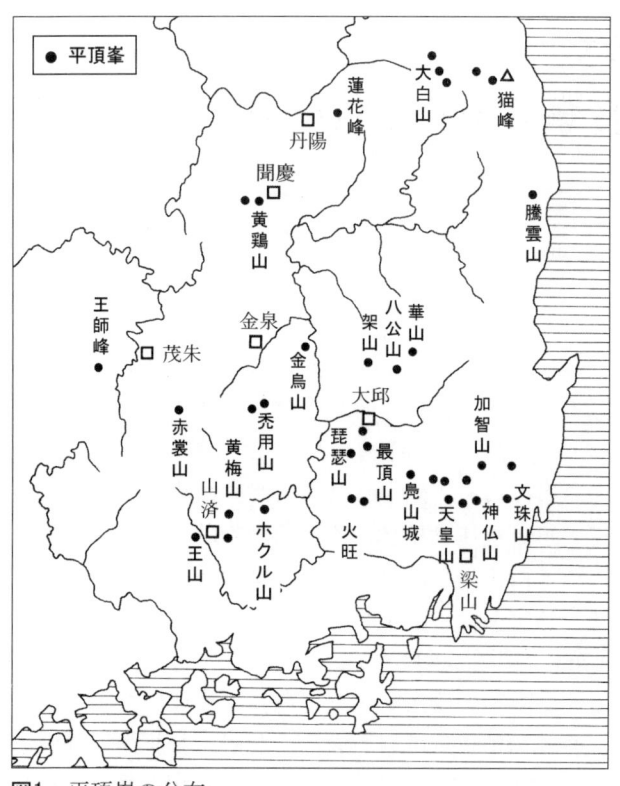

図1　平頂峯の分布

約350年前文禄4年頃彼の秀吉の朝鮮侵略の時に、避難処として山城を築いたのが開発の最初だと云われている。平地での生活困窮者が転住したもので、水田約5千坪、畠約2千坪。米作──植付6月15日～25日（平地では6月下旬～7月上旬）。収穫は10月下旬（平地10月中旬～下旬）。収量は1トラック（我国の200坪前後）1.5石。畠作──夏作としては粟を第一として外に棉・大豆・ゴマ・大根・白菜。早く霜が来るので平地より約10日早期に播種して早期に収穫するが収量は数等劣る。然し白菜だけは平地と異ならぬ成績。冬作として小麦大麦で収量は平地と大差がない。猪害甚だしくそのために収穫期には毎晩不寝番。芋類は植付さえ出来兼ねる由。冬仕事として薪炭及びワラヂを作り、これを楡川市場

南朝鮮平頂峯上の土地利用　31

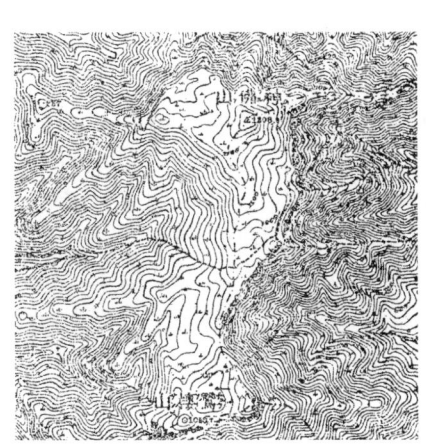

図2　神仏山　　　　　図3　天皇山

へ持参して入用品を買ひ求める。
　(5)　**火旺山**(ファーワン)(757m)。昌寧の東方近くに急聳。平坦面は塁石囲の山城跡があり、此処も秀吉侵略時の避難処だったと伝えられる。現在は採草処として利用さる。
　(6)　**黄梅山**(1104m)。平坦面は950m前後の処に在って、現在荒地になっている。黄梅山頂は此の平坦面の東側面に急聳。
　(7)　**王山**(ワン)(923m)。**淨水山**(チョンスー)(828.5m)。各山清の西方と東方に在り、共に細長い小平頂峰で前者は草地と松林、後者は草地となっている。
　(8)　**嘘崛山**(ホクル)(682m)。岩石露出の急山で頂上は饅頭形平坦面。垸工牆の城址によって囲まれている。
　(9)　**琵瑟山**(ビースル)(1084m)。饅頭形の平坦山頂は面積約46町歩で採草処に利用。此の附近一帯には階段状耕作景が各処に見出される。
　(10)　**最頂山**(915m)。此の山を中心にして"ヒ"字状の平坦山稜。幅の平均約300m、長さは約3.5粁と6粁で水も得られるが、現在は小松

林・墓・採草処となっている。北方山城山（653m）から青龍山にかけて平坦山稜があり、同じく採草処と小松林になっているが、尚山城山は其の名が示す通り烽火所があったと伝えられている。

（11）八公山(パルコン)（1192m）。大邱の北東に聳え、上部の変成岩地層が削剥されて花崗岩の尖鋭な山形となっている。変成岩地域は高度は低いが黒褐色の波浪状枝節をなして、高くはあるが小波状の枝節をなしている花崗岩地域を囲み、両地域の境界に連鎖状的小盆地を形成している。言わば二重式火山に似た地形をなしている。花崗岩よりなる最高地点に近接して、それより稍々低い1190mの変成岩地域が孤立して残存しているが、そこがメーサ状の平坦面を形成している。山城に利用されていたことは城壁址で明らかであるが、これは東跨（京城－芳嶺－安東－慶州－釜山）と西路（京城－鳥嶺－大邱－釜山）の両道を俯瞰出来るからである。現在草地。

（12）架山（902m）。八公山群の一部であって、片麻岩が山頂の大部分をなしているが花崗岩も既に露出している。山城址が完全に残存。――八公山から此処へ移築したと言われるのも東路・西路の両道を間近に控えているのみでなく、水も得易く且防風にも都合が良かったからと思われる。最初に城壁は頂上平坦面の南半分を囲んで造築したのであるが（現在此の部分に山城という小聚落あり）北側に拡張して宝国寺の寺域を包み、次に大邱に面する山腹の谷（現在南昌の聚落あり）に伸びてエプロン状をなし、山城から平山城へと移化する形状をとった。"山城"は現在（昭和18年春）3戸、屋敷址が処々に認められ、大正5年測地形図には12戸の民家のしるしがある〔図4〕。

4月にも小沢には氷が残存していて、山腹の南昌・北昌とも麦裏作が出来るが此の地では不可能とのこと。各戸とも鼇山城の民家と同様1棟の家屋で朝鮮民家に普通の周壁垣も無く、一見して生活程度の貧弱さを知ることが出来る。民家の近くには耕地が在るが、少し離れた処は不耕々地になっているのは猪害の為めと言っていた。作物は粟・馬鈴薯・野菜類で、馬鈴薯は良質であるが猪害が特に甚だしいために家の周りの畠のみにしか栽培出来ない。水田が1枚あるが単に稲藁を得る目的である。聚落の裏に当城の将軍墓が存在する。

南朝鮮平頂峯上の土地利用　33

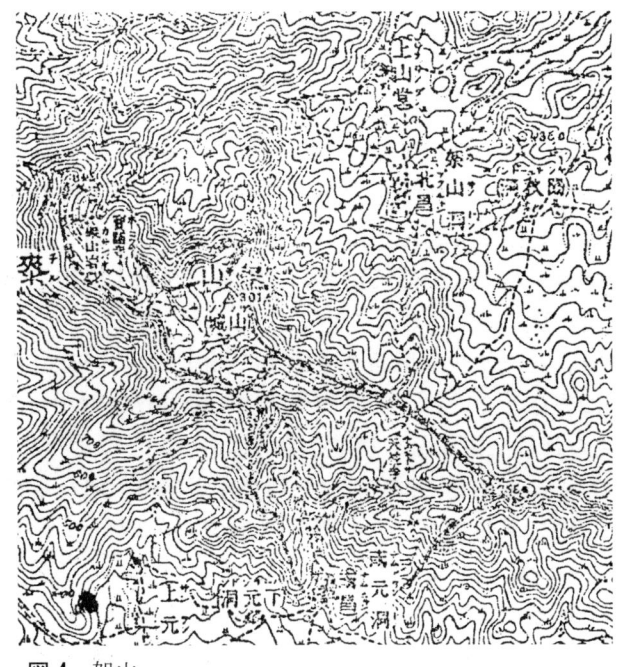

図4　架山

　宝国寺は庵と言った方が適切と思われる程衰微し、寺域一帯は良く繁茂した人工落葉松林。寺の尚奥に2戸の聚落と畠がある。
　(13) **華山**（828m）。北へ緩傾斜するメーサ状山頂をなし、入口に石門と石塁址が在る。此の平坦面上を西向に流れて北へ屈曲し去る小川の形成した谷があり、それの上部に聚落"華山洞"が在る。昭和29年4月の調査に依ると、現在16戸。転出した者の屋敷址と不耕々地が多かった。然し最近（太平洋戦争中）又入山する者があって新築家屋が点々と見受けられた。居住者の大部分は軍威郡義興付近から移住したもので、女性と話することを嫌う風が特に強い。家屋は貧弱で周壁垣のあるものは只だ1軒のみ。犬が少いのには朝鮮聚落として珍しく感じた。
　耕地約3町歩、その中水田8町歩と言っているが是れには不耕々地も算入されていると推測する。
　水田耕作──元は稗作だったのが現在は米作。"王井霊源"の牌のあ

る泉によって大部分が、一部は河水に依って灌漑され、水利に不足はないが収量は麓の新寧付近に劣る。

　畠作——主として馬鈴薯（主食・美味・収量多し）・粟・ソバ。黒色土壌で無施肥でも作柄良好。冬作は不可能とのことだが、矢張此処も猪害に苦しむ。総ての家が平地と同一作物を栽培しているが、只だ1軒のみは桔梗其の他の薬用植物を作って各地へ苗を販売しているのがあった。平坦面の大部分は耕地を囲んだ人工落葉松林をなすが、大正4年測の地形図には荒地となっている。

　(14) 金烏山（976.6m）。メーサ状平坦面。全域城に利用されていた為め現在でも城壁が完全に残存している。往時の西路（京城－清州－金州－玄風－釜山）が眼下に見られ且洛東江をも制する位置にあるからであろう。面上にY字状の凹地があって、そこに現在7戸の農家がある。何れも貧弱ではあるが、牛を草地で数頭見たし、周壁垣のある家が2軒、1戸で2棟の家屋からなっているものが4軒あって、前述した他の山頂聚落よりは数等富裕に感じた。池2、井戸式泉2があるが往昔に築造したものである。水田も少々あったが藁採取が目的であることは架山の場合と同じ。畠作は馬鈴薯（美味）・粟・野菜等であるが、猪害が甚だしく、民家を少し離れた処は打ち捨ててあった。冬作は不可能とのこと。美味のマツカリ（朝鮮酒）がある由を麓で聞いたが昭和19年には馬鈴薯や粟を原料とした酒を造っていた。東側の急崖上に寺院1。最高地点付近に航空用灯台が設けられたのは日本から京城・満州に飛行する路に当たるからである。東麓に亀尾の町があり、そこで日用品を求める。

　(15) 禿用山（トコヨン）（956m）。平坦面は城壁に囲まれて約80町歩。東向の凹地があって、そこに"山城"という数軒で出来た小聚落がある外に安国寺があるが大部分は荒地になっている。此の山の西方約6粁に800mを最高とする"く"字形の平頂峰があり、西に開いた"下巨済"という小凹地に畠がある〔図5〕。

　(16) 赤裳山（1031m）。昭和19年調査。史庫址——孝宗時代（300年前）の四史庫（江華島鼎足山史庫・江原道五台山史庫・慶尚北道奉化郡大白山史庫・全羅道茂朱群赤裳山史庫）の一つで全州史庫を移置し保護していたのであるが、併合後総督府に収納されたという。笥状の安林台を称する岩峰の

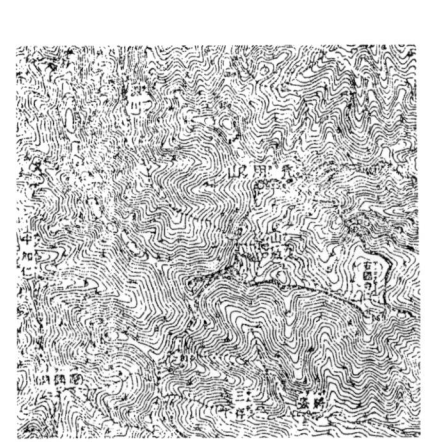

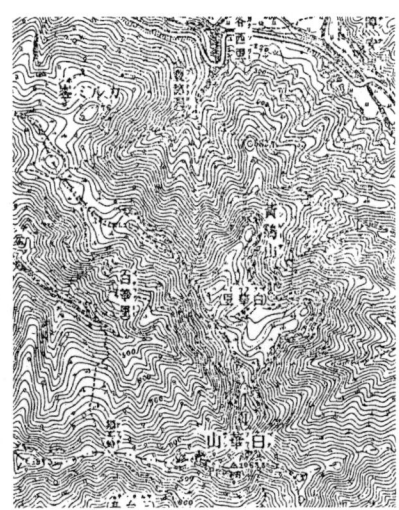

図5　禿用山　　　　　　　　図6　黄鶏山

基部に横穴を掘って史庫にしていた。
　安国寺 —— 史庫の護人として僧兵がおかれ此の寺が設立された。現在茂朱付近の総本山であって年200石の扶持が与えられている。
　城壁 —— 史庫と寺の保護として築かれたもので、現在も処々に残存している。
　聚落8戸 —— 耕地と共に城址内の凹地にあって、今から約10数年前に江原道の火田民が移住したものと言われる。住家は木材の豊富な地方に見出される校倉式と朝鮮式との折衷建築、即ち丸太材を積み重ね、泥土を内外から厚く着けて壁にしたものであるが貧弱であり、それに周壁垣もない。畠作は夏作のみで馬鈴薯（主食・美味）・粟・とうもろこし。ここでも矢張り猪害に苦んでいる。冬仕事として山腹の森林地帯で炭焼をする。其の外に雲母・金の鉱山があり、約百人の鉱夫がいる。
　(17)　**王師峰**（708m）。平頂上には"く"字形の平坦山稜があり、屈曲点の内側に濶葉樹林で囲われた畠と2〜3軒の家がある。其の他の部分は草地になっている。
　(18)　**黄鶏山**（ハンゲー）（850m）。聞慶の西南4粁にあり。山頂平坦面に東向きの

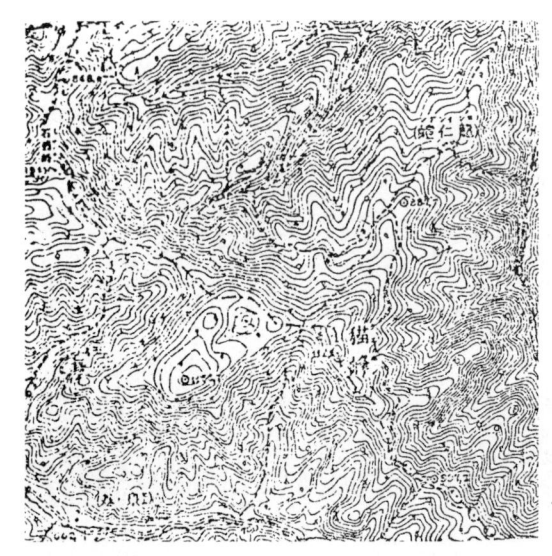

図7　猫峰西方

凹地があって、その内側に"白華里"の小聚落と畠が存在。交通は主として聞慶との間に行われる。此処も秀吉侵略時の避難処だったと言われている。西方近くにカルミ峯の荒地になっている平坦面が存在する〔図6〕。

　(19)　**蓮花峰**（1394m）。此の山を中心にしてS字状の山稜平坦面約10粁に及ぶ。

　(20)　**騰雲山**（768m）。この山から北方4粁の810m山頂迄荒地。
グェ

　(21)　**猫峰**西方3粁の1166.7m峰北東へ緩傾斜の平坦面〔図7〕。面上に北東へ開いた凹地があって混淆樹林中に畠約1町余。人家はないが多分山腹平坦斜面（850m付近）に火田民と思われる人家数軒点在するから、そこからの出作地ではないかと思考する。

　(22)　**大白山**（1561m）。史庫址（孝宗時代の四史庫の一）と廟がある。此の付近は山岳重畳、各処に小平頂峯多し。
テーベク

(B)
（1）其の外にも小平坦山頂が各地に見出されるのであるが、総じて南朝鮮の平頂面にメーサ状地形が多く、傾斜も地層のと一致している。
（2）平頂峰の稍々密集している地域、即ち大邱南方や梁山北方の山地等は山急に谷は深く、Ｖ状谷には階段耕作景が見られる。
（3）是等の平頂峰中主要交通路に接し、展眺の利くものは軍事上、或は通信状の為め城とし或は狼火台に利用された。──神仏山・嘘崛山・禿用山・山城山・華山・八公山・金烏山等。現在金烏山は新しい様式の通信的利用、即ち航空灯台が設置されている。
（4）寺院の存在するもの。──文珠山・禿用山・華山・金烏山・赤裳山・大白山（廟）。朝鮮の寺院は其の殆どが山岳地に位置しているのであるが、平頂峰上のものは現在衰微して単なる僧庵の観がある。多くは山城に駐屯していた軍団、或は避難民、或は史庫等の護持祈祷の為め設立されたものではなかったかと思う。各寺院とも畠を耕作しているのも平地との交通の不便が主で且資力に余裕が無いからと思われる。
（5）貴重品の保護（ここでは文書）に利用されたものとして赤裳山・大白山があり、其の番人として寺院、防護として城壁が築かれたことは赤裳山の部で記述したのであるが、恐らく大白山も城壁があったのではなかろうか。
（6）避難所として利用されたもの。──楡川皂山城・火旺山・禿用山・黄鶏山等であるが、華山も其のために利用されたとのことを聞いた。
　これ等の避難所は防御のために城壁を築造したのが普通であって、何れも秀吉の朝鮮侵略の主要経路に沿っているのから見ても、土地の人が言う通りそれと関係があると思う。

(C) 今迄述べたものは主として過去の利用活動を記したのであるが、現在の利用としては次の通りである。
（1）採草所として。──最頂山・琵瑟山・青龍山・八公山・火旺山・神仏山等が利用され、赤裳山には鉱山開発も見られる。
（2）荒地だったのを官業に依って植林されたのが架山・華山・文珠山である。前２者は落葉松、後者は松の美林を成している。

(3) 耕地（畠）のみ在るものは禿用山西方6粁にある800m山と猫峰であるが、多分に火田民が白田化した出作地と考えられ、面積は左程広くはない。
　(4) 農村が存在するものには凫山城・架山・華山・金烏山・禿用山・赤裳山・王師峰・黄鶏山等がある。此の中水田のあるものが凫山城・華山・金烏山・架山であるが、前2者は米作で後2者は単に稲藁を得るためである。是等の殆どは城或は避難処として既に利用された関係上、衆人にも知れていたと思われるし、又森林の伐除や土地の整理も或る程度行われていたと考えられるから、開発は容易であったろう。

　居住者は此の地の生活を楽しんでいる者は殆ど無く、生活に余力が出来たら下山しようとする傾向がある。即ち不安定性を多分に持っている聚落であって戸数の増減も甚だしい。太平洋戦争前は満州や日本へ、或は鮮内の工業進歩と共に下山者が増加したのであるが、戦争激化に伴って米の供出量や徴用工の強圧が累加して来た為め、平地での生活に耐え切れず、入山する者が増えて来た状況は華山でも金烏山・凫山城で見聞した現象である。

　要するに、平地での生活は高額小作料や因襲的社会交際等のため物的・心的の不安を来たし、小作料の殆ど無い又心的自由な気のする山へと逃避したところの生活敗北者であり、一時的な休息避難場の趣がある処で、一種のエクメーネの消長的地域とも考えられよう。

　商工業未発達の過去の朝鮮に於ては土地を耕作すること以外に生活法が見当らなかった。其のため、重税其の他の政治的圧迫を多分に受けて、自己所有の土地を捨てた後に於てさえ、土地を離れることは不可能であり、これ等の中北朝鮮では蓋馬高原や満州へと流出したのであるが、南朝鮮に於ては山奥の谷深く既に先人の占拠するところであり、日本への道も未だ開かれていなかった関係上、勢い山腹斜面を火田民化して移動するか、或は山頂平坦面を耕作する以外には方法を見出し得なかったと思う。彼等の土地利用の状況は総てに於いて平地の延長に過ぎない。平地と異なる山の特性を積極的に活用したと思われるものは、唯一つ華山で見受けた1農家の薬草栽培のみであった。開発を阻むものに猪害がある。総ての山頂聚落が此の損害を過大に受けていて、其の為に耕作も人

家の近くに限定されている。

　(5) 聚落或は耕地の存在する平坦面は、比較的面積広く水が有ることと共に強風を防ぐに足りる凹地形のあることが必要な要素になっている。たとえ面積大で水があっても凹地の無い処は利用されていない。その最な例は神仏山、最頂山である。

　(6) 将来、国内商工業が発達し、土地の解放も行われて文化が一般的に向上した場合には平頂峰上に於ける現在的な生活内容の農業聚落は消滅して、新しい聚落即ち遊覧・療養・避暑地とし、或は山の特性を有利に利用した生産業が起るかと思う。特に大邱近くの架山・八公山や今でも登山者の比較的多い金烏山・茂朱近くの赤裳山等は、麓の濶葉美林と渓谷美、そこに存在する大寺院とに依り、有望なリクリエーション地に成り得るものと考える。　　　　　　　　　（昭和23年6月24日受理）

―――――――――――――

編集子注 ―― 本稿は、昭和24（1949）年、日本地理学会誌『地理学評論』22巻10号、21〜29ページに掲載された論文である。転載に当たって、新漢字、新仮名づかいを採用し、明らかな誤植は訂正し、図にはキャプション（地名）を付した。なお、図1（平頂峯の分布）は原典の図版が不鮮明なため改作した。

講演録
沖縄の「マキヨ」村落

仲松 弥秀

　本稿は、1975（昭和50）年11月23日、琉球大学（当時、那覇市首里）法文ビル110教室で開催された「仲松弥秀先生退官記念講演会」における、仲松先生の講演「沖縄の『マキヨ』村落」の抄録である。なお、音声記録の文字化（テープおこし作業）を伊禮静雄氏（琉球大学財務部）が行ない、これを本誌編集委員会において編集した。今回収録できなかった部分は他日に期したい。（文責、編集子）

マキヨの呼称と村ノロの発生は尚清・尚元王のころ

　まず「マキヨ」という名前ですが、ご存じのとおり、本州には「マキ」「マケ」という言葉が残っています。特に東北地方や日本海沿岸の村落によく残っている。その研究をみると、沖縄の「マキヨ」とほとんど似ているようです。東京あたりから大阪、九州あたりには残っていません。ところが、沖縄にはまだまだ「マキ」「マキヨ」が残っています。
　では「マキヨ」と呼ばれているものはいつ頃、沖縄に来たのだろうか。「非常に大昔からだ」あるいは「農耕社会以前からマキヨがあった」という説もあるが、私は「マキヨ」という呼称は、部落に対して「マキヨ」と付けたその呼称、部落そのものは古くからあるが、しかし「マキヨ」という名前を与えたものは大昔ではない、と見ているのです。
　今までの見解はみんな大昔と考えているようです。「マキヨ」という呼称は、私は第二尚氏の尚清王、尚元王の初期じゃないかと見ているのです。そして、この時に村ノロができた、と考えています。そして、もう一つはマキヨができて、村ノロができ、殿（トン）ができた。殿もマキヨと同一時期だと考えています。神アサギもノロの発生に伴ってできたと見ています。これはとんでもない説だといわれるかもしれません。私は、この考えに対していろいろと批判が出ることを覚悟しています。

『おもろさうし』の第三巻は尚寧王時代のものです。もう島津が沖縄に来ようとしている、あるいはすでに来ていたかも知れません。その尚寧王時代にできた『おもろ』が尚寧王時代の『おもろ』で、それ以前のことは書かれていないということでは必ずしもないのですが、一応ノロという言葉が出るのは尚寧王以後に編纂された『おもろ』です。その時には地方地方の大ノロ、いわゆる「君南風」という君がいた。しかし、これは地方ノロであって、村ノロは後の時代にできた、と私は考えているわけです。これは『おもろ』第三巻には「マキヨのノロノロ」という言葉が出てきます。それ以前には出てきません。二巻、一巻には出てきません。と言っても必ずしも新しい編纂だから新しい『おもろ』だとは必ずしも言えないことはまた当然ですが、「マキヨ、マキヨのノロ」すなわち「マキヨ」にはノロがいたということになる。しかし今は村によってもノロがいない所がありますが、大昔は各マキヨにノロがいたのではないか。

領域内からの物資確保の支配体制

それでは、どうしてあの尚清王、尚元王時代（1557年即位）になって、——まあこれは仮説ですけれども、仮説にすぎませんが——「マキヨ」という名前が与えられるのか。ノロが各村々、マキヨに置かれたのか。

私は、首里王府がやや財政困難になったと見ているわけです。なぜ財政困難になったのか。これは南方貿易が途絶してしまったからだ。ヨーロッパの東洋進出に伴って、尚真王時代まで南方貿易が盛んに行なわれたのですが、尚清・尚元王時代からもう潰れかけてきているということがいえるのではないか。王府の財政、今までの栄耀栄華が難しくなる。そうすると、領内から物資を補給しなくてはならない。そのためには、領域内の村々を統制しなければならない。これまでは村々に対する支配力を強める必要はなかった。税などは、わずかに取ればよかった。しかし財政困難となって、少しく領域内から取らないといけなくなった。

「マキヨ」名は部落に対する公称名であった

村々を統制するためは、各村々を「島」「里」といっただけでは困る。ちょうど大和政権が「郷」「庄」といったものを上から付けさせたように、「マキヨ」という一つの公称名 —— 後に「村（むら）」という公称名ができ、「間切」という公称名ができますけれども —— を付けた、それまでは「マキヨ」という名称もなかった、と考えているわけです。そして、そのマキヨに、宗教政策として、昔は神が一番偉いものですから、神事方面のノロを置いた。当時のマキヨというのは5、

6軒から多くて14、5軒の小さい部落です。そのマキヨにノロを置いた。そのノロは、おそらくその村の有力者の女性だと思いますが、そして有力者の男性には、首里王府と結び付けるために「オヒヤ（大比屋）」という名前を付けた。組踊りに「何々ヒヤ」と出てきますが、あの「ヒヤ」を置いた。こういうふうにして村々を首里王府と関係づけていくようになる。そのような宗教政策でもって物資を今まで以上に、公納物として取るように仕向けていった。こうして、神事はいよいよ盛んになったと思います。この時から沖縄の神事の整備がなされていった、と私は見ているわけです。むろん、これも仮説にすぎません。

「殿」「神アサギ」分布と一致

　そこで祭祀するために「殿（トン）」を造らしめた。それから「神アサギ」を造らしめた。殿や神アサギの前はどうであったのかというと「ザ」というのがあったと見ています。先島では今でも「ザ」といわれるものが御嶽の中にある。沖縄の御嶽の内部にも、「イベ」の所に「ザ」があったと推定します。その一つの証拠は、喜屋武村(むら)の殿の名前に「何々のザの殿」というのが出てきます。いくつか出てきます。「何々のザの殿」と「ザ」である「殿」。
　ところが、いよいよ御嶽が神聖視されると男子禁制になります。そうすると、殿は御嶽の中から次第に村の近くに、御嶽の周辺に移されていった。しかし、殿は調べてみると、御嶽の内部に在るのもあります。村によって御嶽内部にある。その場合には、御嶽の名前は『琉球国由来記』に記されていません。殿だけが書かれています。その殿のみが記された村には御嶽がないかというとそうではない。実際行って調べてみますと御嶽の中に殿があるのです。『由来記』に殿だけ書かれていて御嶽が書かれていないのですが、実際は殿があれば御嶽があるとういうことを私は皆さんに申し上げたいと思います。それと同時に殿があればマキヨがあった、と。
　「ノロ」がいて「大比屋」がいたということは『由来記』に玉城間切のものが細かく記されていますが、それによれば殿での祭りにおいて、「何々の大比屋がオブツヤマトウサヤアレド、カグラヤマトウサヤアレドモ、何々の大比屋がイシズカエニヨヨレタ……」という言葉から拝んでいるのです。「大比屋」と「オボツ神」＝「カグラヤマ」の関係になると思いますが、そういう言葉がずっと出てきます。殿ごとに出てきます。『由来記』のあちこちに書かれていますが、殿があれば、そこでの祭祀に必ずマキヨの名前が出てきます。「何々のマキヨ、何々のクダ」と対句となって出てきます。その例からすると、殿の祭祀には必ず「マキ」名を言っている。そしてそこには大比屋がいてノロがいたというこ

とが推定されるのではないか。

「古代社会時代」にマキヨは発生した

　それではその「マキヨ」とはいったい何かというと、レジュメの最初に戻るわけですがですが、「古代社会時代にマキヨは発生した」と思われます。年代的には「古代」でないかもしれません。まだ数百年しかなりませんが、社会としては「古代社会」になると思います。日本全体からいうと奈良、平安朝時代の社会が沖縄に最近まで続いてきたというわけで「古代社会」という。「古代時代」とは書いてありません。「古代社会時代」と書いてあります。

　そして古代社会時代に発生したと思われる「マキヨ」というのは、必ず「祖霊神を一つにしている集団、部落」である。血縁集団、一つの部族ですから、「部落」といった方が科学的な表現ではないかと思います。「村落」とするとどうもヨーロッパの村を思い出す。おそらく東洋の村落は「部落」ではないでしょうか。「部落」という言葉を非常に嫌う人がいますが、私はじつは科学的な用語だと思っています。

マキヨとは祖霊神を一つにしている集団と、その部落

　マキヨは、レジュメに記してありますが、「祖霊神を一つにしている集団と、その部落」を指した。内地のマキも大体そういうふうになっています。では同じような内容ではないか思われますが、ただそこに「祖霊神の子孫のつくる、子孫の集団と、その部落」あるいは「祖霊神の氏子集団と、その部落」とは書いてありません。ただ祖霊神を一つにしているということと、氏子というのはちょっと変化が、沖縄を調べる場合はあるようです。

　たとえば、稲福には、祖霊神を祀ってある御嶽が三つある。ところが「マキヨ」名は一つしかない。すると「マキヨ」を定義する場合、非常に困ってしまう。ところが村人は、三つの御嶽を部落全体の祖霊神と思い込んでいるのです。科学的には三つの祖霊神がいるわけですが、三つの祖霊神は皆自分たちの神と考えているようです。それでその意識構造から「祖霊神を一つにしている」という表現を採ったわけです。実際ならば「祖霊神の氏子集団と、その村落」といいたいのですが、沖縄のマキヨのなかには、そういう表現からは外れてしまうマキヨがあるので、すべてを包含するには「祖霊神を一つにしている集団」とせざるをえません。そのほとんどが血縁的集落であるのはいうまでもありません。ただ、なかには三つの小さい集団が集まってマキヨを形成して、殿を一つ持って祭祀を一緒にやっているという部落もあります。沖縄の場合はいくつ

の血縁が固まっていますので、「血縁的地縁集落」といった方が適切ではなかろうか、と思っています。単に「地縁集落」というのではなく、「血縁が固まって地縁を結んでいる」といった表現がいいと思います。

　血縁的集落では、村人は、御嶽の神、祖霊神の子孫ですから、そこには差別がなく、また支配者も出てくるはずはありません、家族だから。ただ、統合する人は出るわけですが、それがマキヨ社会では「オヒヤ」「ノロ」である。首里王府とのつながりはあったにしても、部落では統合者であって支配者ではない。皆親類・兄弟である血縁集落ですから、そこには搾取というものはない。また、原始共産制とでもいう社会をなし、物質的には貧しいながら平和な生活を営んでいた、と考えられます。

近代に発生したマキヨ

　マキヨは、幕藩体制の中に組み入れられ変化していきます。

　近世、近代に発生しましたマキヨもあります。この場合は「守護神を一つにしている集団と、その村落」となる。生活地域が拡大されてマキヨの内容が拡大してきている。時代とともに拡大してくると思っています。その生活地域で、たとえば「あの川からあの山までの間がわれわれのマキヨだ」というような表現が出てくるわけです。部落だけではない。集団だけではない。あとは人々が生活している全域を「マキヨ」と呼ぶようになる。「われわれのマク内だ」と。国頭では「マク内」だと言います。近代になると、そういう変化が出てくるようです。時代的に内容的変化があるようです。「マク」の場合、多くは地縁的集落が主となります。血縁的地縁集落であって、むしろ地縁集落といった方が近いのではないかと思います。でもまだまだ血縁的地縁集落があるわけです。しかし次第に内容、構造が変化してくると思っています。

　たとえば、楚洲は1736年成立と『球陽』に書いてある。祭温がやったと書いてありますが、あの楚州は安田と奥から半々人間を引き裂いて作った村落ですが、その「オージマキ」という言葉は「マキヨ」の名前が付いています。これは古代ではなく、1736年にできていますから、「マキヨ」名がついて、御嶽があり、神アサギを持っています。これは本当からいうと祖霊神を両方（安田と奥）から寄せたということになります。ちょっと古代社会の村落とは違ってきます。それで「オージマク」といっています。

　玉城の奥武島は、『球陽』を調べてみると、中国船であるか朝鮮の船だかよくわからないのだが、たぶん中国船ではなかったかと思うが、それが漂着して観音様をやったということになっている。あの時には森林が鬱蒼と茂っている。

人もいない。玉城には久手堅、志堅原という部落が古代からあるが、そういう人々が材料を提供して船を修理せしめて帰還させたのではないかと思いますが、奥武島には人は住んでいない、ということになっている。この集落ができたのはせいぜい320〜330年前じゃないかと考えられる。するとそこには殿はないのです。神アサギがあるだけ。その時代には神アサギの名前しか出てきません。「殿」という名前は出てこないのです。それから判断すると、神アサギは殿より後にできたと考えられる。しかしあちらでは神アサギを殿と言っています。しかし『由来記』には「神アサギ」と書いてある。この奥武島は、その名前が「カイムタ」と『由来記』に出ています。「ムタ」は「マキヨ」と同じ意味です。奥武島はじつは二つの集団からできている。このことは奥武島でも認めています。一つは「イリノ御嶽」もう一つは「アガリノ御嶽」、御嶽が二つあり、それぞれ宗家があったわけですが、一つの村にしてしまってマキヨをつくってしまった。本当は御嶽が二つあれば集団が二つあり、殿が二つできるべきものが、もうその時代には神アサギ一つにまとめてあるようです。

　島尻、中頭を調べてみますとほとんど御嶽と殿とは対応します。ところが神アサギと御嶽とは必ずしも対応しません。山原（国頭郡）などを調べてもわかりますが、時代的には殿が先で、それが次第に国頭や奄美大島方面に伝わって、新しく組織変えしたのが神アサギではないのか。殿と性格は同じであるが、ちょっと時代的には遅く、殿を経験した後でつくったのが神アサギという名称になったのではないかと思っています。

　伊計は一つの集団で、御嶽は二つあるが神アサギは一つしかありません。屋嘉も神アサギは一つしかありません。恩納村の恩納は、殿が二つあります。二つの集団があるのです。大昔の村跡もわかりました。ところが神アサギを一つ新しくつくっています。すると、殿はなおざりにしてしまうのです。神アサギを中心に祭りを行なっています。こうやって神アサギは後じゃないかと見ています。

　それから、マキヨのなかには明治になって発生したマキヨもあります。レジュメに掲げましたが、「ウチクィシンノマク」は明治20年頃、「フィンシンノマク」は明治35年頃、「カニマンノマク」は明治40年頃にできている。これはどうしてわかったかというと、証人が生きています。「あなたがおいくつの時にできたのですか」と聞くと、その方は老人ですから、たとえば「私が二十歳の頃です」という。だからレジュメには「〜頃」という書き方をした。現に生きている方々が小さい頃に新しくできたマキヨが大宜味村の高里村落の区域内に実質的には四つあるのです。ですからマキヨという場合、皆非常に古い時代のものだとい

うのもおかしいのではないかと思っていますが、ここで皆さんの批判をお願いしたいと思います。特に「フィシンノマク」は明治35年頃ですが、これを創設した方が生きていたのです。90何歳、もう亡くなったのではないかと思います。「自分が26歳の時だ」と言っていました。すると明治35年頃ということになる。そして自分の家が最初にこの部落、この地域に来たので、自分の家を「宗家」として、自分の家の屋敷神を今度は村の神として、自分が飲んだ泉を「産川（ウブガー）」として、そして「マキヨ」が発生したのだ、と。こんなふうに他の村もそうでした。最初に来た人を「宗家」として、そこの庭に神を仕立ててこれを村の御嶽にして祭をして、「マク」名を付けた、と言っていました。マキヨというものは、必ずしも全部が古いものではないということを申しあげたいのです。

先島諸島は「ハカ」名集落

　もしもわれわれ琉球弧に住んでいた民族がずっと古代時代から「マキヨ」という名前があるとするなら先島にもあるはずです。ところが先島はいくら調べても、私の調べ方が足らんかもしれないが、「マキヨ」という名前が出てきません。その代わり「ハカ」という言葉がよく出てきます。この「ハカ」は、「マキヨ」と同一の内容を持っています。語源はともかく、「墓」ではありません。その集団名と御嶽を持ち、「司（ツカサ）」がいて、祭祀する集団がいます。これを、皆「ハカ」と言っている。
　ところが宮古を調べたが今のところ「ハカ」を発見していません。私はきっとあると思います。推定はしています。なぜならば「司」地域ですから。「司」地域と「ハカ」地域とは一致すると思っていますので、宮古にも「ハカ」という言葉があるだろうと思いますが、私はまだ聞いたことはありません。ただ、成城大学の野口武徳教授が池間島を調べて「ハカ」と称する三つの集団があると報告しています。「何々ハカ」「何々ハカ」という集団。今の集団とは別の集団、「ハカ」という集団があるという報告がありますので、あるいは他にも残っているのではないかと思いますが、私は自分では発見できていません。おそらく私は宮古にも、マキヨと同じ内容を持つ「ハカ」という言葉があったのではないかと思います。

奄美のノロを訪ねる

　ところで「マキヨ」と「ノロ」については先ほど申しました。奄美大島にも村ノロがいる。すると奄美大島にもマキヨがあるはずだ。調べましたがマキヨ

は出てきませんでした。実に出てこない。ところが一般の人が知らないのです。おそらくマキヨの名を奄美大島まで行き届かすまでには、首里王府は相当時代が経過したのではないか。まあアサギ地帯です。「神アサギ地帯」を経過したのではないかと思っています。そのためにすぐに時代は新しくなり島津にやられたので「マキヨ」名もスーとなくなってしまった、拭い去られてしまったのではないか、という気がしたのです。

　しかし、もしや残っているのではないかと思って最後まで食いついたわけです。そして、これまでの私の調べ方がよくないな、よし、今度は村人からは聞かないで、直接ノロから聞こう、と考えたわけです。ところが「ノロ」も沖縄と同じく単に名前だけを受け継いで、本当の神言葉、祭祀の仕方をわからないノロが奄美大島にもたくさんいます。すると先代の「ノロ」から代々受け継いで来たという村はどの村かを人々から聞いて、よし、あの村へ行ってみよう、と思って出かけた。そこは、私が出かける少し前までは、ちゃんとした道がなくバスも通らないところでした。

　その村を訪ね、ノロに頼んで「マキヨ」という名前がないかと聞くと、「いいえ」と言う。おそらく沖縄でも祭祀の言葉の最初に出てくるので、「あなたがたが神を拝む時に最初の所に出てくるはずですが……」と言うと、「そういう神に対する言葉は一般民衆には聞かすものではない。神人さえも数人しか覚えてない。そうして次（のノロ）に渡すのだ。一般の人に聞かすには神に対して非常に畏れ多い」という。そこでこれはどうしてもまず聞いてみようというので説得を始めた。二日間かかりました。非常にいいノロさんでちょっと目が悪い方でしたが、この人は先代から受け継いでいると聞いたものですから、食いついて行ったわけです。私は方法を変えました。とうとう言いました。「もしもあなたが何かの事故で亡くなった場合、神言葉を失ってしまいますが、それでもいいのか。死んでからあなたは神に対してどう申し訳するのか」。この言葉にはノロはドキッとしたらしいです。「あなたは何らかのこと、録音して置くなりしておかないと、あなたは神に対して大変なことになるのではないか。ノロたるあなたじゃないか」と。しばらく経って「誰にも聞かしちゃいかんのだが、神様に聞いてみます」と言う。そこに神棚があった。私もひざまずいて「神様どうぞ言わして下さい」。5分間ぐらい盛んにお祈りしていましたが、フッと私の方を向いた時には、しめたと思いました。顔に書かれておった。そして、座を直してから「神様はあなたには聞かせていいとおっしゃっている」。「そうですか。ありがとうございます。神様ノロさんありがとう」と感謝を述べると、「録音機をどうぞ」という。

それから、20分間くらい淀みなくずっと語り続けました。まあその「ターベ」といいます。「タブ」ともいいます。沖縄では「ウタカベ」といいます。あちらの方（奄美大島）では「ターベ」「タブ」というふうに言っています。神に対する「タカベ」言葉です。それをもう20分くらい淀みなくよくも出るもんだと。手を合わせて唱えています。（ノロさんは）「これは普通言いません。今日は神様が許してくれますので」と言うので、好意に甘えてソーと全部録音させてもらいました。その「ターベ」言葉は近頃つくったなということはすぐにわかります。中身は「尚真の、大明神。何々ノロ……。」そして日本全国の神々の名前が出ます。仏教の名前からニロー神の名前から、もう一切合財出ます。最初は自分の村の神の名前を言います。それから周囲、奄美大島、徳之島あたりから言って沖縄に来て、また本土の天照大神、皆出ます。仏教も出ます。大明神も出ます。それを聞いておもしろいと思いました。これが沖縄の心だと。あらゆる物は皆総括する。その上に立つのが沖縄の宗教だと。全て排除しない。良いのは全部総括する。ああこれが出ているな。おもしろいなと思って聞いたわけです。

　その中に最初に出てきます。「今里のマキヨ。今里のクダ……」とあった。ああそれを聞いた時には十何年来の宿望が達せられたと、私はうれしくなった。やはり「マキヨ」という言葉はありました。「今里のマキヨ。今里のクダ」、これは沖縄と同じ仕方です。沖縄では「マチュー」といっておりますが『由来記』には「マチュー」と書いてありますが、あちら（奄美大島）では「マキヨ」とちゃんと言っていました。

　それから、翌日はデークマ（大熊）に行きました。そこでは、「デークマのマキヨ……」という言葉が出ました。ああやっぱりあるのだ。ただ一般民衆は知らなかったのだ。やはり、推定どおり「ノロ地域」には「マキ」があったのだ。だから、先ほど言いましたが、私は宮古島も「司地域」だから「ハカ」があったのではないかと推定しているわけです。今日の日（講演）を終えたら奄美の方へまた出かけます。あちらには沖縄以上に古い祭祀、部落共同体の良いものが残っております。

祖霊神を中心とした水平的同心円状の共同体部落（横社会）

　そこで、琉球弧の世界観と集落ですが、われわれは、「現実の世界」に対して「あちらの世界」という、二つの世界観を持っている。この宇宙観といいますか、二つの世界があると感じていたと思っています、現実の世界とあちらの世界です。

ところでこの宇宙観とでも申しますか、あの世界とわれわれの世界とは断ち切られているのではなく、互いにかすかに行き来できると思っている。この世界観は、死人に対してもそう考えます。死んだ、あちらに行った。しかし、通うことができるのだ、と。そこに祭りというのが起こった。暗黒の世界、無の世界だったら、先祖祭りというのがあるはずはない。しかしあちらに生きていて、かすかに通うことができるという世界観から恐らく日本の先祖の祭りが起こったのではなかろうか。これは沖縄だけの問題ではないと思います。この世界観が基調をなして、盆とか正月だとか十六日という祭りが始めて理論的に可能なのではないか。

　仏教では暗黒の世界とか、無の世界といいますが、われわれの世界では無の世界はない、というふうな観念があるとみます。この時代、そしてわれわれの世界は、この祖霊神、現実におられたわれわれの祖先を神として、それを中心にした水平的同心円状の共同体的部落――これは横社会といっていいです。日本の中で琉球弧の社会は横社会であると思っています。

　なぜ琉球弧は横社会になったのだろうか。それは、古代神事の思想が残ってきたからではないか。おそらく日本全体が大昔は横社会ではなかったか。ところが大陸から別の思想が押し寄せた。いわゆる大地から生まれた民族ではない、他から入ってきた優秀民族によって撹乱されたために、いわゆる支配社会が生まれたのではないか。天皇一族その他の昔の支配者を私は渡来人とみています。朝鮮から来た方々だ、と。同じように沖縄の豪族も渡来人だとみています。九州あるいは大和地方から渡来した者だろう。優秀な文化を持っていた者を民衆が押し上げていったのだ、と私は見ているわけです。護佐丸であろうが、阿麻和利だろうが、首里王府をつくった伊平屋から来た人であろうが、これは渡来人だと私は見ている。新しく九州あたりで文化を担ってきた、沖縄の島々の人々よりも優秀な連中が来て、これが押し上げられて支配者になって行ったのではないか。日本全体の歴史も大陸からの渡来者が支配者になっているのではないか――。沖縄の部落を調べて、そんなふうに思っているわけですが、これもまた問題になると思います。

　じつは皆兄弟ですから水平になります。ところが中心点がなければならん。いわゆる同心円を描く。そこに御嶽の神、いわゆる祖霊神ができる。しかしキリストみたいにある時、学者が作った神ではない。あるいは釈迦牟尼が作った仏という象徴的な、つくられた神ではない。キリストの神も沖縄の神も同じ「神」という名前ですが、内容は全く違っている。われわれの神というのは、現実におられた人、われわれの遠い祖先を指す。本当にわれわれを生んでくれた

遠い祖先である、と見ています。それを「祖霊神」といっていますが、それは「御嶽」にいらっしゃる。それは「祖神」という表現でもいいと思いますが、全ての多くの祖先が一つに統一されている神ですから「祖霊神」と言ったほうがいいと思います。「祖先神」とするとおかしい。

　その神を中心にして、祭祀によって部落が、先祖祭祀は仏棚で祭祀することによって一族が団結する。あるいは門中が団結するといったようなもので、古代社会の沖縄では御嶽を中心にして部落が一つの円を描く。ここを祭祀するには中心人物がいないといけないから、宗家がやる。最も祖霊神の幹に当る人。宗家そこからいわゆるマキヨ時代は「オヒヤ」と「ノロ」、現在は「根人」と「根神」が中心になって祭祀をして、そしてこれに村の長老がいる。村の長老それから若者というふうに同心円的にあって、しかも中心点のある同心円的な社会を形づくっている。現在でもそれがあって、何ごとも一人では絶対に決めない。村中で決める、というのが非常に重要である。最近本土倣いをして独裁者というのが出てくるかと思いますが、村ではやはり水平的な、皆と相談して決めるという風習がまだ残っていますので、こういう思想は根強いと思います。こんな風にして村の長老は若者を教育する義務がある、誰の子供でも。そして若者は長老を尊敬するといったような、「愛と尊敬」この二つによって結ばれていた。長老は今でいうと非常に知恵のある、経験に富んだ者だから若者を教えた。若者は長老のいうことを非常に重んじて行動する。これを水平的な横社会といっているんです。これがわれわれの本質になったと私は見ています。これは奄美大島の村々でも同じです。そういう結論しかでません。

ニライ・カナイ —— はるか海の彼方の世界

　ところでこの水平思想はもう一つの柱があったと思います。これは他の世界。現実の世界はここ。他の世界はまたあちらにあって、行き交いがかすかにできるが、われわれの世界とは違っている世界。そこを「ニライ・カナイ」と名づけた。この「ニライ・カナイ」という表現ですが、これはまた島々によって大昔は「ニライ・カナイ」という共通語があったと思いますが、次第に歴史的変化を遂げて、いろいろな表現が生まれた。「竜宮」あるいはその神様を「竜宮神」と言ったり、あるいは「ウンジャミ」と言ってみたり、あるいは「ナルコ・テルコ」の神と言っている。宮古はちょっとおもしろい所ですが、「ニロー」神は「ニライ・カナイ」ですが、中には「ニライ・カナイ」の国を「タウ」（唐）の国と言っています。あるいは「サウ」の国という所もあります。「タウ」の国「サウ」の国という所もあります。

次第に沖縄の人が歴史的に、現実に、世界的に目覚めた。世界というのが次第にわかってくるとともに「ニライ・カナイ」が変化してくる。それで海の漂着物、沖縄にない物が漂着する。するとこれはどこから来たのだ。それは海の彼方から流れて来たのだ。すると海の彼方にはわれわれの世界と違った生産物の稔る国があるのだな、と推定する。これは素朴な、子供でも推定できるものかもしれません。

外来人・ユイムン・来訪神・アーマンチュ

　ところが現実に時々、沖縄への来島者があります。九州あたりから。主に大和の国は九州あたりから、四国あたりから来たでしょう、島伝いに。これが時々部落に来る。船で来る。これは新しい文化人である。言葉は少し通ずる。同じ古代日本語ですから通ずる。ところが服装はやや違う。そしてまた持っている物質が違う。いろんな新しい物質を持って来ている。頭脳がよく、いろんなことがわかる。いろんな物の作り方を知っている。これは神様だ。これは神の国、「ニライ・カナイ」から来たのだ――。こういうことになる。そうすると「ニライ・カナイ」から米の新しい種が来た。麦の種が来た。これは皆海の彼方から渡来してきた。「ニライ・カナイ」の神が持って来た、と。実は渡来者である。沖縄にちょくちょくと来る渡来者によってもたらされた物が「ニライ・カナイ」からもたらされたというふうに観念するわけです。

　そうすると「ニライ・カナイ」というものが非常に理想な国に思われてくる。「ニライ・カナイ」という国は理想の社会である。そこからネズミも魚もこのわれわれの世界に恵んでくれるのだ、と。「ユイムン」も恵んでくれるのだ、というような思想から「ニライ・カナイ」に対するあこがれの精神が生まれます。同時に「ニライ・カナイ」から来たとする人間を非常に大切にします。外来人です、実際は。外来人を大切にする。

　ところで「ニロー神」、「ニライ・カナイ」の彼方から来た外来人は服装が違いますので、神の祭祀の場では「赤マタ、黒マタ」みたいになります。それから川平（石垣島）の「マユンガナシ」みたいに、ちょっと現実の人とは違った姿をさせないと、「ニライ・カナイ」の神にはなりません。現実にあったことが祭祀になっている、というように考えるわけです。

　そしてこの「ニライ・カナイ」から来た者で土着する人がいます。後はそれに「人」と名前を付けてしまう。もう人だから、神と思っていて、その気持ちでいたのが次第に交際すると同じ人間になってしまうが、優秀な人間である。これは「アーマンチュ」という。「アマミキョ」とこれは現実の人間になってし

まう。しかしこれは「ニライ・カナイ」から来たのだ、優秀な人だ、と。これが次第に土着人になると、次の「ニライ・カナイ」を求めます。この人も一緒に。こうして定着していったのが沖縄の民族形成じゃないか。「ニライ・カナイ」から次から次へと「アーマンチュ」が来て、そしてそれが従来からいた人々と結婚し、子孫が増えてくる。それが、沖縄の連中（民族）をつくってしまう。

　しかし時代とともにやはり海にあこがれる思想は続いてきた。この海にあこがれる思想は天から来るのではなくて水平から来ます。水平には神がいて、天には神はいない。そして沖縄の祭祀の仕方はこんなふうに（合掌した指先が上向きの状態で）に拝んでいる人は一人もいません。皆こう（合掌した指先が前向き。水平の状態で）拝んでいます。水平です。キリストの神はそこに像が在ってこうして拝みますが、あれは「天なる神よ」という。沖縄の村、琉球弧では、海の彼方、水平の彼方 ── あらゆる物が水平思考ではなかったか。志が水平に向かうというものだと思います。天志向ではない。

　ところが、すべて支配者は、一般人民とは別の者だと仕向けようとするようです。首里王府もそうしようとする意図があったことは記録から充分にわかります。ところができなかった。とうとう失敗に終わった。ということはもう根強く水平思想が現実にある。

沖縄の死生観 ── あの世とこの世はかすかに通じる

　沖縄では「マキヨ」を中心に、この「御嶽」を中心とした団結と、今度は外部に対しては歓迎と開放、二つの精神を持っていた。決して島国根性じゃなかった。閉鎖的社会じゃなかった。団結と同時に他人を歓迎した。非常に開放的だった。これが島国的に「あっちの人間どもは……」と言って非難するのはおそらく悪い連中が、島津社会になってからいじめられたために警戒心を起こして、外来人に対して警戒するようになったからではなかろうか。歴史がそうさせたのではないか。

　それ以前は非常に外来人を喜び迎えたと思われます。この社会観が結局は死生観にも通じまして、死んだ世界と現在の世界との死生観にも、この部落のものが通じてくる。あの世とこの世はかすかに通ずる。死んでないのだ。精神的にあっちで生きているのだという観念。遠いという彼方は、現実の社会でないから遠いはるか海の彼方の水平の「ニライ・カナイ」で生きているのだ、という観念が出てきます。「ニライ・カナイ」で満足して平和に生きているのだといった観念がまだ老人にはありまして、いわゆるあの世とこの世とは断絶してない。

　私はよく言いますが「古事記」の中にイザナギの命がイザナミの命が死んだ

ので風葬されている岩の穴でしょう。あの時は風葬が主体だったか知りませんが、風葬された森林の中の岩の穴を喜び勇んで訪問します。喜び勇んで、です。決して恐れてない、死人を。わが妻に逢えるのだと。あの死の世界でありながら喜び勇んで行っていることを書いてあります。ところが帰る時になって怖くなる。とたんに、急に怖くなってもう恐れていて、とうとうヨモツヒラサカ（黄泉平坂）という所でやっとかっと免れたと。私はあの古事記のものは古代日本社会の思想が大陸思想に圧倒されていく過程の時期の説話じゃないかと観ているわけです。沖縄には幸いにヨモツヒラサカはなかった。やっぱし「グソウ」（後生）とここ（現世）は繋がっているのだという観念がいまだにあって、祖先祭祀は日本一偉い。これは誇るべきものだ。もう本土の方々は忘れているものを我々は持っているのではないか。

論文

西原町の坂田交差点。久高將清氏ならびに鏡味明克氏の論文を参照。
(2005年7月16日、渡久地健撮影)

沖縄・九州の交差点の地名

鏡味 明克

1　はじめに

　仲松弥秀先生のカジマヤーのお祝いにちなんで、沖縄に十字路を風車にたとえてカジマヤーという用法があったことを出発点として、沖縄の現代の十字路、関連して三叉路やその他の交差点の地名の現状を把握し、次に、連続地域として九州地方のそれらの名称の分布との繋がり、あるいは非連続性を確認して、その調査結果についての考察を述べることにしたい。

　この題材については、すでに1996年に『三重大学教育学部研究紀要』47巻（人文・社会科学）に掲載した、「地方都市における通称地名の研究」（以下「鏡味（1996）」として引用）の中で一部取り上げ、「十字路の地名の分布」の全国図も提示した。ただし三叉路その他については若干触れたに止まり分布図は示していない。また十字路の分布についても、今回は沖縄・九州に関して、よりくわしく各種の地図資料にあたり分布の確認増補を行った。また、1990年代の道路交通地図ではバス停の名は確認されるものの、交通案内標識の地名名称の記載が少なく、この点は最近の道路地図ではかなり記載情報が多くなっていて、最新版による分布の増補確認が可能になってきた。そのような状況を活かして、十字路についても最新の確認版とすること、十字路以外の三叉路その他の交差点の名称全体との関連を明らかにすることを本稿の目的とする。

　なお、この十字路等について書かれたこれまでの論考としては、ほかには新潟県の例について論じた、外山正恭氏の「バスの停留所名に残る方言――「十文字」「四つ角」と「十字路」――」（『言語生活』317号1978）がある。

2　沖縄県の交差点地名

　沖縄の十字路は現在では「十字路」が一番代表的名称であるが、沖縄には先行して、カジマヤーの語を十字路にいう用法があった。首里のことばを記述した国立国語研究所編『沖縄語辞典』(1963)には、kazimajaa (1)風車 (2)転じて十字形のもの (3)十字路、四つ角 (4)首里の尚家の角にある十字路 (4)植物名。くちなし。その白い花が十字形をしているのでいう、と記す。この首里の十字路については、東恩納寛惇『南島風土記』(1950)に、「現侯爵邸宅東角の十字路を俗にカヂマヤーと唱へる。風廻又風車の意で、斯の如き地点を那覇では十文字と称する。南北は平良子橋より首里城久慶門へ、東西は那覇街道より三箇方面へ連絡し、首里市の中心点である。」と述べている。ここで注目すべきは現在の沖縄では「十字路」が専らの称になっているのに対して、以前には沖縄にも「十文字」の称があったことが知られることである。この十文字については、同書に「見世の前から潟へ出る西大通りと、本町四・五丁目の境界線との交叉点、北は石門に達し、南は通堂に到る大十字路で、これを十文字と唱へ、西村の中心点であった。」と記す。

　また『角川日本地名大辞典・沖縄県』(1986)の沖縄市の胡屋の項に、胡屋十字路をグヤカジマヤーといったと記し、また那覇市首里の大中の項で、「安谷川坂を上りつめた十字路は、カジマヤー（風車）と呼ばれていた」と記すのは、上述の『沖縄語辞典』や『南島風土記』に引かれた首里のカジマヤーである。久手堅憲夫氏の『首里の地名』(2000)には、この首里のカジマヤーについて、「カジマヤーとは風車をいう方音で、道路が風車のように十字に交差していたことでの地点地名である。首里でカジマヤーといえば此処を指す。王府時代、中頭方、国頭方への西海道の宿道は、首里城歓会門を出て右折し（中略）松崎馬場を抜けると、このカジマヤーであった。1905年（明治38）沖縄県師範学校の拡張工事により松崎馬場は閉され、このカジマヤーは十字路の機能を失ったが地名は遺った。今また松崎馬場復活の計画が出されているので、カジマヤーも地名だけではなく、実を伴った地点地名として蘇る日も近いだろう。」と述べる。

現在胡屋の十字路ではバス停名も道路案内標識も「胡屋」とのみで、広告や都市地図上に胡屋十字路の通称を見る。一方、同じ沖縄市内の「コザ十字路」は、この名でバス停や交差点の交通案内標識が出ている。現在確認される、バス停または案内標識の沖縄県の「十字路」名称は次の通りである。事例は現在表示されているもののほか、過去の資料にみられるものも含めた。
　まず、那覇市では、与儀十字路、国場十字路、古波蔵十字路、識名十字路、寄宮十字路、鳥堀十字路、儀保十字路、神原十字路、繁多川十字路、真地十字路、と周辺の新しい発展地に多いといえよう。次に沖縄市では上述の胡屋十字路、コザ十字路と知花十字路、高原十字路、泡瀬十字路、以下、那覇市付近では、南風原町の兼城十字路（南風原十字路とも）、新川十字路、具志頭村の後原十字路、大里村の稲嶺十字路、与那原町の与那原十字路、以北では、具志川市の赤道十字路、川田十字路と安慶名十字路、宜野湾市真栄原十字路と我如古十字路、名護市の名護十字路、城十字路、東江十字路、本部町の渡久地十字路、である。先島諸島やその他の諸島では例を見出さない。石垣市の十字交差路に「文館前交差点」「農高前交差点」などのバス停を見る位である。
　次に「三差路」（もと三叉路、今は標識に三差路と書く場合が多い）の名では、次のような例が確認される。那覇市の安里三差路、具志川市の栄野比三差路、平良川三差路などである。
　また「交差点」と称するのは案内標識に多いが、それぞれの立地を見ると、大半が三差路の場合である。具志頭村の具志頭交差点、佐敷町の津波古交差点、宜野湾市の大謝名交差点と伊佐交差点、北谷町の北谷交差点と北前交差点、石川市の三原交差点で、十字路との区別で、交差点の名を用いているようである。那覇市の久茂地交差点は十字路である。

3　鹿児島県の交差点地名

　次に鹿児島県を見る。まず、南西諸島から。与論島に寺崎十字路、東区十字路、徳之島の天城町に「四ツ角」と「三叉路」（三叉路の誤記かも）のバス停が認められる。徳之島町にも「四ツ角」のバス停がある。与論

島の十字路は沖縄本島と連続し、徳之島の四ツ角は鹿児島県全般には繋がらず、後述するように、熊本県等にその主分布がある。奄美大島には該当する例が見出だせない。永吉毅氏の『沖永良部島地名考』(1976) には、島内の小字名を総覧して、分岐点の名称はすべて「～俣」であると記述している。大島本島、徳之島も小字資料を示して、この地名型（俣・又）が多いという。「二俣」はあるが、三俣等は見えない。図1の「十字交差点の地名」の図では、左上の九州の分布図に対して、南西諸島の範囲を右下に那覇市以北に付いて描き、例の多い那覇市付近については、拡大図を用いた。破線の範囲が那覇市である。図2の「三叉路の地名」は「三文字」と「三つ角」の見られる九州地方を表示した。

　種子島には、三叉路に「三文字」の名が多く見られる。南種子町の郡原三文字、大字都三文字、有馬三文字、中種子町の中田三文字、坂井三文字、満足山三文字、下馬三文字、大平三文字、西之表市の池田三文字、居辻三文字、いずれも三叉路のバス停名である。種子島だけでなく、大崎町大崎三文字、原別府三文字、財部町財部三文字、飯野三文字、大隅町馬場三文字、別府三文字、有明町野神三文字、鹿屋市高須三文字、田崎三文字、三角三文字、輝北町別府三文字、谷田三文字、福山町福地三文字、有明町野神三文字、末吉町徳留三文字など、大隅半島へ顕著に連続し、薩摩半島にも同じく例が多い。ところで、なぜ三叉路が「三文字」なのか。「十文字」とはことなり、「三」の文字では三叉路の図形にならない。考えられる理由は十字路を「十文字」という影響で、三叉路も「三文字」といったという可能性である。しかし、そのためには、十字路を「十文字」という用法がこの地域に先行して存在していたことが条件となるが、十文字の用法はたしかに鹿児島県に存在していた。大隅半島先端の佐多町にも十文字のバス停が存在する。そのほか、鹿児島県には広く「十文字」と「三文字」が並存する。

　十文字は、鹿児島市松十文字、薩摩川内市隈之城十文字、前床十文字、金具十文字、垂水市垂水十文字、始良町寺師十文字、隼人町見次十文字、知覧町垂水十文字、吹上町永吉十文字、七呂十文字、薩摩町黒鳥十文字、溝辺町溝辺上十文字、溝辺下十文字、財部町十文字（字名）など。また志布志町に十文字原の字名がある。また三文字は、先掲の大隅半島のほ

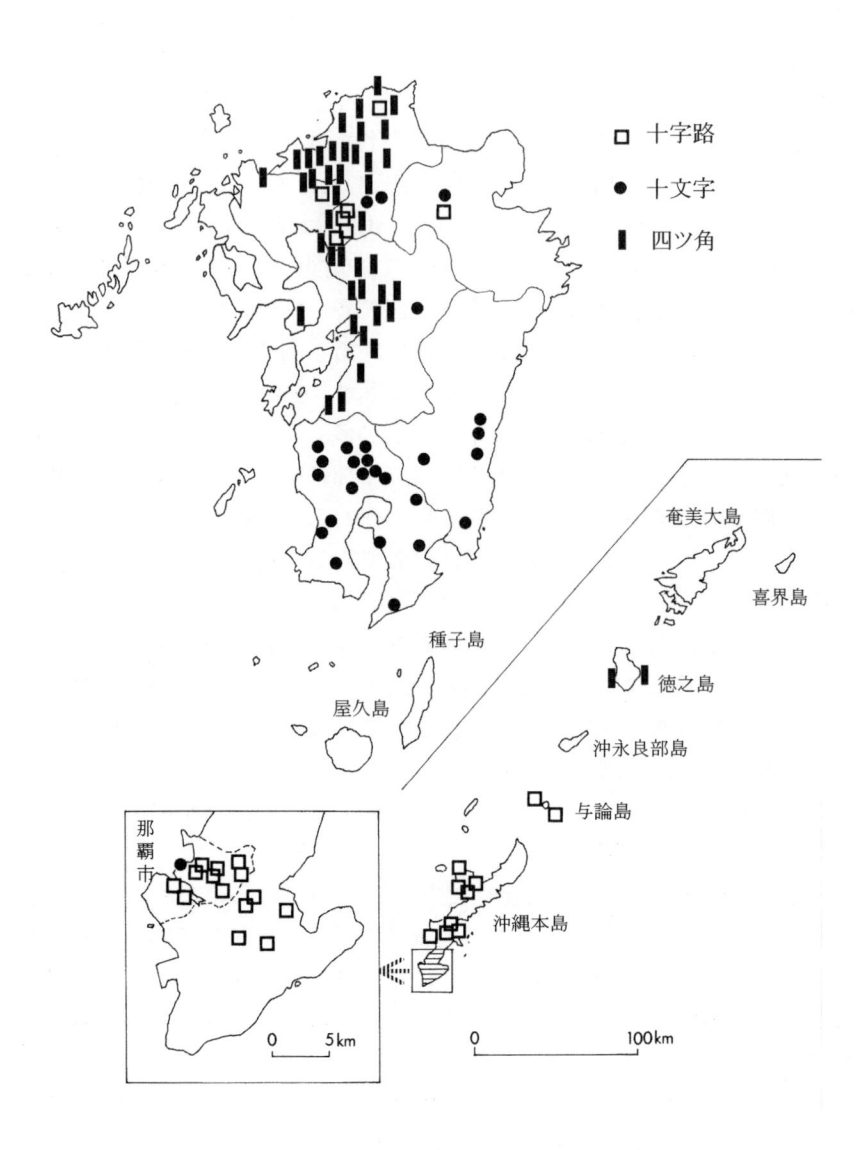

図1　十字交差点の地名

沖縄・九州の交差点の地名　61

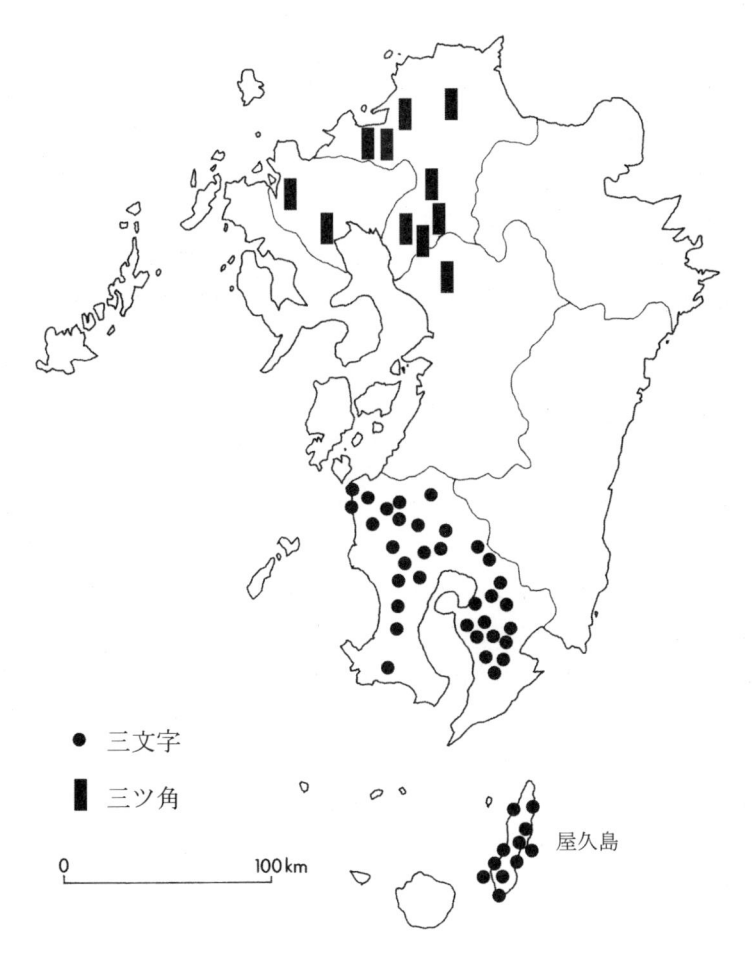

図2　三叉路の地名

か鹿児島市吉野町三文字、下田三文字、大原三文字、内田三文字、春山三文字、薩摩川内市三文字、中間三文字、上手三文字、黒木三文字、阿久根市尾崎三文字、脇本三文字、折口三文字、大口市木之氏三文字、吹上町田之尻三文字、伊集院町三文字、枕崎市中原三文字、溝辺町石原三文字、蒲生町三文字、宮之城町小川田三文字、上向三文字など多数ある。

案内標識には、新しい「交差点」の名や、「三差路」の名も。姶良町の森交差点（十字交差）、鹿屋市の北田交差点（十字交差）、寿交差点（六差路）、枕崎市の中央交差点（五差路）、三差路が大口市の太田三差路、薩摩川内市の宇都三差路。坊津町の小原三叉路は下甑島の県道三叉路、上甑島の須口三叉路（三つともバス停名）と繋がり分布か。鹿屋市高須三文字（標識）はバス停は高須三差路である。

なお、鹿児島県には、分岐点を「岐れ」の名で停留所名にしたものがいくつかあった。鹿児島市の東原岐れ、隼人町の松永岐れ、牧園町の田ヶ野岐れなどである。

4　宮崎県の交差点地名

宮崎県に入ると、交差点名を地名とする例は多くないが、一番注目されるのは都城市の「五文字」のバス停である。五差路にあり、「五」の字でも五差路の図形にはならないから、これも「十文字」の影響により、五差路を五文字と称したものであろう。県内では十文字の例は、日南市飫肥の城下町の旧地名、川南町の十文字と元十文字、高原町、新富町の十文字などの字名があってそれぞれ十字交差路が認められる。延岡市には安賀多五差路の案内標識、宮崎市には大江町交差点、国吉交差点の標識がありいずれも十字交差である。宮崎県にも分岐点「岐れ」は小林市、串間市（宮浦岐れなど4例）などのバス停にあり、西都市では清水岐道、青山岐道の名がある。

5　熊本県の交差点地名

熊本県に入ると、十字路の基本型は「四ツ角」である。熊本市保田窪四ツ角、健軍四角、長嶺四つ角、山鹿市熊入四ツ角、横島町外平四ツ角、水俣市新四ツ角、丸島四ツ角、天水町部田見四ツ角、御船町御船四ツ角、小川町小川四ツ角、鏡町鏡四ツ角、玉東町木葉四ツ角、松橋町四ツ角（バス停）、新四ツ角（標識）など。

三叉路も「三文字」は見えず、熊本市小池三差路、玉名市戸田三差路、

人吉市蓑野三差路、蟹作三差路、松島町今泉三差路などである。山鹿市のバス停には三叉路の「熊入三ツ角」と十字路の「熊入四ツ角」とがある。三角（みすみ）は採らない。熊本県では西原村の小字名にわずかに十文字が認められる。中央町には二俣の字名があり、本渡市にも二又の字名がある。

6　福岡県の交差点地名

　福岡県は十文字・十字路・四ツ角が混在するが、主流は四ツ角である。まず、十文字は甘木市十文字、大刀洗町十文字など。十字路は久留米市荒木十字路と下荒木十字路、筑後市の羽犬塚十字路と尾島十字路、北九州市八幡西区本城十字路。
　四ツ角は福岡市南区桧原四ツ角、野間四ツ角、清水四ツ角、屋形原四ツ角、老司四ツ角、那ノ川四ツ角、城南区茶山四ツ角、七隈四ツ角、那珂川町道善四角、宇美町黒穂四ツ角、篠栗町小林四ツ角、穂波町弁分四角、古賀市青柳四ツ角、宗像市田久四ツ角、糸田町真岡四ツ角、八女市後ノ江四ツ角、瀬高町瀬高四ツ角、大牟田市新道四ツ角、北九州市八幡西区四ツ角、木屋瀬四角、柳川市中開四ツ角、城島町江上四ツ角、飯塚市片島四ツ角など。
　三叉路は、四ツ角と対をなす「三ツ角」が福岡市南区尾形原三ツ角、桧原三ツ角、東区土井三角、筑後市庄島三ツ角、久留米市二軒茶屋三ツ角、直方市植木三角、立花町兼松三ツ角、長瀬三ツ角など。
　六差路に適用した福岡市南区井尻六ツ角、中央区薬院六つ角（これは「六つ」とひらがな）もある。三差路は福岡市東区千代三差路、早良区干隈三差路、宗像市石丸三差路、久留米市大橋三差路、荒木三差路、北野町石崎三差路、塚島三差路、北九州市八幡西区陣の原三差路、助松三差路、小倉北区城野三差路、飯塚市門出三叉路（これは「叉」の字）がある。筑後市に荒木四差路、鞍手町に新北五差路がある。
　「交差点」は飯塚市水江交差点、北九州市若松区青葉台交差点、川崎町三ケ瀬交差点、大牟田市吉野交差点、中間市新手交差点など、いずれも十字路に適用している。

7　佐賀・長崎・大分県の交差点地名

　その他の九州各県は例が多くない。まず、佐賀県は基山町宮浦十字路、基山町基山四ツ角、浜玉町四ツ角、伊万里市桃川三つ角（「三つ」はひらがな）、鹿島市浜三ツ角、富町福富三差路ぐらいである。諸富町には搦角、上下角、三重角と十字路ごとに字名に「～角」を連続してつけたバス停名がある。ほかにも十字交差路があって「～角」の名を用いる例が佐賀平野にはいくつかある。佐賀市佐嘉神社角、戸上角などである。
　分れ道に武雄市成瀬分道、木場分道の型と、三田川町久留米分岐、多久市西多久分岐の型とがある。
　長崎県は南有馬町北岡四ツ角を認めたのみである。分れ道には新上五島市に阿瀬津別道のバス停があった。
　大分県では、玖珠町にバス停で十文字があり、案内標識は「春日十字路」で、十文字が旧称らしい。ほかは案内標識の「～差路」のみである。大分市田中五差路、田中三差路、毛井三差路、関門三差路、九重町引治三差路、玖珠町逢坂三差路、野津町三差路。

8　九州の交差点地名の概括

　九州地方の図示の交差点名については、このような、「文字」「角」と「十字路」で表す地名を用いることにはかなり地域差があり、多用される地域とその習慣、分布のない地域とがある。先にも見たように、「十文字」から「三文字」の用法の派生は疑いなく、「四ツ角」と「三ツ角」も例の多さは異なるが、分布域はほぼ重なり、関連する表現の流行のあとであることは間違いなかろう。そして、「十字路」は新しく加わったものであろう。十字路は主として筑後平野の道路網の密なあたりに集中している新型である。
　鏡味（1996）でも分布図を作成しまとめたように、「十文字」も「四ツ角」も「十字路」も中部近畿中国四国の中央日本にはほとんど分布がなく、十文字は東日本では北関東から東北地方一円に、四ツ角は関東から甲信越に主に分布している。つまり、東西に周圏分布を示す古語の残存

をうかがわせる。十字路は南関東から上越にかけて例が多く新しい勢力と解する。北海道にはまとまって「十字街」が特有の新しい分布を示している。

　江戸時代の全国方言集である越谷吾山の『物類称呼』(1775)には、「よつつじ、奥州津軽にて十文字と呼」ぶと言い、喜田川守貞の『守貞漫稿』(1838-54)(巻二)に、「阡陌（南北路と東西路のこと）、京阪に四辻と云、江戸四つ角と云、乃十字街也」と記す。四辻に対し、十文字、四ツ角ともに近世当時、京とちがう東国の用法として紹介している。そしてあわせて九州付近に十文字、四ツ角が東国とともに古形としてあって今日に至ったであろうことも、現在の分布から推察することができる。近世京の標準語形であった「四辻」は、十字路を象形した国字の「辻」（道を表す「しんにゅう」の中に「十」）から発している。九州でも十文字や四ツ角の分布域でない大分県では臼杵市辻などの地名が交差点の位置に認められるし、これは全国型の地名として高札の立った辻の名の「札の辻」は九州にも散見する（有田市、人吉市など）。ただし、「四辻」の名は、四ツ角の分布の稀薄な東九州にも見えない。

9　沖縄の交差点地名の概括

　これまで、例を見てきたように、沖縄の十字交差路の地名は、沖縄特有のカジマヤー（風車）の名がわずかに伝えられることと、九州とともに那覇で「十文字」の呼称がかつてあったことがわずかに記録に残る。しかし、現在のバス停や交通案内標識では、九州にはわずかしかない「十字路」の名が統一的につけられており、新しい現代地名型といえよう。なお県境与論島の十字路は近接の沖縄本島の影響であろう。ほかではより新しい「交差点」「三差路」等の名称になっている。「三叉路」も九州とともに、ほとんど「三差路」と書かれ、本来の「三つまた」の意味から「三交差点」の語意識に変わって来たようである。

　沖縄にも「辻」の地名はあるが、これは沖縄以外でも認められる「辻」の交差点の意味から交点としての「高所の意の辻」への意味変化に対応するようである。例えば、那覇市の町名の辻（チージ）を各種の地誌解

説が高所、高台の意と解しているのは妥当であろう。
　「交差点」の標識名が多く三叉路に適用されていることも興味深かった。それだけ、十字交差に対して、沖縄県では「十字路」の名称が定着していることを物語る。そして、九州地方とは連続せずに、「十字路」という新呼称が普及した基盤としては、沖縄の海水浴適地の海岸が統一的観光的に「〜ビーチ」と英語化されたような新しい名付けの志向が現代の沖縄に見られることを感ずるものである。

参考文献

東恩納寬惇『南島風土記』沖縄文化協会・沖縄財団、1950
国立国語研究所編『沖縄語辞典』大蔵省印刷局、1963
永吉　毅『沖之永良部島地名考』私家版、1976
外山正恭「バスの停留所名に残る方言 ──「十文字」「四ツ角」と「十字路」── 」、『言語生活』317号、1978
『角川日本地名大辞典47 沖縄県』　角川書店、1986
鏡味明克「地方都市における通称地名の研究」『三重大学教育学部研究紀要』47（人文・社会科学)、1996
久手堅憲夫『首里の地名』第一書房、2000
笹本正治『辻の世界』名著出版、2003
その他　各種都市地図、道路地図、観光ガイド類

西表島・仲良川の生活誌
流域の地名を手がかりに

安渓 遊地

1 地名はみんなみんなのもの

　沖縄の地理学者の仲松弥秀先生から教わったことは、現場を踏んで、地名を学ぶことの大切さだった。アイヌ語地名の研究で著名な山田秀三先生からもその教えを直接受けた。「西表島の地名の中で、ピナイなんかアイヌ語そのもののようだけれど、そこは砂利のある川ですか？　やっぱり現場に立ってみなければ本当のことはわかりません。でも、90歳になって、医者が長旅を禁止するので困っています。」とおっしゃっていた。熊本であった全国地名研究大会で挨拶をされた山田先生は、「地名はみんなみんなのものですから、みんなで研究してみんなで大切にしていきましょう！」と言われた。西表島では、あやしげな観光用地名や、方言の難しさからまちがって書かれた地名が非常に多いことを残念に思っていた私は（安渓、1994）、正しい伝承をできるだけわかりやすく還元していくことの大切さを教えられたのだった。

　今回は、西表島西部の仲良川に焦点をあてて、西表島の地名のもつ魅力の一端を述べてみたい。これは、これまでに発表した浦内川誌（安渓・安渓、2003など）の続編をなすものであり、現在作成中の1300項目からなる西表島地名データベースの公開に向けた準備でもある。

　なからがわ（仲良川）は、西表島西部方言ではナーラ・ミナトゥ（下流部）、ナーラ・カーラ（上流部）という。長さは8.75km、流域面積は23.25km^{2}で、河口から5.50kmまでは二級河川の指定を受けている。8km上流まで舟で航行ができ、1995年の河口付近のマングローブ帯は約44.3haである（国際マングローブ生態系協会、2004：153）。地名の由来ははっ

きりしないが、西表島西部方言では、「ナー」は「長い」という意味であり、「ラ」は、川の地名に多い語尾である。

2　仲良田節のふるさと

　西表島の西部で歌われる古い歌がある。「仲良田節(なからだぶし)」である。仲良田は仲良川流域一帯の肥沃な水田の名に由来している。この仲良田節は神歌とされ、日頃は決して歌ってはならないと戒められている。植え付けた苗が、神仏に守られ、豊かな自然の恵みによってすくすく成長し、初穂（シコマ）を迎えた日から歌い始めることが許される。そして、豊年祭（プリヨイ）の月である7月（旧6月）に限って歌ってよいとされてきた。西表島の島びとたちは今も戒めを守り、毎年、心を込めて歌える日を待ちかねている。祖納・干立の両村ではサンシンによる伴奏をともなって歌うこともあるが、網取村では、仲良田節はより古風な「カラウタ」すなわち伴奏なしと決まっていた（安渓・安渓、1986:191-194）。

　　ナカラダ　　仲良田節（祖納村）
　一、ナカラダヌ　マイン　パナリチジ　アーン
　　　　仲良田の米も　離島の頂きの粟も
　二、チジ　シラビミリバ　ミリク　ユガフ
　　　　粒を調べてみれば　豊年満作である（後略）

　この半世紀ほどの間に西表島に起こった人と自然の関わりの変化の大きさは、目をみはるものがある。今では、仲良川沿いの水田はすべて放棄され、内離島、外離島の焼畑の煙も消えた（安渓、1998）。しかし、それでもなお、古い神歌をうたい継ぎ、自然の恵みに感謝しつつ、敬虔な祈りを忘れなかった西表島の島びとたちの精神は今も脈々と息づいている。そのことを、仲良川流域の地名を中心とする生活誌として描いてみたい。

写真1　山の幸への感謝の笑顔がこぼれる（1988年10月、クイラ川上流）

3　川の大切さ

　山が多い西表島の住民にとって、川が道であり、刳り舟が足であった。だから、山に建材を切りに行ったりイノシシ猟に行ったりするときも、川沿いの田に出かけそのついでにオオウナギ（方言でオーニ）を釣るときも、船着き場から舟を出すのである（写真1）。山の幸、川の幸をいただく時に、舟を利用するこの習慣は、自動車道路が整備され、川沿いの水田のほとんどが放棄された今日でも、滅びてはいない。

　西表島西部方言では、川はマングローブが成立する感潮域をミナトゥと呼び、干満の影響が及ばない渓流域は、カーラと呼んで厳密に区別している。藩政期に作られた八重山の川の一覧表である竹原孫恭家文書『八重山嶋由来記』（玻名城、1983）でも「〜湊」と「〜川原」という使い分けが徹底しており、それぞれミナトゥとカーラに対応している。この区分は、満潮なら舟で入れる川と、舟を降りて歩くしかない川という生活上の区分そのものである。そして、舟を降りる場所をエーラという（注）。

4　仲良川沿いの水田地帯巡り

　網取村（1971年廃村）の山田雪子さんは、仲良川沿いの田を耕した経験を語ってくださった。大変に深い田で、普通に立つと脇の下まで入る泥田だった。田植えの時には後ろに下がりながら植えるのだが、両足の間から土を前に送りながら植えないとうまく植えることができなかった。中には、水がわくひときわ深いところ（ミドゥキ）があって、そういう所には足場の木（ビダ）が埋めてあるものだが、踏み外してミドゥキにはまれば抜けられなくなって大変だった。それほどの苦労をしてまで仲良田を耕作したのは、干ばつに遭わないことと、豊かな実りが約束されていたからだった。

　仲良川の河口から上流部にかけて分布していた水田地帯の名前は、現在ほとんど忘れられているので、聞き取れた限りを記しておく。これは、仲良川周辺の地形図に、空中写真をもちいた聞き取りに基づく方言地名を書き込んだものである（図1）。道案内の話者は、水田地帯までは、祖納集落の星勲・宮良全作氏、その奥の山については松山忠夫氏である。

　祖納（**スネ**）村の浜から舟を出して、南に進むと現在白浜と呼ばれている集落にさしかかる。ここは、炭坑時代にできた集落であり、それ以前は**パマザシ**（浜崎）と呼ばれて、祖納村の**ナッス**（苗代）が3カ所に分かれて点在していた。西に横たわるのが**ウチパナリ**（内離）島である。内離島の南端と向かい合うのが、元成屋崎だが、方言では**フナリャー**と呼んでいる。18世紀、内離島に成屋村が創建された時、人々がもともと住んでいた場所である。仲良川に入ると見えなくなるが、フナリャーの南西には**ユシカダラ**という平坦地があり、水田があった。戦争中、ここには集落があり「**よしたばる**」と呼んだ。

　内離島を過ぎると仲良川から吹き出す砂の中に水路があるので、干潮の時にはそこを進む。元成屋崎の突端が右手に見える。方言では**カブリ崎**というが、カブリというのは蝙蝠（こうもり）を指す方言であり、蝙蝠が実を好むイヌビワ属の木の方言でもある。さらに進むと向かって左手に小さな田がある。**タカタリ**という場所で、苗代もあった。

　すぐに川幅が狭まる。仲良川の河口付近を覆うマングローブの始まり

西表島・仲良川の生活誌　71

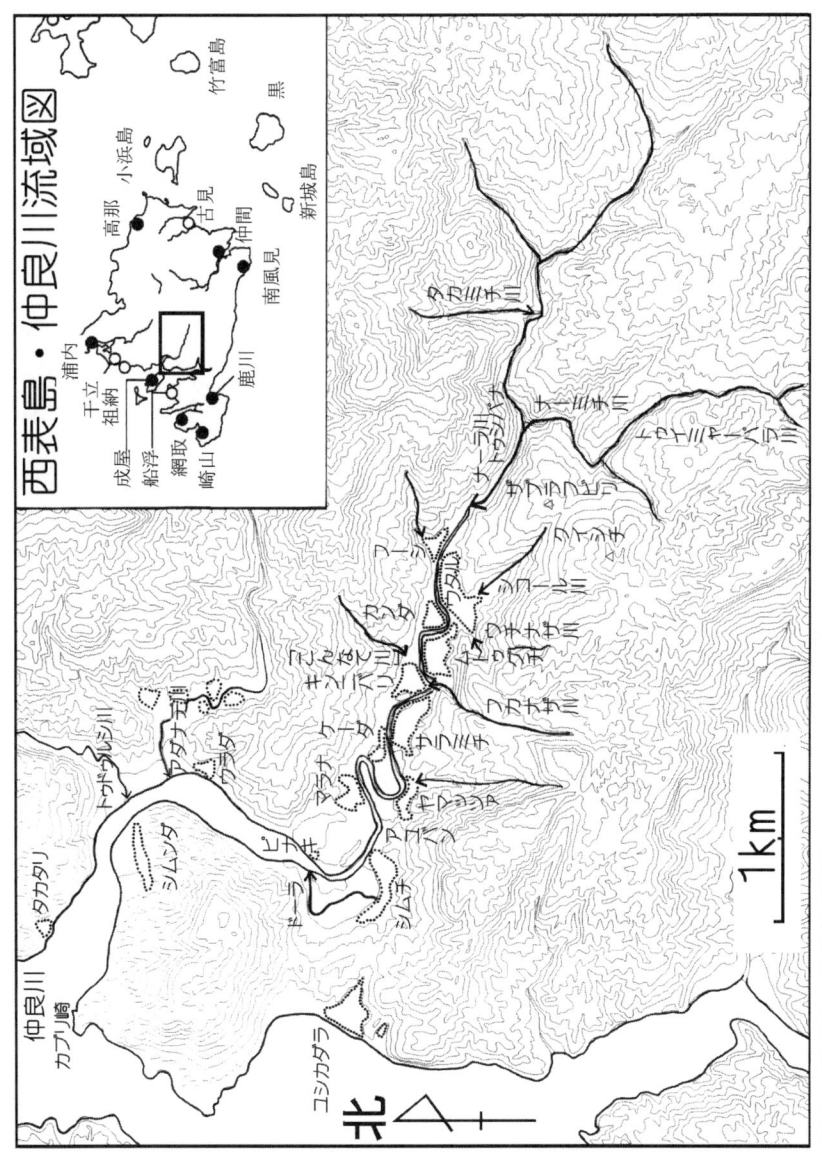

図1　西表島・仲良川流域図

である。進行方向右手（川の左岸）のマングローブの奥に細長い田があり、**シムンダ**という。「下の田」の意味であろう。鹿川村（明治44年廃村）の南に広がる水田地帯にもシムンダという地名があり、地籍図には「下田原」と記されている。

　すぐ左手のマングローブの中に支流が見えてくる。ここは、方言では**トゥドゥルシカーラ**という。「轟川」というのが地名の由来であろうと考えられる。「トゥドゥルキ川」は石垣島の白保にもある地名である。上流部には水田**トゥドゥルシタバル**があった。戦前、炭坑全盛の時代には、仲良川の一番目の支流であることから「一番川」と呼ばれていた。「一番川」付近には野田炭坑の事務所や私立小学校である「みどり学園」も建てられていた。

　300m進むと、左手に次の川が見える。炭坑時代に「二番川」と俗称された川である。方言では**アダナデカーラ**と呼ぶのが正しい。後に述べるように古文書には「あたんなて」と見えるから、この名前は、植物のアダン（方言ではアダヌ）と関係があるかもしれない。かなり大きな支流であり、1963年撮影の空中写真からは流域に少なくとも6カ所の水田跡が確認できる。

　このあと、すぐ左手に出てくるのが、**ウラダ**という小さな田である。浦内川中流一帯の水田地帯もウラダと呼ばれていたが、別の地名である。炭坑時代には星岡炭坑の坑口があった。

　このあたりからしばらくの間、河床に砂が溜まった浅瀬になっている。この浅瀬は**ピナキ**と呼ばれている。ピナキの語源については、干潮時には舟で通れないため一日泣いて暮らすことがあったための「日泣き」なのだと郷土史研究家の星勲さんが言っておられたが、「泣き」は西表西部方言では「ナーヒ」であるから（前大、2003：234）、やや説得力に欠ける。1kmほど続いた浅瀬が終わるあたりの左手にある小さい田が、**ピナキヌタ**（ピナキの田）だ。

　向かって右手のマングローブの奥が**ドーラ**の田である。「ラ」で終わるのは、西表島西部では川の名前であることが多く、ここはマングローブであるので**ドーラミナトゥナ**とも呼ばれている。ミナトゥとはマングローブのある川を指す方言であり、ナというのは、広がりをもった地域

を指す語尾である。

　次いで右手奥に広がるのが、**シムチ**の田である。ここで穫れる米はドーラから搬出していた。

　続いて左手に**マラナ**の田が広がる。アダヌ（アダン）が多い場所だった。山手には大きな苗代があって、**マラナナッス**と呼ばれた。このあと、仲良川はヘアピンのように大きく蛇行する。蛇行が終わった突き当たりに当たるところが、**ヤマッツァ**の田である。この地名は、ヤマ＋アッツァと分析できる。アッツァ＝畦などの高まったものの側面を指す言葉だから、「山の縁」の意味であろう。同じ地名が、クイラ川右岸の支流ピドゥリ川沿いにもあり、南に山を背負い、北にマングローブが広がる細長い田という共通の立地である。

　ここから上流は、川の両岸に水田が広がる。

　左手が**ケーダ**。「ダ」で終わる、水田地名であり、川の側は全部田んぼだった。右手は、サラミチの田。サラミチの水田の上流に流れ込む長い支流は**フカナザカーラ**（外ナザ川）と呼ばれ、すぐ上流にあるウチナザ川と対になっている。

　続いて左手が**キンニバリ**の田。「木の根」という意味だが、いわくありげな地名である。

　右手に現れるのが**ムトゥグチ**の田。この上流に流れ込む川を**ウチナザカーラ**（内ナザ川）と呼ぶ。この川の名前は、すぐ下流のフカナザ川と対になっていて、山手が内（ウチ）、海手が外（フカ）であることは、内離、外離の両島の名付け方と同じである。

　続く左手が**カンダ**である。上の田、あるいは神の田という意味かもしれない。カンダマイという在来稲の一品種がここで見いだされたという説を聞いたことがあるが、そうではなくて、神の田という普通名詞に由来する品種だという説もあった。

　右手に広がるのが**ウタル**の田だ。流れこむ川は**シコール川**と呼ばれている。

　最後に左手に見えるのが**フーシ**の田である。仲良川沿いでもっとも上流に位置する水田である。これらの水田地帯の総称が、**ナカラダ**（仲良田）であり、仲良田節のふるさととなっているのである。

豊かな水田の代名詞であった仲良田も、昭和の始めに蓬莱米と呼ばれる稲の新品種と化学肥料が導入されてからは（安渓、1979）、他の水田に対する優位性を失って、通うのに遠く深くて耕作に不便という理由で次第に放棄されるようになった。1963年にアメリカ軍が撮影した空中写真には、水田とその跡地がはっきり写っている。1977年、1994年の国土地理院撮影の写真と比較してみると、水田跡が樹木やアダンなどに覆われていく様子がはっきりわかる。現在の利用は、イノシシ獲りの猟師が通る他は、むかし水田の縁に植えた竹垣の筍（たけのこ）を折りに取りにゆく程度である。

5　古文書に見える川名との対応

八重山の川の名前を藩政期に集成した資料がある。先に触れた竹原孫恭家文書『八重山嶋由来記』（玻名城、1983）である。この文書では、川ごとに河口の向きと長さが記されているので、地形図や空中写真を用いた川の比定が可能である。

名嘉良湊に流れ込む「川原（カーラ）」として、同文書は、次の10の名前を順に挙げている。河口の方角を十二支をさらに半分にした24方位で示し、川の長さも町（60間、約109m）を基本に示している。北が子の方角であることを頭に入れ、地形図をにらみながら、上に述べた方言地名との対応を見ると、8つまではよく対応し、仲良川河口から本流が渓流部に移行するまでの間の水田地帯に注ぐ川を順に列挙したものだとわかる。

「とうき川原」申方18町程。方言地名との対応関係は不詳。
「多嘉田川原」未方18町程。タカタリ。
「とゝるき川原」午未の間18町程。トゥドゥルシカーラ。
「あたんなて川原」酉方2里程。アダナデカーラ。
「こんなて川原」午未の間3町10間程。方言地名との対応関係は不詳。
「下地川原」丑方8町程。シムチ。
「山座川原」亥方9町程。ヤマッツァ。

「佐良水川原」丑寅の間18町程。サラミチ。
「底原川原」戌亥の間8町程。シコールカーラ。
「名嘉良川原」戌方3里程。ナーラカーラ。

　方言地名との対応が不明確な川として「とうき川原」と、「こんなて川原」が残った。対応がついた8つの川の記述が、河口から上流に向けてきちんと順番に並んでいるので、**「とうき川原」**は、申（およそ西南西）に流れる、河口右岸の支流であろう。白浜集落の南側の渓流である可能性が強いが、方言地名の収集ができていない。続く**「こんなて川原」**は、ほぼ南向きの短い川である。登場順からアダナデ川とシムチの田の間を探すが、その方向に流れる川は見あたらない。そもそも仲良川本流とアダナデ川がほぼ並行しているため、分水嶺までは500m程度しかなく、空中写真でみると、深い谷はひとつしかない。それはキンニバリの田の所で本流に合流する沢である。疑問も残るが、とりあえず「こんなて川」の候補地として示しておく。

　このようにして、西表島のすべての川名について、現在の地形および方言地名との対応関係を構築することができるはずなのだが、地名の多くがすでに忘れられているため、順調にすべての対応関係を明らかにできるとは限らないのが残念である。

6　イユファイダー（魚を食べる田）という地名

　また、仲良川に伝わる伝説として、鳥と人間の交流を物語るものがある。康熙27（1688）年、辰の年、名嘉良に田植えに行った男（ナヘという名だった）が、浜崎（現在の白浜）の所まで来たところ、「たんちやこ」という鳥が魚をつかんだが、逆に海中に引き込まれて、半死半生になっていた。ナヘは、鳥を救い岩の上で火を焚いて暖めてやり、鳥の掴んだ魚を裂いて喰わせ、「これからはこんな危ないことをするなよ。この恩を忘れるな」と言い聞かせて放してやった。それからはナヘが名嘉良の田に行き来する時に、この鳥が魚を摑んで落としてくれた。このことが孫の代までも続いた（玻名城、1980）。

この男の耕作していた田は方言で「**イユファイダー**」つまり、「魚を喰う田」と言われるようになった（星、1980：43）。しかし、仲良田のどこにあたるのかはわからなくなっている。この鳥は今日の方言ではダンチコといい、和名はミサゴである（石垣金星さんの教示）。

7　さらに山奥へ

松山忠夫さんは、生前、西表の山は自分の庭のようなものだ、とおっしゃっていた。ここではごく足早の道案内をしていただこう。

仲良川の奥に行くときは、フーシの田の奥の**ナーラエーラ**で舟を降りる。本川を上っていくと川は左右に分かれる。ここが**トゥシパナ**「砥石端」だ。この先は山道になるので、川にある堅い石で山刀や斧を研ぐからこの名前が付いている。右手に入っていくと、**ナーミチカーラ**（川）の尻、**ナーミチヌチピ**を通り、ナーミチの滝を経て遡る。右手に名前のない支流がある。ここを越えると川の名前が**トゥイミャーパラカーラ**に変わる。別名を**アミクイカーラ**ともいう。これを上がった絶頂が**ピドゥリダキ**になる。この西にある広い台地は**クイラウブデー**という。クイラ川の大きな台という意味だ。さて、トゥシパナに戻って左手のナーラ川の本流を行くと、道は川の音が聞こえるぐらいの所を通っている。この道は**ナカユクイヌミチナ**（中憩いの道）と呼んでいる。左手に降りてくる川が**フネーラカーラ**。その次の左手の支流は**タカミチカーラ**だ。さらに上流の本流がくるっと廻るところに**グザイリャー**という洞窟があり、水量が少ない時には3、4人が泊まれる。**グザダキ**（ゴザ岳）に登るときは、分水嶺を歩いて行く。この道を**タキタッスー・ミチナ**（道）という。西部の仲良川と東部の仲間川の源流にあたる所を**タキタッスー**という。タキとは険しい山地、タッスーは湿原の意味で、カエルやバッタの類が多いのでそれを餌にカンムリワシが子育てする場所だ。

明治26（1893）年に、西表島の横断のために島の東部の仲間川を遡りグザダキを通って仲良川に降りてきた人物がいた。弘前藩士の笹森儀助であった。写真2は、笹森儀助と同じ扮装で同じルートを横断した民俗研究家の石垣博孝氏が山中の木に登って方角を見定めている姿である。

写真2 西表島の山中横断（1984年11月石垣金星氏撮影）

8　木材供給基地としての仲良川上流部

　西表島西部の豪族であった、慶来慶田城家の来歴を記した『慶来慶田城由来記』（石垣市史編集室、1991）には、二代目の野底当、西表首里大屋子の時代の記録として次のものがある。

一、宮古島の豊見親という者は、八重山がまだ首里の支配下にならない時分に、宮古島の豊見親が八重山をすべて支配し、何かと従わせていた時、年々、きや木・おもと竹・いく木・桑木を家の材木として所望した。それらを取り揃えて積んでいって納めていたが、今度はまた、蔵の材木として、よし木を六、七〇本余り、長さ四、五間、太さ五、六尺回りのもの、樫木は一尺四、五寸角の木を所望してきた。やむをえず百姓らを集めて申し付け、仲良山あたりへ行き、山宿りして、御座岳の近辺から右の数を切り、木を山から引き出す人夫として、男女二、三百人余りを呼び寄せ、道筋の半分過ぎまで引き出した時、村から宮古島の豊見親が死んだとの早使いが来た。みんなこれを聞いて、大いに喜び、それらの木をそこの川原に打ち捨て、「さらばさらば」と大声で気勢をあげ、帰り道に嵩の頂上に登り差声したので、その嵩の名を「**ざしこいびり**」と名付け、また、木を捨てた川原を「**豊見親**

柱川原」と名付けた。山宿りへ帰り、一夜一日あやく（アヤグ）を歌い、神酒、焼酎で遊んだので、山宿を構えた所を「**あよはか**」と名付けたと伝える。

　これらの木や竹は、現在の西表島西部方言では、順にキャンギ、ウムトゥダキ、イゾキ、クヮーキ、ユシキ、カシキに当たると考えられ、標準和名ではイヌマキ、ゴザダケササ、モッコク、シマグワ、イスノキ、オキナワウラジロガシにあたる。イークはモッコクの石垣島や沖縄島での方言である。
　1477年の西表島祖納村で5カ月を過ごした済州島民の漂流記には、西表島は「山には材木が多く、積み出して他の島々と貿易す」と記されている（鄭、2004：81）。西表島から周辺の島々への材木の供給は、古い歴史をもつものなのである。さらに、『慶来慶田城由来記』によって、仲良川流域の材木の流通圏は、少なくとも宮古島にまで及んでいたことがわかる。
　これを祖納の星勲さんは、伝承を交えて詳しく描写している（星、1981：61-63）。長文であるので、ご本人からの聞き取りを交えて以下にまとめておくが、地名に関連する内容はことに興味深い。

　慶田城家の第二代、慶田城用庸が西表首里大屋子の頃である。宮古島の首長・仲宗根豊見親から西表島に対して宮殿造営のための出材の命令が下りたのであった。
　15才以上、老若男女が総掛りで仰せに従った。ヤマオイダリ（出材の公役）は仲良川中流の後岸の**グイヤドゥバン**（御用宿谷）というところに宿泊して月20日間の役夫を勤めた。いずれも大木だけに半ヶ年（6ヶ月）を予定した、義務役であり精を出して掛り材伐はしたものの、この材を流し出す方法がない。そこである老人が、「みんな心を清浄に山の神、水の神に願立て、雨乞い祈願するんだ」と提案したので全員が賛同し、雨乞い祈願をした。神助を戴き、その夜半には大雨が降り、川は渦巻き荒れ流れ、全員で**ナーミチカーラ**（長水川）の強い流れに材木を流し、山ジラバを歌いながら下りてきた。その時、向かい

の峯から、現場の監督役である築佐事(ちくさじ)の声が掛かった。「豊見親が死んだ！　材出しは中止、全員一応村に引揚げ。」このとき築佐事が声を掛けた峰を、**クイシチ**（声峰）という。これを聞いた全員は、川から丘に登り、「あの豊見親でも、死ぬことがあるんだねえ」と全身雨に濡れながら、頭を振っては珍しがり、喜びあった。それ以来、この丘を**ザブラフビリ**（頭振り丘）と呼ぶようになった。木を引き上げた時に声をそろえて古謡のアユ（アヨウ）を歌った谷間を**アユバン**（あよはか）と呼んでいる。この一帯の地名を**トゥイミャパラ**（豊見親柱）といい、**アミクイユドゥ**（雨乞淀）の名前とともに、5世紀を隔てた昔を物語っている。

　古文書と対応させると、星勲さんの伝承するグイヤドゥバンが「あよはか」であったとも考えられるので、図では、グイヤドゥバンを示さず、アユバンとして表示した。

9　仲良川・浦内川に共通する禁忌

　『慶来慶田城由来記』からの引用を続ける。

一、むかしは二月七日に山留めと称して、早作りの稲や作物のため、神を敬うため七日から、仲良・浦田原で木鍬、鉄鍬を高く持ち上げて田を打たず、この両所に夜とまることもしないという。かたらあたんなてすのんたをらた高田原の五か所にとまって田の仕事をする。

　これは、仲良川と浦内川の水田地帯の双方に同じ禁忌があったことを示すものである。下段の5カ所の地名については、校注者も読解に困ったものと思われ、読点を打っていない。しかし、原文の
　　「其両所に夜とまり不仕よしかたらあたんなてすのんたをらた高田原〆五ヶ所に」
のうちで、「不仕よし」で切ったのは、実は誤りだった。ここは、「不仕」で言い切って、その後に「よしかたら」「あたんなて」「すのんた」「を

らた」「高田原」の5つの地名が並んでいるのである。これらの地名は、これまで述べたところから明らかなように、現在の方言でいうなら、順に、**ユシカダラ**、**アダナデ**、**シムンダ**、**ウラダ**、**タカタリ**にあたる。したがって、地名の前の部分の訳も「この両所に夜とまることもしない。」と言い切るのが正しい。川の禁忌は伝聞ではなく、生活実感の中に生きたものだったのである。

　これらの地名は、いずれも仲良川の河口部近くの水田地帯であった。西表の島びとにとっては、アダナデ川、ウラダあたりまでが、人間の力のおよぶ範囲であり、そこから奥は神々の世界だと意識されていたことがわかる資料である。それは、ちょうど、浦内川が河口部の**トゥドゥマリ**の浜を含めて全体が神々の住まいではあるが、特に**イナバ**と呼ばれる上流部は、日を選ばずに立ち入れば恐ろしい神罰がくだる聖地だったこと（安渓・安渓、2003）と対応していると考えられる。

　『慶来慶田城由来記』には、浦田（今日の浦内川）・仲良川に共通する禁忌として、以下のように書いている。旧暦の2月7日から5月までの間に仲良・浦田に行くときは、頭に手ぬぐいをかぶらず、火や飯も持って行かないこと。かぶり物は、神仏への不敬、田の畦を焼けば若い稲の生長を妨げる。食べ物は、磯の匂いの強い角魚（テングハギ）・貝・なまこ・海亀などが稲のために良くない。煙草も厳禁と説かれている。そして、万一この時期に野火を出してしまった者は、浦内川の**トゥドゥマリ**の浜の南西端の砂嘴**イブヌサキ**で鞭によって15回叩いて罰を与え、1石の神酒（口噛み酒）を飲み干すまで、ここに留め置いてウナリ崎の神に詫びさせる云々。

　この習慣を、今でもインドゥミ・ヤマドゥミ（海留・山留）の禁として、島の高齢者は記憶している。

　西表島西部の名のある川の上流部は、仲良川も浦内川もいずれも人間の力を越えたカン（神々）の住まいたまう場所であった。住民は、畏れと慎みをもって、そこに水田を作らせていただき、また狩猟や建材・舟材の採取の場所としても利用してきた（安渓・安渓、2000：37-38）。こうした世界観に裏づけられた河川流域の資源利用の体系は、西表島の東部を始め石垣島などにもあったものと想定される。　1）そのような世界観

の存在を実証的に明らかにすること、2）それが例えば戦前に広まっていた河川での青酸カリを使用した漁法の導入などの形で崩壊していく過程を明らかにすること、3）伝統的な世界観に学んで持続的な生活文化を島から提言していくという取り組みが、西表島の地名、ひいては人と自然の関係の研究に課された今後の課題である。

10　雨乞いの川

　西表島は水の豊かな島である。新城島のような、飲み水にもこと欠くような低い島々では、はるかに見える西表島鹿川村の水田地帯の水が海に落ちる落水（**ウティミ**）の滝のように水を下さいと、雨乞いの願いをしたという。そんな西表島にも雨乞いの行事はあった。祖納村の天候を司る神司（アマチカ）を53年間も勤められた田盛雪さんのお話に耳を傾けてみよう（安渓・安渓、2004）。

　　私の代の53年間には、雨乞いは1回しか経験していません。神司になって6年ぐらいたった1960年ころです。私の祖母の姉妹が祖納のアマチカだったころの雨乞いの時には、仲良川の**トゥイミャーパラ**川の淀に沈んでいる大木を削ってきてニガイしたときいています。雨乞いの時には雨乞いの歌をうたいますけれど、普通は絶対に歌ってはいけません。大雨がふりますから。
　　トゥイミャーの命令で、仲良川の材木を切り出して縛るのに使うクチ（和名トウツルモドキ）も採られたそうですよ。西表島のクチは木にぐるぐる巻いています。ところが石垣島のものは竹のようにまっすぐになっています。そのいわれは、トゥイミャーがクチを採るように言ってきたので山で準備していたら、トゥイミャーが死んだという知らせが来たんです。それを聞いて、喜んだ西表の人たちは、丸く輪にしていたクチを山に投げて捨ててきたから、それ以来西表島のクチは曲がって生えるといわれています。

　このように、西表島では、祖先から受け継いできた歌の力や言葉の力

が生きている。その力は、たくさんの地名の中に、さらに土地に根付いた岩や植物の中にも息づいているのである。

11　おわりに

　仲良川流域の炭坑の分布（三木、1983など）や、製紙会社による大規模な伐採とリュウキュウマツ造林の失敗など、大正時代から現在にかけての変化を追うことが残ったが、紙数が尽きた。

　西表島の山の中には、とくに川沿いにたくさんの地名が付けられている。これこそは、西表の島びとが島を隅々まで使ってきたことの証しである。さらに、およそ500年も昔から、西表島は周辺の島々への建材（木材および竹材）の供給源であり続けてきたこと、現在はみられないイスノキの巨木が西表島にあったと考えられること、などを確認しておきたい。つまり、我々が現在目にしている西表島の自然は、長期にわたる人間の働きかけの産物であり、間切などの政治区分や島々を結ぶ交易のネットワークの構造と機能（例えば安渓、1988）を明らかにしなければ、とうてい解明することができない性格のものなのである。そして、河川流域の研究を進めるにあたっては、島での水収支の解明ひとつとっても、50年に一度といった頻度でやってくる大旱魃の在地の記憶を探ること抜きにはほとんど意味をなさない。西表島の川沿いのボートツアーに参加する観光客が水田跡を見て「原始の自然だ」と歓声をあげるのは単なる無知だが、自然科学畑の研究者の多くが、西表島を自然が豊かな孤立した島だと見るのは、地域住民の生活文化の歩みを真剣に学ぼうという姿勢が欠けていたという反省にたつべきだと考えている。今後とも、島の方々とともに学びあいながら、島の自然と文化のかかわりの歴史についての総合的な研究を深めていきたいと願うものである。ご指導くださった西表島のみなさまに心から感謝申しあげる。

　（**注**）例えば浦内川の場合、観光船を降りる**軍艦石**の所がエーラである。なお、「軍艦岩」と書いたガイドブックがあるが、正しくない。西表島西部ではどんなに大きな岩も「〜イシ」なのである。軍艦とは、岩の形ではなく、タラップを

かけて登ることが、当時の蒸気船（島びとはグンカンと呼んだ）のようだというので名付けられた、と石垣金星さんは言う。また、「〜岩」が西表島本来の地名ではないという知識があれば、サバ崎突端の「ゴリラ岩」という観光用の新地名が国土地理院の地図に入ることはなかったはずだ（安渓、1994）。

引用文献

安渓遊地、1979「西表島の稲作：自然・ヒト・イネ」『季刊人類学』9 (3)：27-101
安渓遊地、1988「高い島と低い島の交流 ── 大正期八重山の稲束と灰の物々交換」『民族学研究』53（1）：1-30
安渓遊地、1994「間違いだらけの西表島の地名」『情報ヤイマ』94 年 9 月号：2-3
安渓遊地、1998「西表島の焼畑 ── 島びとの語りによる復元研究をめざして」『沖縄文化』33：40-69
安渓遊地・安渓貴子、1986『わが故郷（シマ）アントゥリ ── 西表・網取村の民俗と古謡』ひるぎ社
安渓遊地・安渓貴子、2000『島からのことづて ── 琉球弧聞き書きの旅』葦書房
安渓遊地・安渓貴子、2003「ワニのいた川 ── 西表島浦内川の昨日・今日・明日（上）」『季刊・生命の島』64：54-61、屋久島産業文化研究所
安渓貴子・安渓遊地、2004「島を守って半世紀 ── 西表島の神司・田盛雪さんのお話」『季刊・生命の島』68：53-62、屋久島産業文化研究所
石垣市史編集室、1991「慶来慶田城由来記」『石垣市史叢書』1、石垣市
国際マングローブ生態系協会、2004『平成 15 年沿岸生態系と海面上昇モニタリングを目的とした沖縄県内のマングローブ分布状況調査業務報告書』特定非営利活動法人国際マングローブ生態系協会
鄭　光、2004「《朝鮮王朝実録》の昆虫とその象徴性 ── トンボとセミ、アリを中心に」上田哲行編『トンボと自然観』京都大学学術出版会
玻名城泰雄（翻刻）、1980「八重山嶋旧記・資料」『八重山文化論集』2：273-294、八重山文化研究会
玻名城泰雄（翻刻）、1983「資料紹介・八重山嶋由来記」『石垣市立八重山博物館紀要』3：52-88
星　勲、1980『西表島のむかし話』ひるぎ社
星　勲、1981『西表島の民俗』友古堂
前大用安、2002『西表方言集』著者発行
三木　健、1983『西表炭坑概史』ひるぎ社

　　　　　　　　　　　　　　　筆者のウェブページ　hhp://ankei.jp

「青」と「オウ（オー）」の地名学

目崎 茂和

1　はじめに

　仲松弥秀が1963年に発表した「奥武考」の提起した問題は深く広い。というのも、仲松は沖縄の島嶼・海岸に多い**奥武島**・**奥武山**・**奥武岬**など「奥武」地名をもとに、単なる地名考に止まらず、その民俗世界の機能や構造論として、死後の世界観を「青の世界」として照射できることを、提起したからである。

　その後、谷川健一は、この課題を追求し、地名論ばかりか古代日本論へと展開し、『常世論』(1983)はじめ、数多くの「青の日本」論を発表してきた。また言語学の立場から外間守善(1998)は、この問題に柳田國男の「大島」を加味して、新しいアプローチを試みた。「アラ」地名にも言及し、海岸地名と海人族との関連を提示した。水谷慶一(1989)は、「大島の謎」のなかで、奥武島と本土の**青島**に限らない「アフ島」（太陽・火）との関連で捉える仮説を示した。

　一方、筆者は「伊勢志摩のオー考」（目崎、1991）において、伊勢志摩での「青」地名と、「オウ」地名が、海岸の地先島で葬地にある「相」地名の漢字表記を示した。さらに、近年、日本の「青」地名は、中国古来の五行説の「青・東」、四神獣（朱雀・玄武・青龍・白虎）の「青龍」との関連から、現在中国でも、「青山」が墓地の意であるように、また記紀神話の「青山」などからも、龍脈の葬地として「青島」「青山」「青墓」を提起した（目崎、2005）。

　奥武地名が「青」（アオ・アフ・アハ）ともなり、沖縄・琉球弧ばかりでなく、黒潮・対馬海流に沿う本土の海岸地名としても認知される。また本土でも**青海**・**青梅**などは、「**奥武**」同様に「オウ」「オー」と

発音されている。とくに重要なのが、オウ（オー）考が日本の古層文化の死生観であり、他界観の一つをするどく描出したところに特筆される。日本民俗学の基本的課題に、沖縄地名研究から発した民俗上の意義は重い。

仲松弥秀の「奥武考」は沖縄学の成果の中にとどまることなく、柳田・折口にはじまる日本民俗学や地名学の中でも、闇夜の目当て星を思わせる輝きがあると思われる。

本論では、この「奥武考」に発し、谷川健一・外間守善・水谷慶一らの先学による日本古層文化などの展開に学びつつ、「青」（アオ・アフ・アハ）地名と「オウ（オー）」地名を考察したい。すでに、仲松弥秀先生傘寿記念論集に、「伊勢志摩のオー考」（目崎、1991）を発表しているので、その続報として、その後の研究成果を加味して、以下の問題点について検討したい。

(1) 青「アフ・アオ」が、なぜ沖縄では奥武「オウ」となったのか。日本本土での「オウ」地名は、青に由来しているのか。
(2) 日本海沿岸に多い「青海」を「オウミ」と発音するように、「青（アオ）」が「オウ」のように、「奥武」は漢字表記の違いだけなのか。
(3) 日本本土では青を「アオ」と「オウ」の地名が並立するが、沖縄では「奥武」の地名だけで、「青」地名がない。日本沿岸の地先島に多い「相島」「雄島」「大島」と「オウ」地名の関連性があるのか。
(4) 琉球の海神であるアラ神、「アラ」（荒・新）地名と、「青」「赤（アカ）」「淡（アワ）」など「ア」を接頭語にもつ地名群は、「奥武」と関連しているのか。
(5) 日本各地の「青山」「青島」「青墓」などの「青」地名は、五行説「青」、四神獣「青龍」などとの関係はあるのか。

さて、近年の奥武考の進展を検討しつつ、私の調査フィールドとなった神話世界の伊勢・出雲などの地名を中心に、沖縄・南島を憧憬しつつ、この課題を検討したい。

沖縄で生活した11年間（1975～1986年）、たえず南島地名や民俗地理

研究からご教示された、カジマヤーの仲松弥秀翁への御礼の気持ちで、本稿を草することにしたが、カジマヤーの如く多くの議論が巻き起これ ばと思う。

ところでカジマヤーは、今では「風車」の意味でとらえられるが、本来「カジマ」は地名学的には鹿島＝神島の意味と考えられ、「神の屋」、日本での「御嶽」研究の第一人者でもある先生が、ここに「仲松御嶽」「仲松神社」の誕生を祝す記念の論集ともなればと思うのである。

2 　伊勢志摩でのオウ考

伊勢志摩は、伊勢神宮──ただ神道で「神宮」といえば、伊勢だけを指すが──のお膝元であり、『日本書紀』に「神風の常世の浪の重浪の寄する美まし国」と表わされたところで、縄文以来の古代海人の活躍する地域として知られ、地名からも認知される。

明治3年に若き柳田國男は、伊勢湾の入り口である**伊良湖岬**や**神島**に遊び、晩年の『海上の道』のモチーフとなる「椰子の実」を発見し、友人島崎藤村がそれを歌に詠んだ話は名高い。大正元年には、青年教師であった折口信夫が**志摩**を旅行し、その突端・**大王崎**に立ち、そこに展開する海の彼方に、記紀神話の「常世」「妣の国」を想念したのであった。その二人が、大正10年に相ついで沖縄を訪問し、伊波普猷との出会い等から、ニライカナイをはじめ、日本民俗文化の古層と邂逅したのも明らかだ。

伊勢志摩と沖縄（南島）は、黒潮の道によって深く確実に結ばれているとはいえ、日本民俗学の祖である両巨人が、遠く隔たった二つの地域の中で、大きな果実を熟成させた縁は注目してよい。

さらに伊勢志摩のすぐ南に連なり**熊野**の山と海がある。中世の補陀落渡海・蓬莱山の拠点であり、南島とのただならぬ啓示をもって迫る。この地は、もう一人の巨人・南方熊楠のフィールドでもあった。沖縄のオ一地名の「青」を手掛りに、北へ本土へと展開をいち早く試みた成果は、谷川健一の精力的な著作によって知られている。その到達点は『常世論──日本人の魂のゆくえ』(1983)であろう。

柳田・折口の課題を、広く仔細に南島で追試し、独自な展開をした谷川は、「奥武」考に新しい地平をもたらした。仲松弥秀の「奥武」考を、沖縄から日本論へと拡大・波及させることを可能にした。その切り込みと味わいある筆力が、「奥武」考を一段と光輝く存在にした。当然ながら『常世論』の章には、「志摩の記」があり、地名を手がかりに**志摩の**オー（青）が考察されているし、**熊野**の補陀落渡海についても論考されている。

さらに谷川健一の南島と伊勢志摩との民俗的結びつきについては、初期の著作『民俗の神』（1975）以来、明確に意識されたものである。伊勢のサルタヒコ（猿田彦）論をはじめ地名・言語を手掛りに両地域の古代文化の共通性を絶えず提示してきた。どれにも他の追随をゆるさない柳田・折口にも似た展開や眼力を感じさせる。

ところで今日、沖縄学の先導役といえる外間守善は、文学・歌謡・言語さらに地名を視野に入れて、沖縄と日本本土との文化系譜論に新たな傾斜を深める論考を、次々と発表しはじめた。

そのなかでも、地名を主な手掛かりに、**伊勢志摩**についても取り上げられた。そして弥生時代以降に海人族がたびたび九州から南下し、沖縄の祖神といわれるアマミク神や稲作をもたらしたと推論している。

とくに伊勢志摩と沖縄との関係が、地名・神話・神祭りの視点から、比較考察された。そして「沖縄の祖神アマミク」の原像を、日本古代史の核心部である伊勢の海人と重ねてみた。つまり、海人を祖神として信仰している根深い部分に、「伊勢と南島沖縄の共通性をみたわけである」と結論づけている（外間、1990、1999）。

今日、伊勢志摩の地名群の中から、「奥武」や「青」の地名を容易に知ることは難しい。この検討は、前述したように谷川によって試みられ、外間によって追求されている。谷川は、あくまで**「青」**にこだわり、志摩の最高峰であり、古代から「山当て」にも使われた霊山である、<ruby>青峰山<rt>あおみねやま</rt></ruby>（336m）に注目した。そして、その山麓の磯部にある字名「青」に手掛かりを求めている。また的矢湾先端の安乗にある**「青の島」**にも着目している。しかし、この「青」の地名群は、青峰、青の島の両者は

海岸地名ではない。
　他にも伊勢志摩を含む三重県には、**青山**、**青川**、**青木**、**青谷**、**青地**などがあるが、いずれも海岸部にない。「青の島」も湾内の岩礁状の小島であるが、その規模からみると「奥武」に対応できる可能性はうすい。しかしながら、志摩半島一帯には、沈没した島の伝承が多いので、昔には規模が大きかったかの疑問は残る。例をあげれば、**神島**の南にある「**タエノ島**」は現在水中にあるが、かつては人の住む島であったと言われている。波切の**大王島**は、今日小さな岩礁にすぎないが、ここには水中に井戸があって人が住んでいたとも伝えられている。
　たしかに、地学的にみても志摩半島は、リアス海岸として知られ、また完新世の離水ベンチなどの海岸地形も存在しないことからみると、全体として沈降性海岸であると認められる。それが歴史時代まで継続しているかは不明である。さらに駿河湾〜熊野灘一帯は巨大地震が歴史時代に何度も発生しており、それに伴う大津波がこの沿岸に大きな災害を起こしたことが知られている。そのため外海などの島は、津波に襲われ、また波による侵食作用が顕著であるから、沈降は陥没に加えて波食によって島が岩礁化や沈水化したとも考えられる。

　外間守善は伊勢志摩でオウ地名を検討するために、「大・青・意宇」などを手掛かりに、地理的な関連から波切にある**大王島**を取り上げた（外間・桑原、1990）。大王は王や天皇の尊称としているが、これは海神・八大竜王に関連した地名という説もある。また前記したように大王島は沈没した可能性は不明だが、小岩礁であり、規模や高さから「奥武」島に対応させるには無理がある。
　そして「**大島**」をオーに対比しているが、すべての大島を地理的位置や周辺の小島などの関係から、奥武と類似させるのは難しい。なにより島名として全国一多いと思われる「大島」地名を「奥武」とするのは疑問であり、オー考の展開を混乱させてしまうと思われる。しかしながら、外間は伊勢志摩の「シマ」「イセ」「テラ」「アサとクマ」「アラ」地名など、南島との共通性を指摘し、これらが海人関係地名であることを提示した。

「青」と「オウ（オー）」の地名学　89

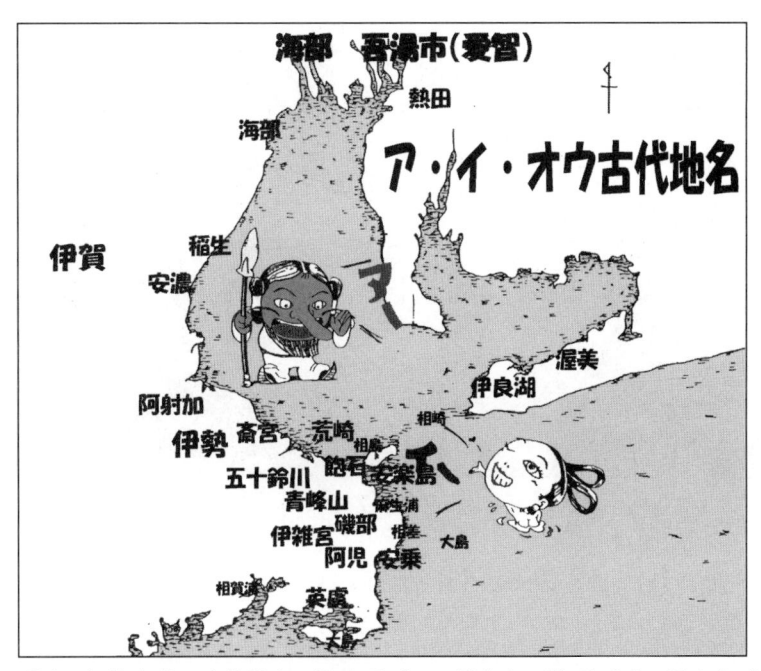

図1　伊勢志摩の古代地名。海人系「ア」地名と王権系「イ」地名と「相」地名

3　相（オウ）地名について

さて、オーやそれに近い音をもち、「奥武」と類似する海岸部にある地名群を伊勢志摩から探すと「相」の字が多い。「相島」「相差」「相賀」「相可」などがその例である。これらの関連地名を伊勢志摩で、「ア」・「イ」地名とあわせて、図1に示す。

それでは、具体的に「相」地名を検討してみよう。

〔A〕相島（おじま）

　鳥羽市にある、**真珠島**（パールアイランド）として観光地として名高い地先の──今は架橋されている──島が「**相島**」である。この島は明治中期、御木本幸吉が真珠養殖に世界で最初に成功した島である。一般に「おじま」と呼ばれるが、図2に示すように地形図では、「相島」の振り

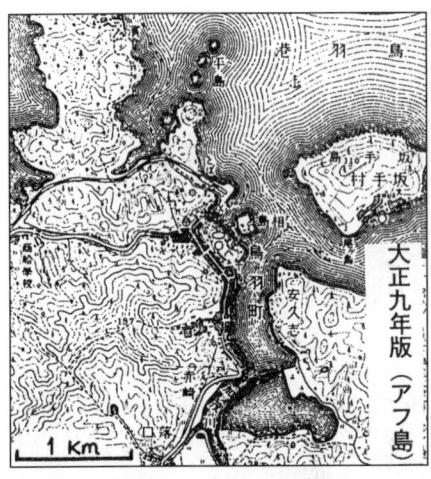

図2　鳥羽市「相島」（現真珠島）。大正9年「アフ」、昭和24年「オウ」と記載

　仮名が大正9年版に「**アフ**」とされ、昭和24年版に「**オウ**」になっているのに、注目したい。まさに地理的環境とこの地形図呼称名は、沖縄の「奥武島」と全く一致するのだ。ここには古墳もあり、墓地がある。
　この島の伝承については鈴木敏雄（1969）が昭和20年代に採集した『志摩の民俗』の中の「相島の乙姫」伝承では、この島を「**逢島**（あいじま）」というようになったが、それが後に「**相島**」と書くようになり、今は「**おじま**」と呼ぶようになった、とある。
　『志陽略誌』では、「在城東海中。東西七十七間。南北四十三間。満島高樹森々鬱々。去追手水門七十余間也。今云小島也。」と記され、今日とは異なり、樹木森鬱として物凄く、常人の多くよりつけない島であったから、このような伝説の生まれたものであろう。
　また岩田準一（1970）が昭和初期に採集した『鳥羽志摩の民俗』の中に、「城山の雌井戸雄井戸」伝承があり、「現在の鳥羽城址、即ち城山公園の上に二つの古井戸があるが、昔の鳥羽城天守の井戸で、これを雌井戸、雄井戸と謂った。城址の東方七十間余隔たった海中に**相島**（**蟄魚島**（ちつうおしま）または**泉水島**（せんすいしま）ともいう）と称する小島があって、鬱蒼としたその森には弁財天が祀ってあった。お城の天守の井戸には龍が棲み、井戸は**相島**へ通じていて、龍はその間を往来するといった。それがため大晦日の晩には、

お城と相島の間の海上は舟を通さない、通せば龍神に出合って災難を蒙るといわれていた」。

これらの例に共通する島は、何か神聖化された地であり、常人の寄りがたい所であったようだ。弁財天が祀られ、また美しい姫（乙姫か）や龍神の伝承など、いずれも海岸の墓地・聖地であった。

〔B〕相差（おうさつ）

鳥羽市にあり的矢湾の北東部に位置し、外洋に面する農漁村である。鎌倉～南北朝期に相佐須ともいわれ、荘園であった。地名由来は、地図に示すように「前の浜」「白浜」「片浜」などの「大砂津」にちなむといわれる。

また、この北にある麻生浦と同様に粟島にちなむともいわれる。この村の地先沖に「大島」がある。外間（1990）はこの大島を奥武に比定している。岩礁の島であり、墓地の可能性はある。なお地形的には、相差の鯨崎のある丘（鯨山）は砂州で結ばれた陸繋島であり、この地形の方が「奥武島」との類似性があるといえる。今日、砂州の背後は水田になっている。かつては潟湖（ラグーン）を埋め立てた新田であったが、安政元年の津波で潮入りとなった。すなわち、鯨山の丘は、地理的条件からみると、「奥武」とよく類似するのである。

また、このほぼ西に、志摩半島最高峰の「青峰さん」と地元で信仰されている青峰山がある。青峰山正福寺の本尊の十一面観音は相差の浜に、鯨にのって漂着したと伝承されて、江戸期の海女や漁師ばかりか、廻船業者から、西の金毘羅宮にも、匹敵する東日本最大の海人たちの「聖なる山」信仰地である。

このように、志摩半島の「相差」は、東日本でも最大級の海岸聖地の可能性が指摘でき、この大島・相差・鯨崎（山）・青峰山の東西性の聖地ラインが、十分に認知されるところだ。

〔C〕相賀（おうか）

志摩半島のすぐ南にある五ヶ所湾の西湾口にある南勢町の漁村（図1）。南北朝には相可御蔚、江戸期から明治中期まで相賀浦の浦名となり、今

日まで大字名となっている。**相可**とも**大賀**とも書く（角川日本地名大辞典）。なお、相可の地名は、伊勢の櫛田川中流の多気町河岸にあり、平安朝の**相可郷**から由来している。**相賀**と呼ぶ地名は、同じ熊野灘に面した海山町にある。さて相賀の地形を見ると、砂州の背後に「**大池**」の潟湖があり、沈水性海岸の典型例をみる。砂州はやはり陸繋島の小丘とつながる。この丘上には神社があり、その丘のわきに寺と墓地がある。**相差**の地形とよく類似する。この丘が「奥武」の地理的位置に対比することは明瞭と思われる。

　以上のように「相」地名が「奥武」地名ときわめて類似する地理的条件について検討した。特に小島あるいは陸繋島であり、地先か内湾性であるという特徴をもっている。その他、オーの海岸地名群は鳥羽市「**麻生の浦**」などがある。麻との関係などは不明であるが、やはりその地先の島「**大村島**」には寺浜があり（岩田、1970）、墓地があったことが知られている。

　ところで「相」地名は言語的には一般に「アイ」と読まれ、「逢」「合」にも宛字される。この「アイ」の小地名として、志摩では「相神」「愛神」「間神」「逢神」などが村境の神として知られる。本義は「饗え神」であり、台地上の各所に認められ、字地名としても数多く残っている（千葉、1965）。このように「相」地名には聖地の性格が濃いように思われる。

　松尾俊郎（1967）は、海村のアイ（相）地名は漁場をさすものとし、「**饗**」から転じたと指摘し、ここでは「相」と「青」との関係については、全く不明であるが、ただ両者には、海岸の聖地地名の共通性がある。志摩では今日、南島のような「青」と「奥武」との関連を示唆する地名は見出し難いが、「相（オウ）」地名から地理的な関連性が認められる。そして、「奥武」＝「青」のように死生観には、墓地の聖地の一つとして、その関連性は認められる。

　もちろん全国に、「**相島**」「**相ノ島**」の地名は、「あい（の）しま」として長崎県・五島列島に2例、福岡県新宮市の沖に1例、山口県萩市「**青海島**」の沖に1例がある。内陸部でも、京都市・淀の旧巨椋池に

「おじま」がある。

4　「雄島」について

　相島と同音「おしま」「おじま」には、「**小島**」「**尾島**」があるが、古くから信仰を集める地先島の「**雄島**」がある。とくに、地形図に表記された「**雄島**」をあげると、日本海沿岸に、山口県須佐沖、福井県越前沖、石川県七尾湾、秋田県八森町など、太平洋岸では仙台湾・松島にあり、すべて地先小島である。その二三の例を挙げよう。
　(1) 越前・東尋坊がある福井県三国町の「**雄島**（おしま）」があり、現在架橋され、スクナヒコを奉る大湊神社があり、これが越前の海人系の葬地かの確証は得られないが、東尋坊との関連から、その地先島の葬地の可能性は明白なように思われる。
　(2) 日本三景のひとつ宮城県仙台湾の「**松島**」にある地先島で、渡月橋で架橋された「**雄島**」である。いまでも岩窟に卒塔婆や仏像が彫られ、死者の浄土往生を祈る霊場の小島であり、古代の葬地の可能性が高い。
　(3) 若狭湾の舞鶴市の沖にある現在は「**冠島**（かんしま）」「**大島**（おおしま）」とも呼ばれているが、「**雄島**」である。この島に関しては、水谷 (1989) が大本教の教祖が、明治33年に「**大島**（おおしま）開き」をした由来を検討し、「アフ島＝大島」を示した。また、この島の西には、龍宮伝説で名高い丹後・伊根町の「**青島**（あおしま）」があり、ここから日の出を遥拝する先（東）は「**雄島**」となっていたという。その「**青島**」の南にある「**天橋立**」には、丹後一宮であり元伊勢とも言われる「**籠神社**（こう）」があり、海部宮司家の伝承が連綿とあり、若狭湾の丹後には、伊勢志摩と同様な海人世界が、「**青島**」や「**雄島**」として認知できる。

　このように、「**雄島**」には、伊勢志摩での「**相島**」に相当する地先で葬地性が認められ、青（アフ・アオ）島との関連で捉えられ、いずれも古代からの海人世界という共通性が認められる。
　なお「**おしま**」は、「**小島**」「**渡島**」や、あるいは「**大島**」などの表記があり、これらは数多いので、省略するが、外間 (1990；1999)、水谷

(1989) が指摘するように、青（アフ）島に由来する「大島」「小島」の存在は、全てでないが、とくに古代海人系世界にあっては、その可能性が高いと推論されるのである。

5　海人系地名としての「ア」地名 ── 大和王権の言語政策によって「オウ」へと変化

青島のように「ア」接頭語をもつ地名が、古代海^{あま}人系世界に数多く知られている。とくに外間（1990）が指摘するように伊勢志摩には、南島などに共通する「ア」の海岸地名があり、海人関係地名として認められよう。その例をあげると、つぎのようになる。

①アラ　……　荒崎^{あら}・荒島・荒祭宮（別宮）・安楽島
②アカ　……　赤崎^{あか}・阿嘉島
③アハ・アワ　……　淡島・粟島・阿波・安房

①②については、海人系の神が上陸する地名として、すでに外間守善（1990）によって指摘され、同様な見解は、伊勢志摩のアラ・アカ地名を、筑紫申真（1970）が**荒島**を例にして考証している。志摩の**神崎**（こうざき・かむさき）を**荒崎**として、荒崎姫の出現、「あれ」「あら」は、すなわち海神の誕生を意味すると説明している。**赤崎**も同様であり、こちらは初夏に神誕生の秘儀、神祭りの女性が水中に潜って、カミの「みあれ」に奉仕する儀式がある。

　神崎では、明治始めに廃絶されたが、皇大神宮の神儀である「贄の海の神事」があったとしている。これらの事例の他、多くの海辺の神事や祭事には、南島との類似がある。志摩の盆行事の大念仏ですら、新盆の仏を海辺で海から迎えるように、海上他界が濃厚である。

　伊勢志摩の海岸地名を手掛かりにした「青」＝「奥武」考の展開を考えてみたが、現行地名群からはその例証を見出せないが、ただ「青」地名については、一つの「**青の島**」があるが、地理的条件から類似性はう

すい。他に「青峰」のように「青山」「青川」「青谷」など、海岸部以外から認知できる地名は多い。

しかし、「相」地名を手掛かりにして、海岸地名群の中には「奥武」にきわめて類似する地理的条件を有する例が多い。そしていずれの例も、葬地かは不明だが、聖地性をもつ性格を有する小島と推察される。

アラ・アカ地名同様に、この「相」地名は「饗え」から転じたとすれば、海神を迎え饗応する場として海人関係の聖地地名の一つである可能性が強いと思われる。そして、海人系地名に共通するアイ・アオ・アカ・アコ・アサ・アハ・アフ・アマ・アワなど「ア」系地名群は南島や伊勢志摩に連続すると考えられる。このことは「ア」系地名が海人系の基礎地名として存在したことを推察させる。

そして、古代の伊賀「青墓」の存在は、海人系の墓として認められ、それは大和から、東の地であり、五行説の「青」と四神「青龍」から由来したため、記紀神話の「青山」に相当する。このように、「青」がかつて、「青＝墓」として存在した可能性がある。

伊勢志摩の地は中世以降、修験者、念仏者、御師など多くの宗教者が布教・流布しており、これらの広めた神や宗教地名群が数多い。それだけに海人系の基層地名が消失する場合が十分に考えられる。南島とちがい、伊勢志摩など本土では、こうした新参宗教による影響を十分に検討した上でないと、基層文化を浮かび上がらせるのは困難に近い。古代地名の「青墓」はその一つの手掛かりになるのではなかろうか。

伊勢志摩では、「青島」は「相島」に変えられ、また各地で「雄島」として表記されたもので、沖縄で「奥武島」となったものである。それは、いずれも地先島で、東にある島では「青龍」で「青墓」と、古代から意識されていた可能性がある。そして共通して、「アフ・アオ」が「オウ」の音に変化して、地域ごとに漢字表記された違いだけとも推察される。

それに、この音韻変化は、自然におこったのではなく、海人系地名の「ア」地名から、「オウ」地名への変更が、古代に強制か自発かは不明だ

が、実施されたものと推察される。
　「淡海あふみ」から「近江おうみ」への変化がその一例である。近江と同様に、出雲の「意宇」や「多」「大」「王」など、地名とともに氏族名は、大和王権からの拝命によるものであろうから、「アフ・アオ」から「オウ」への音韻変化は、大和王権の海人系氏族への拝命による言語政策に起源すると推論される。

参考文献
岩田準一（1970）『鳥羽志摩の民俗』鳥羽志摩文化研究会
「角川地名大辞典」編纂委員会（1983）『角川地名大辞典 24 三重県』角川書店
鈴木敏雄（1969）『志摩の民俗（上・下）』三重県郷土資料刊行会
谷川健一（1975）『民俗の神』淡交社
谷川健一（1983）『常世論 —— 日本人の魂のゆくえ』平凡社
千葉徳爾（1965）「民俗の地域性」、和歌森太郎編『志摩の民俗』吉川弘文館
筑紫申真（1970）『神々のふるさと —— 神話のナゾをさぐる』秀英出版
仲松弥秀（1963）「『奥武』考」『沖縄文化』13 号、23-26
外間守善・桑原重美（1990）『沖縄の祖神アマミク』築地書館
外間守善（1999）『海を渡る神々 —— 死と再生の原郷信仰』角川書店
松尾俊郎（1976）『日本の地名 —— 歴史のなかの風土』新人物往来社
水谷慶一（1989）「大島の謎」、『沖縄文化 —— 沖縄文化協会創設四十周年記念誌』沖縄文化協会、723〜739。
目崎茂和（1991）「伊勢志摩のオー考」、仲松弥秀先生傘寿記念論文集刊行委員会編『神・村・人 —— 琉球弧論叢』第一書房、177〜192。
目崎茂和（2005）「日本・琉球神話における風水言語構造の解明」、篠田知和基編『海洋神話の比較研究』、科研（13301015）報告書、広島市立大学、73〜80。

沖縄島中南部の崩壊地形地名

上原 冨二男

1 はじめに

　地名にはさまざまな由来があるが、中には地域の自然環境と結びつくものがある。たとえば、水環境にかかわる地名の一つに、宜野湾市**真栄原**の小字、**水玉屋原**（ミジタマヤーバル）がある。これは方言の「ミジタマヤー」、すなわち「水の溜まる所」の意であり、冠水災害の発生地であった（上原、1989）。同種の地名は**面玉屋原**や**水溜原**などとして、沖縄島と与論島に分布している。

　一方、沖縄島中南部（中頭郡・島尻郡）は、新第三系島尻層群を基盤としその丘陵が分布する地域である。南部は日本本土の第三紀層地域同様、地すべりが多発している。地すべり発生地およびその地形は中城湾に臨む斜面や、内陸の河川沿いの斜面に分布し、河川の流路を曲げてしまった事例も見られる。さらに崖地では山崩れが発生し、また島尻層群をおおう琉球石灰岩の台地周縁では岩石の崩落（岩石落下）が発生している。このような山崩れ、地すべり、台地周縁の岩石落下は近年のマスコミで報道されている。その中でも、島尻郡佐敷町に関する史料記録と語り継がれてきた伝承は、地すべりの状況と小字地名の由来と発生の時期を示唆し、興味深い。しかし、しばしば地すべりが発生し、明瞭な地すべり地形が残っているにもかかわらず、地名にそれが示されていない地域も多い。

　本稿は沖縄島中南部に分布する崩壊地形地名と佐敷町の山崩れと地すべりにかかわる小字名について、史料記録と伝承をたどり、近年の地形災害の状況を報告する。

2　中南部の地形・地質概略

　沖縄島の地形と地質は、うるま市の天願（旧具志川市）と北谷町砂辺を結ぶおよそ北東－南西方向の線を境に、北部が中・古生界を基盤とし、山地や大起伏丘陵の地形が存在する高島地域である。一方、その南部（中頭郡・島尻郡）は泥岩と砂岩と凝灰岩から構成される新第三系島尻層群を基盤とし、これを第四系琉球層群の琉球石灰岩と国頭礫層が不整合におおっている（国頭礫層の分布南限は北谷町を流れる白比川右岸である）。中南部には山地がなく、大起伏丘陵も乏しいことから地形的には低島地域である。

　沖縄島中南部の地形は、島尻層群がつくる小起伏丘陵と琉球石灰岩の台地・段丘が卓越する。小起伏丘陵は、それを不整合におおっていた琉球石灰岩が削剥、除去された後、地表に露出した島尻層群が流水の侵食や地すべりによって形成された。島尻層群の、とくに泥岩と凝灰岩はやわらかく、風化と侵食を受けやすい。島尻層群はおおむね南東方向へ傾斜する単斜構造を示し（福田、1977）、これをおおう琉球石灰岩は、西側では海岸段丘をつくっているが、内陸部から東側ではメサとビュートが卓越する。

　海岸段丘は宜野湾市以北に広く分布する。メサは琉球石灰岩を冠層とするテーブル状台地である。最大のメサは大里村・玉城村・知念村・佐敷町の区域に及ぶ地域で、これを「島尻東部台地」とよぶことにする。なお、島尻東部台地は傾動地塊の集合であり、傾動地塊台地ともよべそうである。ビュートはメサの崩壊に伴う台地の縮小過程で生じたもので、比高が台地面の幅より大きい。ビュートの例は、江洲（エス）グスク・伊計（イチ）グスク（うるま市）などである。メサとビュートは島尻東部台地を除く中城湾に面する地域では、おおむね標高 90～170m の範囲に点在している。メサとビュートの周縁は、石灰岩の崖とそれに続く島尻層群の急～緩斜面となっている。規模の大きいメサには古くから集落が立地し、ビュートを含めてグスクも数多い。

　以上のような特徴から、沖縄島中南部は地すべりや山崩れ、岩石落下が発生しやすい地形環境にある。

3 崩壊地形地名の分布

　山崩れ・地すべり・岩石落下などの崩壊地形は、玉城村から知念村を経て旧勝連町の**ホワイトビーチ**に至る、とくに中城湾をめぐる地域に多く存在する。内陸部でもメサ・ビュートの周縁や河川に臨む斜面などに崩壊地形は分布する。

　玉城村から知念村に至る島尻東部台地の海岸に面した所には8ヵ所ほどの明瞭な地すべり地形が存在する。地すべりは島尻東部台地周縁に発生したスランプ型地すべりということで共通している。しかし、これらの地域には、地すべりにかかわる小字名は存在しない。おそらく、地すべりは人間が居住する以前に発生したものであり、地名の発生や記憶につながらなかったのであろう。一方、佐敷町から与那原町を経て、旧勝連町に至る中城湾に面する市町村では、湾岸沿いの低地と内陸部の台地・丘陵地を分ける急〜緩斜面にしばしば地すべりが発生し、また明瞭な地すべり跡地が多数分布している。しかし、小字名に崩壊地形地名が存在するのは、後述する佐敷町と西原町、中城村、具志川市（現うるま市）である。

　西原町では、町域南西部の池田にかつて首里と結んだ急傾斜の道があり、**トーフグヮービラ**（豆腐小坂）とよばれた（平良利夫、1989）。これは、「豆腐のようにやわらかい坂」の意味であり、地すべりにかかわる小地名であろう。このトーフグヮービラの道は、参謀本部陸地測量部1919年（大正8）測図の2万5千分の1地形図（以後、「旧地形図」とよぶ）の「那覇」図幅に道幅2m以上（3m未満）として描かれている。また、GHQが1951年（昭和26）に作成した4800分の1地形図（以後、「GHQ地形図」とよぶ）の「OMITAKE」（sheet 143）にはtrail＝小道（踏み分け道）として記載され、現在も一部は残っているようである。一方、町域南部に聳える**運玉森**（うんたまむい）（158.1m）は、周囲に地すべりが発生して生じた円錐形の大起伏丘陵である。山里奈美氏の教示によると、その北麓に「**ユヤー**」とよばれる"動く"小丘があるという。おそらく、地すべり土塊であろう。

　中城村では、同村南部の**伊集**（いじゅ）に**崩原**（クジリバル）、同**和宇慶**（わうけ）に**川崩原**（カークジリバル）の小字名がある。両小字は大字界をはさんで接しており、標高約100mから30mに下

る島尻層群の谷である。旧地形図では、伊集・崩原には崩土の記号が当てられている。

　具志川市では、中城湾岸沿いの低地と内陸丘陵地を分ける斜面に模式的な地すべり跡地が多数存在する。その中で、高江洲集落の位置する**高江洲原**は、ほぼ全域が過去に生じた地すべり土塊である。高江洲原の北側は高さ30mほどの半円形の滑落崖となっている。旧地形図では、地すべり土塊と滑落崖の間に雨裂の記号が付されている。現在、そこには小河川が流れ、GHQ地形図には Takaesu-gawa と記されている。この河川は土塊と滑落崖の間に生じた溝に発生したものであり、同様の地形は**前原**の**江洲下原**にも見られる。ところで、この河川一帯の小字名は**豊原**の**馬仔原**（ウマングヮバル）である。名嘉山兼宏氏（2004）は馬仔原を「狭い谷地の急傾斜地」とし、馬仔原を流れる**シンディガーラ**（滑りやすい小川）から馬仔原が「崩れ地」であることを証明した。加えて、北谷町の**桑江**も同義であろうと指摘している。すると那覇の古波蔵（くふぁんぐゎー）と糸満の小波蔵（くゎんぐゎー）も「崩れ地」に通じるものと推察される。なお、宇堅には**栗原**（クリバル）があり、南側が谷地となっていることから「壊れる」を意味する方言の「クーリン」と推測される。

4　佐敷町の崩壊地形地名と地形災害

　佐敷町は中城湾南部の北に開いた半円形の馬天港を囲むように町域が展開する。町域の南側は島尻東部台地の一部を占め、その標高は130〜160mである。台地周縁はやはり北に開いた半円形の崖となっている。崖下には島尻層群の急〜緩斜面がつづき、斜面上には台地から崩落した琉球石灰岩塊が散在する。台地周縁と島尻層群の斜面には、山崩れや地すべりにかかわる半円状の小崖が分布している。町域東部には、ビュートの**須久名森**（スクナムイ）（148.8m）がある。標高5m以下には、馬天港を囲む海岸低地が広がる。

　以上のような地形・地質環境のもと、崩壊地形地名は、小字名として町域西部の台地周縁から島尻層群の斜面に分布している。小字名は**津波古**（ツハコ）の**庫利原**（クーリバル）、**小谷**（オゴク）の**山崩原**（ヤマクジリバル）、**新里**（シンザト）の**山崩原**（ヤマクジリバル）・**崩利下原**（クンリシチャバル）である（図1）。

図1 佐敷町の崩壊地形地名の分布

　津波古・庫利原は、隣接する大里村の**大里城址公園**展望台の崖下にある。小谷・山崩原は同集落南側の崖下である。新里・山崩原は小谷の山崩原の南に接し、沖縄県厚生年金休暇センターのテニスコートを含む一帯である。崩利下原は新里集落の南に聳える新里凝灰岩の崖を含む一帯である。凝灰岩の崖には**アカイシー**（崖石？）や**カラシザン**（軽石山）の小地名がある（佐敷町史編集委員会、1984）。そのうち、津波古・庫利原には史料記録と伝承が残り、新里・崩利下原一帯では1959年10月に山崩れが発生した。

津波古・庫利原については、『球陽』尚灝王21年条、伝承は『佐敷町史 2 民俗』(1984)に掲載されている。球陽記載「本年佐敷郡地崩」の内容は、およそ次のようである。この年5月28日から6月朔日にかけて大雨が降り、津波古村西方比良原（ひらばる）の采地・民地・山藪までが崩落した。その範囲は、長さ600間、幅150間に及んだ。崩落した土砂はゆっくり流れ下り集落近くに迫り、村人を驚かせた。人家6軒が破壊されたが、幸いにも死傷者はなかった。しかし、一基の墓が損壊した。崩落した所は、昔から粗米100余包を収穫できたが、今はもう耕耘することができなくなった。

　次に、『佐敷町史 2 民俗』に掲載されている伝承「**クーリ原の山崩れ**」(544-545頁)は、要約すると以下のようである。約200年前、**津波古**西方の山手から大里村の**三重城**の南側で大規模な山崩れが発生した。この山崩れは松の木を揺らしながらすべり落ち、**ミーガナモー**で止まり小高い丘をつくった。この山崩れで瀬底門中の墓が大破したが、その後移転再建された。この山崩れが起こったころから一帯を**クーリ**とよぶようになった。

　球陽の記録は1824年（道光4）梅雨の季節に発生した地すべりである。地すべりの規模は1間を1.8mとして換算すると、長さ約1080m、幅約270mである。これは、近年にない規模である。一方、伝承の原文にある松の木を揺らす様は、まさに地すべりであったことを示している。球陽の記録と伝承では、地すべり発生箇所の小字名が異なってはいるものの、**津波古**地内の地すべりであること、ほぼ同時代であること、1基の墓が損壊したことで一致している。したがって、両者の地すべりは、同一のものと判断される。また、**庫利原**の地名は、19世紀初頭に発生したことを示している。庫利原のクーリは、方言のクーリタン（壊れた）、クーリン（壊れる）に由来することはいうまでもない。ところが、球陽にみえる**比良原**の名は現在存在しない。地すべり発生後、小字名が比良原から庫利原に変わったのであろうか。しかし、庫利原の南に接して**平良川原**がある。平良はヒラとも読める。もし、平良が比良だとすると、地すべり後にその一部が庫利原になったとも考えられるが、定かでない。

　GHQ地形図の判読によると、地すべりは**庫利原**の北側に発生し、地す

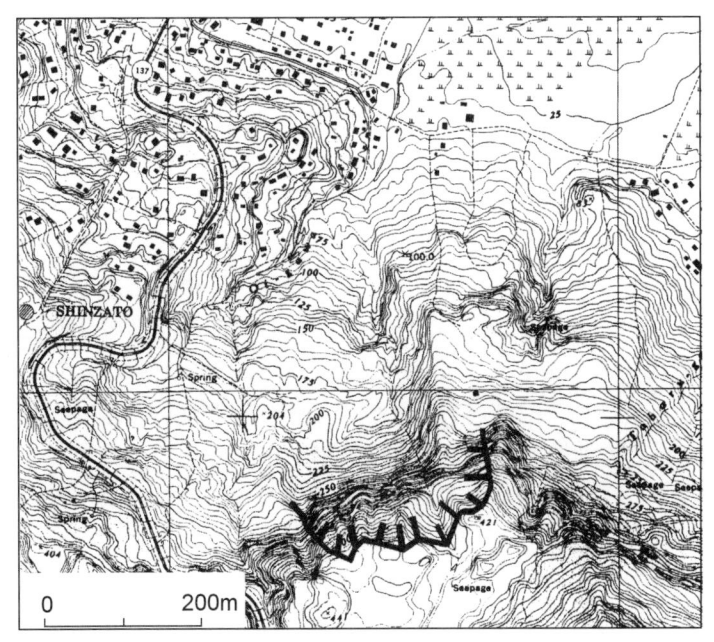

図2 1959年10月に発生した山崩れの範囲（GHQ地形図による）

べり土塊は南へ流れ下り、津波古集落西側、現馬天小学校付近（**上津波古原**）に達したものと推測される。また、馬天小学校運動場に改変された所に小丘があるが、伝承の**ミーガナモー**にできた丘であろうか。

なお、町史には崩壊地形にかかわる民話として「鰻がウスになった話」「血に染まった産井」「クチャビラグヮーヌイニンビー」など（497-511頁）が掲載されている。

新里の**崩利下原**では、1959年10月に山崩れが発生した。崩利下原以東には、新里凝灰岩の崖が続いている。凝灰岩は軽石を含み、素手で掘り出せるほどにやわらかく崩れやすい。そのため、凝灰岩の露頭は崖をつくっている。かつて崩利下原から**竹枝原**（タケェ）を経て**馬天原**に至る所は、比高30〜40mほどの凝灰岩の高い崖が続いていた。凝灰岩の崖地は**馬天山**とよばれ、そこが崩れ落ちたのであった。当時の沖縄タイムスと琉球新報の報道によると、山崩れの引き金になったのは台風18号シャーロットの豪雨であった。山崩れは15日と翌16日の2度発生し、その規模は

長さ（東西）800m、幅（南北）600mに及んだ。馬天山から崩落した土砂は奔流となって集落方面へ700m流れ、**大井川**を埋めて流れを変え、当時の8班に達した。その結果、両日を合わせて民家12戸が全半壊して死傷者3名を出し、162人が避難した。また、畜舎全壊3棟、芋畑とサトウキビ畑7万坪の被害が出た。

　GHQ地形図や琉球政府が1971年（昭和46）に測量した国土基本図（5000分の1）を検討すると、山崩れの発生した場所は、**崩利下原**と**竹枝原**境界付近から東側の**馬天原**に及んだ（図2）。崩れ落ちた土砂は北側にある大井川が流れる谷へ流入し、集落東側（8班）に達したものと考えられる。崩落した土砂の一部は馬天原北側の小谷にも流れ込んだであろう。現在、山崩れが発生した場所は崖を削り緩斜面にするなど、地すべり防止対策が完了しているが、馬天原にはなおも凝灰岩の崖は残っている。

　佐敷町の事例は過去に発生した土地の崩壊と地名との関係、および崩壊地形地名の存在する所に山崩れや地すべりが再度発生する可能性を示唆している。したがって、佐敷町では**小谷**と**新里**の**山崩原**を含めて、土地利用に際しては、地形と地質の十分な調査が必要である。一方、**馬天原**の新里凝灰岩の崖は比高も低く大規模な崩壊は起こりえないと推測される。崖は地形・地質、地形災害という環境教育の視点から貴重な教材であり、その保全と活用が望まれる。

5　まとめにかえて

　以上述べてきたように沖縄島中南部には、その地形と地質的特徴から崩壊地形が多数分布し、崩壊地形にかかわる小字名と小地名が存在する。その中には佐敷町のように、実際に山崩れや地すべりが発生した地域もある。一方、浦添市の**沢岻**（たくし）や**経塚**（きょうづか）、**安波茶**（あはちゃ）などの**小湾**（コワン）川沿いの斜面には明瞭な崩壊地形が分布し、しばしば地すべりや崖崩れが発生する。その原因は地形・地質環境の特性を何ら配慮しない土地の改変にあると考えられる。しかし、浦添市には崩壊地形地名は存在せず、隣接する那覇市も同様である。中南部は人口が集中し、大規模な住宅地や墓地の開発と

区画整理事業などの土地の改変が盛んである。その中には、地形・地質環境と水環境の特性を配慮したとは考えにくいものも散見される。地形災害を逓減し、住民の生命財産の安全を保証する責務を負う行政の対応不足も否定できない。地形災害防止のためには行政の十分な対応と、行政および住民の地形・地質・水環境にかかわる地名に対する認識と評価が必要と考える。

　カジマヤーを迎えられた仲松弥秀先生に祝意を表し、さらなるご長寿を祈念するため、本稿を先生に献呈したい。

引用文献
上原冨二男（1989）「水玉屋ウバーレ」『南島文化』、119-126 ページ。
佐敷町史編集委員会（1984）『佐敷町史 2 民俗』佐敷町、680 ページ。
平良利夫（1989）「各村落の概観」西原町史編纂委員会編『西原町史　第 4 巻　資料編 3 ── 西原の民俗』西原町役場、99-388 ページ。
名嘉山兼宏（2004）「馬仔原（うまんぐゎばる）」広報ぐしかわ、8 月号、8 ページ。
福田 理（1977）「沖縄の天然ガスおよび付随・関連資源」、『琉球列島の地質学研究』2 巻、107-130 ページ。

西原町字翁長の「坂田」誕生と定着

久高 將清

1　はじめに

　西原町字翁長(オナガ)の県道29号と同38号が交差する付近は、通称「坂田(サカタ)」と呼ばれていて、現在高校や小学校をはじめその他多くの事業所が集中して賑わいを見せている。
　この地域は字翁長の一部であるが、なぜ「坂田」と呼ばれるようになったか、その由来と、いつごろから「坂田」と呼ばれるようになったか、また「坂田」地名はどの程度地域の人々に認識され定着しているかについて調べた。

2　西原町字翁長

　字翁長は西原町のほぼ中央にあって王府時代は西原間切の番所が、また1908（明治41）年の島嶼町村制施行から第二次世界大戦までは西原村役場が所在した字である。戦前は、農業会、村営質屋、駐在所、西原国民学校、村馬場などがあり、王府時代に引き続き西原村の中心集落であった。戦後、村役場跡地に第二次世界大戦の戦没者を祀った「西原の塔」が建立されている。また、1959（昭和34）年には西原国民学校跡地に西原中学校と坂田中学校が統合されて西原中学校が開校した。
　翁長は**上翁長**と**下翁長**の二つの地域に分けられる。上翁長は県道29号と同38号の交差点を中心に、同241号（旧5号）の西原入口を約300m下った給油所付近から坂田小学校付近までの小字**坂田舛**(ハンタマシ)と**運堂原**(ウンドウバル)の地域である。下翁長は西原中学校や区事務所、西原の塔などがある元部落の地域である。

上・下翁長の境界は、坂田小学校、坂田保育所前から沖縄キリスト教学院大学へ通ずる坂道（ユッキービラ）と坂田ハイツ入口の坂道（今帰仁ビラ）を結ぶ線である。この境界線で地形は南東側に急傾斜していて、上・下翁長は地形的には明瞭に区別される（図1）。県道38号は、その急傾斜地をヘアーピンカーブ状に下翁長へ下っている。

上翁長地域は、浦添市（西海岸地域）と西原町（東海岸の工業地域）を結ぶ県道38号（浦添西原線）と、那覇市首里と宜野湾市・中城村・琉球大学等を結ぶ県道29号（那覇北中城線）が通っていて東西南北を繋ぐ交通の要所となっている。

3　坂田の誕生とハンタ地名

(1) 上翁長（坂田）の地形

上翁長は**牧港川**の上流域で、西は浦添市前田の国家公務員住宅などがある丘陵に、北は字**徳佐田**（トクサダ）から字**棚原**（タナハラ）の海抜100～150mの丘陵が、東は琉大医学部付属病院がある字**上原**の140～150mの丘陵と、沖縄キリスト教学院大のある110～125mの**ウンドーモー**、**ユッキーモー**の丘陵に、そして南は字**幸地**の**カンノミモー**（神嘗毛）に囲まれた海抜高度約65～85mの盆地地形をなしている。盆地にはいくつかの小高い丘陵地があったが宅地化が進んだ現在では、西原高校裏の**ユシダモー**（92.1m）とその東側の**メーバルモー**（95.1m）だけが残っている（図1）。

1970年半ばごろまで、上翁長の盆地には初冬の早朝に霧がかかったが、都市化が進んだ1980年代以降はその現象は見られなくなった。

この盆地は東側で標高が高く西側に緩やかに低くなっていて上・下翁長の境界線にあたるユッキービラ・坂田小学校（運動場）・今帰仁ビラを結ぶ線は、西流する牧港川と東海岸の小河川との分水嶺とほぼ一致する。

琉大付属病院と沖縄キリスト教学院大との間の谷を牧港川源流の**ウンドウ**（運堂）川が西流し、**坂田交差点**の北100mの県道29号で字棚原から流れてきた**ハントマ川**と合流して**ウフドウ**（大堂）川、さらに**徳佐田**川となり浦西団地（浦添市）西方のゴルフレンジで幸地の小字**谷那堂**（タンナドウ）、**南良**（ヘーラ）から流れてきた**ナゴーガーラ**（川）と合流して牧港川へと流れて行

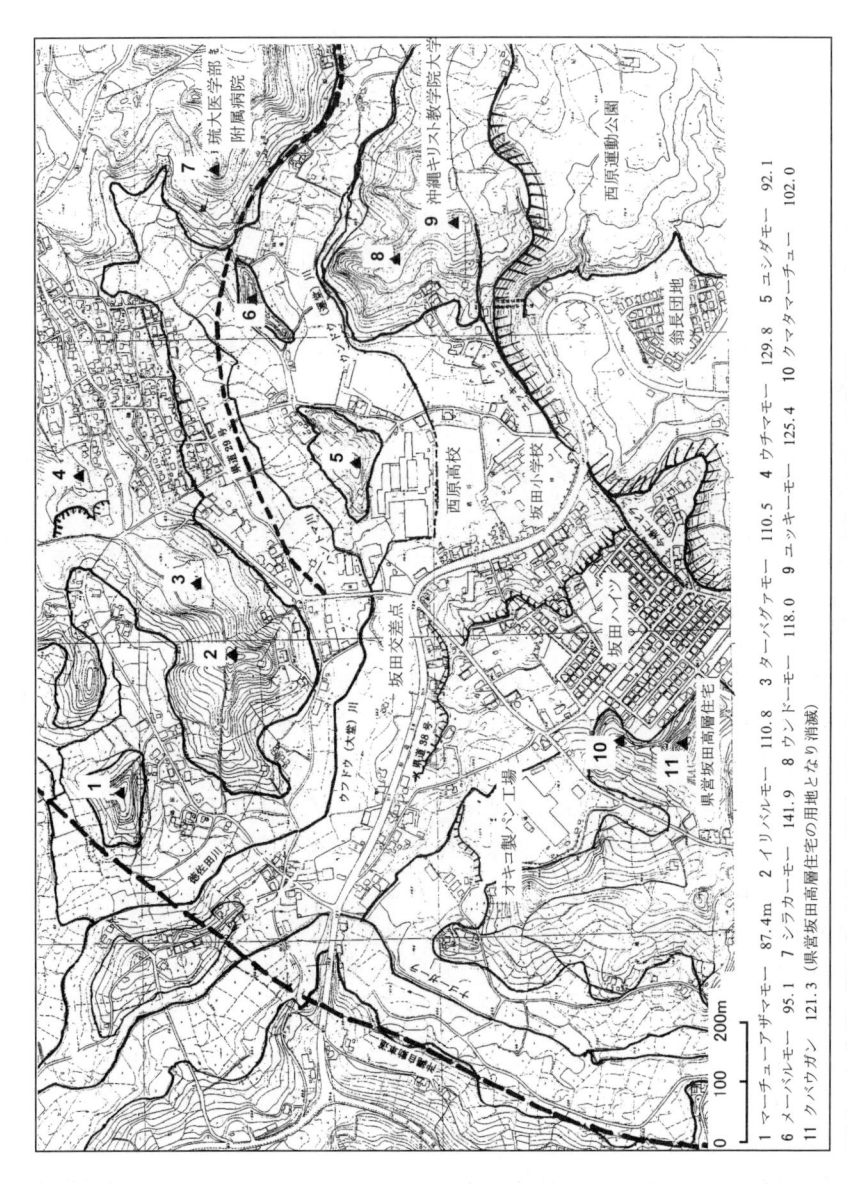

108 南島の地名（第6集/2005）

図1 上翁長（坂田）付近の地形（国土基本図 xv-JE16-1、西原町史第4巻資料編三より作成）

1 マーチューアザーモー 87.4m　2 イソバルモー 95.1　3 ターンバグァモー 110.5　4 ウチマーモー 129.8　5 ユシダモー 92.1
6 メーバルモー 95.1　7 シラカーモー 141.9　8 ウンドーモー 118.0　9 ユシキーモー 125.4　10 クヌタマーチュー 102.0
11 クヌバルガン 121.3（県営坂田高層住宅の用地となり消滅）

く。

(2) 坂田の誕生

　第二次世界大戦前までは、字翁長の元部落は小字桃原(トウバル)や東原(アガリバル)などの下翁長にあって、上翁長には「棚原前(タナハラヌメー)」屋取の数軒があるのみであった。

　沖縄戦では、浦添市前田から翁長・幸地・小波津(コハツ)・運玉森(ウンタマムイ)にかけては首里攻防の日米両軍の激戦地となった。

　戦後、各地に避難や疎開をしていた村民が帰村を許されたのは1946（昭和21）年4月であった。しかし、元部落の下翁長に米軍が駐留したため翁長の人々は我謝(ガジャ)や棚原に分散して仮居住した。翁長の人々は1947年1月から上翁長に新しい部落を建設した。1949年9月、元部落への移転が許可されて多くの字民が下翁長へ移転した（『西原町史第3巻 Ⅱ 戦時資料編』）。このように戦前までは、上翁長は数軒の屋取が散在する辺鄙な土地だったが、戦後は字翁長の再出発地となった。

　1946年6月、西原東初等学校と西原西初等学校の二校が字与那城(ヨナグスク)の小字大多良原(ウフタラバル)の米軍が残したコンセットを校舎に同時開校した。同年8月西原東初等学校は西原初等学校へ、9月2日西原西初等学校は翁長の小字「坂田舛」に移転して「坂田初等学校」と、それぞれ校名を変更した。なお、坂田初等学校は1959年3月まで小中併置校であった（『西原町史第4巻資料編三』）。これが「坂田(サカタ)」という名称の誕生である。しかし、西原町史にも『坂田小学校創立40周年記念誌』にも校名の由来についての記述はないが、坂田初等学校の校名が学校の立地する土地名「ハンタマシ（坂田舛）」に由来することは明らかで、その「ハンタ」の漢字表記「坂田」を採用して坂田初等（小）学校となったのである。

(3) ハンタ地名

　「坂田」の語源となった「ハンタマシ」はどんな意味を持つのだろうか。「ハンタマシ」は「ハンタ」と「マシ」の複合語だと考えられる。ハンタは「端、はしっこ、崖または崖のふち」（『沖縄語辞典』：国立国語研究所編、1963年）で、上・下翁長の境界線となっている急傾斜地がそのハンタに該当する。マシは「まち（町）、田の枚数を数えるときの接尾語」（『同辞典』）、つまり「耕地」のことである。したがって、ハンタマシは「崖付近の耕地」と解することができる。しかし、ハンタは下方から見

上げる崖ではなく、足元から落ちている崖だとも考えられる。元部落の位置から見れば「ハンタマシ」は「端の耕地」とも解することもできる。

　ハンタ地名は茅打バンタ（国頭村）、慶座バンタ（具志頭村）など県内各地に広く分布する一般的な地名である。小字名では沖縄本島、特に中南部に多く分布し北部地域は少ない。周辺離島では伊江島、瀬底島、平安座島、伊計島、久米島に分布する。また、宮古や八重山の先島地域には分布しない（図2）。

　地形との関係からみれば、ハンタ地名は台地や丘陵地、特に急崖が発達する石灰岩台地の地域に多く分布していることがわかる。

　ハンタ地名の漢字表記は、坂田の他に半田、繁多（田）、端田（太）、羽牟田、波武多などがある。学校名を地名から採用する例は多いが、ハンタ地名から「坂田小学校」になったのは、たまたま、その漢字表記が「坂田」だったからで、それがもし他の表記だったら別の校名になっていたかも知れない。

4　坂田の定着と範囲

（1）坂田の定着

　1946年9月、字翁長の小字名「坂田舛」に校名が由来する坂田初等（小）学校が誕生したが、「坂田」名称が一般的になったのは1972年の日本復帰以後である。復帰前の上翁長は坂田小学校前の県道沿いとその周辺地域に数十戸の民家があって、現在の坂田交差点付近は民家も事業所（店舗）もみられなかった。ちなみに、字翁長には徳佐田入口、棚原入口（坂田交差点近く）、翁長（坂田小学校前）、翁長団地前、下翁長、西原中学前の5バス停留所があるが、「坂田」名称のバス停はない。これは、路線バスが「坂田」がまだ一般化していなかった復帰以前からのバス停名を現在でも使用しているためだと思われる。

　「坂田」が一般化するきっかけになったのは、翁長の小字坂田舛から幸地の小字神營にかけての丘陵地、通称神營毛に住宅団地「RBC坂田ハイツ」が造成されたことである。RBC坂田ハイツは、RBC開発が1972年12月造成を始め1974年から入居が始まった。面積9.74ha、現在約

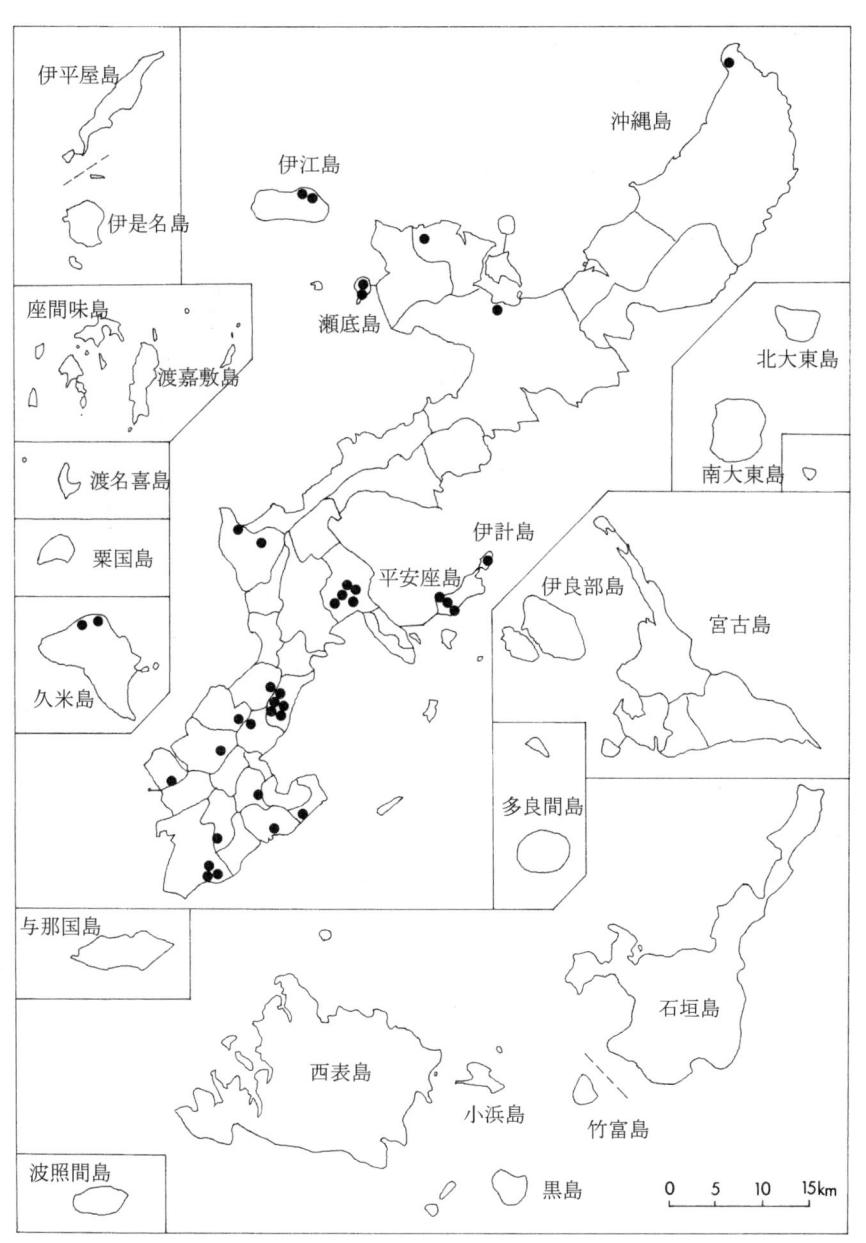

西原町字翁長の「坂田」誕生と定着 111

図2 ハンタ地名（小字）の分布

350余戸の大きな新興団地となり、西原町の行政区「坂田」となっている。また同時期（1975年）、「坂田舛」に西原高校が開校したことも上翁長地域の発展と「坂田」名称が一般化する要因となった。

1975～1985年にかけて、周辺地域の字千原や字上原への琉球大学の移転、同医学部の設置と付属病院の開院、字幸地の刻時森(コクジムイ)へのアドベンティスト・メディカルセンターの移転等が「坂田」地域の活性化をうながした。1985年にはプリマート坂田店（現マックスバリュ坂田店）、沖縄銀行坂田店がともに坂田交差点付近に開店した。1989年沖縄キリスト教短期大学の字翁長の運堂原への移転、1990年代に入ると琉球銀行坂田支店の開店（1994年）と、交通の利便性ともあいまって県道38号沿いには郵便局、農協、給油所、学習塾、居酒屋、スーパー、ファーストフード店、コンビニエンス店、書店、医歯科院、飲食店、その他専門店等多くの事業所が立地するようになった。

店舗等の事業所名は、事業主の姓名、所在地名、その他事業の理念などを示す語句などが用いられるのが一般的である。事業所名に、所在地の地名が使用される場合は、その事業主や地域の人々の空間（地域）認識を表しているものと考えられる。そこで、上翁長（坂田）地域に立地する店舗等の事業所名に「坂田」地名がどの程度使用されているか、西原町電話帳（サイネックス社：『テレ＆パル50』2001年版）からその使用状況をまとめてみた。上翁長に立地する全事業所等（官公署、店舗、施設など）129中、事業所名に地名を使用している事業所は62（48.1％）で、2分の1近くの事業所名が地名を使用している。

事業所名にその事業所が立地する地域の地名が使用される場合は、事業所名そのものに地名を使用する例（例：坂田商店）と事業所の支店名に地名を使用する例（例：○○会社坂田支店）とがある。前者は18事業所あり、そのうち西原4、翁長1、坂田13である。後者は44事業所で西原7、翁長1、坂田36で圧倒的に「坂田」を使用している事業所が多く、地名を事業所名に使用している事業所の79.0％が「坂田」を使用している。「坂田」に対して字名の「翁長」を使用している事業所は極めて少ない。このことから、上翁長地域では地番（住所）は「西原町字翁長」だが、人々の地域認識は「坂田」が一般的になっているものと考えられる。上

西原町字翁長の「坂田」誕生と定着 113

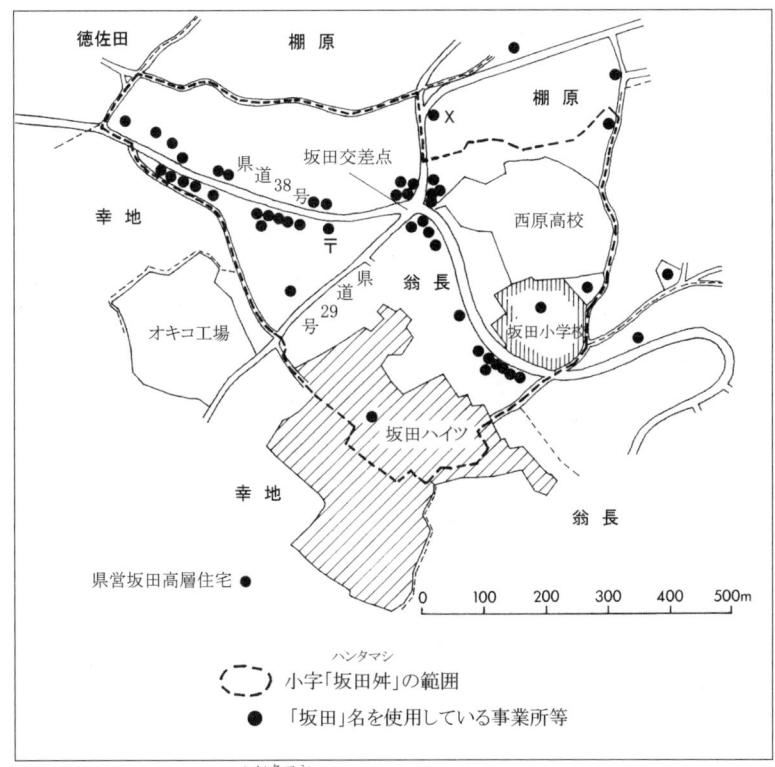

図3 字翁長の小字「坂田舛（ハンタマシ）」と「坂田」範囲

翁長に対して、下翁長では事業所名または支店名に「西原または翁長」を使用している事業所は極めて少ない。

(2) 坂田の範囲

「坂田」名称を使用している事業所の分布状況を示したのが図3である。「坂田」名称を使用している事業所は、県道38号沿線を中心に、ほぼ小字「坂田舛」の範囲と一致する。また、同沿線の事業所組合の名称も「坂田通り会」である。字棚原の前原や字翁長の運堂原、河良田、字幸地の神嘗、幸地など「坂田舛」の周辺地域にも「坂田」名を使用した事業所がみられるが、これも上翁長地域が「坂田」として地域の人々に広く認識されていることを示すもので、現在では上翁長地域の呼称に代わって「坂田地域」と呼ばれるようになっている。

朝夕のラジオ・テレビの交通情報で「坂田」交差点の混雑の様子が報じられていて、現在「坂田」は西原町の範囲を越えて県内の人々に広く認知されているのではないかと考えられる。

5　おわりに

　西原町の上翁長地域を指す「坂田」は、小字「坂田舛^{ハンタマシ}」に由来し、1946年に開校した坂田初等（小）学校が「ハンタマシ」の漢字表記「坂田」を学校名に採用したことにはじまる。その「坂田」が1980年代半ばごろから上翁長地域の呼称としてすっかり定着している。そして、本来の崖をあらわす「ハンタ」とはまったく異なる地名になってしまった。

　学校名は、その学校所在地の市町村名や字名などが採用されるのが多いが、その地名を変更して校名となることがよくある。たとえば古蔵^{コクラ}中学校（那覇市）は**古波蔵**^{コハグラ}の「波」を、神原小・中学校（那覇市）は樋川の**神里原**^{カンザトバル}から「里」を削除してそれぞれ校名になったものである。また**豊見城**^{とみしろ}高校と豊見城南^{とみしろみなみ}高校は**豊見城**^{トミグスク}を「とみしろ」と読みかえて学校名とした。2002（平成14）年豊見城村が「豊見城市」へと昇格した際に、その読みを「とみしろ」とするか、それとも「とみぐすく」にすべきか、新聞紙上でも論争があった。結局、本来の「とみぐすく」に収まった。しかし、「とみしろ」を支持する意見も多かったのは豊見城高校と豊見城南高校の校名が大きく影響したものと思われる。

　地名の漢字表記は単なる当て字の場合が多く、その読み方が地名の本来の意味や由来（歴史）をあらわしている。したがって、その読みを変えたり字を削除したりして大切な地名を勝手に変えることは慎むべきである。

〈海神祭〉儀礼に見る他界観の諸相

稲福 みき子

1 はじめに

　四方を海に囲まれた島々からなる沖縄の人々の信仰生活は、海と深く結びついており、海をめぐる民俗儀礼は多様である。その一つが、漁民たちの祭りとして知られる旧暦5月4日のハーリー（爬龍船）祭祀である。龍を象った、あるいは彩色を施した舟を漕いで競いあい、豊漁と航海安全を願う。この行事は中国から伝わったといわれ、沖縄本島南部を中心に、奄美から八重山まで広い範囲で分布する（白鳥・秋山 1995）。漁民にとって最も大きな行事であり、海の神を祭るという意味の「海神祭」の名でも知られる。

　ところで、沖縄には先の爬龍船祭祀とは異なる別種の船漕ぎ儀礼がある。海の彼方にある神々の棲む世界、ニライカナイから訪れる神を迎え、作物の豊穣を願う祭祀において行われる舟漕ぎ競争である。沖縄本島北部の旧暦7月のウンジャミ（海神）祭祀、宮古・八重山地域での旧暦8月・9月の結願祭祀やシィツ（節）祭祀などでは、豊穣を招き寄せる舟漕ぎ儀礼が行なわれている（馬淵 1964、馬淵 1982）。その祭祀を、地域によっては「海神祭」と称している。

　来歴の異なる二種の「海神祭」、それらの祭祀で祭られる「海の神」は、それぞれどのように捉えられているのだろうか。これまで沖縄の海の神をめぐる問題は、海の彼方から来訪し、ユー（豊饒）をもたらす神を中心に考察が進められてきた。しかし、先述した旧暦5月の爬龍船祭祀では、海の神へ豊漁と航海安全を願う儀礼だけではなく、海で亡くなった者への供養儀礼も行なわれている。供養儀礼から見える海の神は畏怖され、慰撫されるという対照的な性格をもつ。海の神の問題は、そうし

た供養儀礼から見える神々や他界観もあわせて複眼的に考察する必要があるように思う。
　沖縄と同様、周りを海に囲まれた韓国・済州島(チェジュド)でヨンドンクッと呼ばれる祭祀を見学する機会を得た。地元ではそれを「海神祭」とも呼んでいた。海の彼方から来訪するというヨンドン神を迎え、送るその祭祀は、海での死者を供養する要素も見られ、済州島の人々の他界観や神観念を知る上で興味深いものであった。ここでは、沖縄の爬龍船祭祀と来訪神祭祀、済州島のヨンドンクッという三様の事例をとりあげ、沖縄・韓国の海の神や他界観の多面的な様相を理解する手がかりにしたいと思う。

2　爬龍船祭祀にみる神・他界

　18世紀初頭の王府史料によれば、①中国南京の爬龍船を模倣して始められた、②琉球に渡来した唐人が、中国楚の国の屈源の死を弔うために行なわれた爬龍船競争を伝えた、とある（横山1973、球陽研究会1971）。まず、沖縄本島南部に位置する玉城村奥武島(おうじま)の爬龍船祭祀をみよう。
　奥武島は、沖縄本島とは橋で結ばれる小島である。島民の多くは漁業に従事する。海に関する年中祭祀は多く、旧暦1月の初海祝いを始め、三月三日祭祀、鯖の大漁祈願、浜降りと爬龍船選び、爬龍船祭祀、イカの大漁祈願、シヌグ祭祀、網降ろし、飛び魚大漁祈願などがある。年間最大の行事が爬龍船祭祀である。
　村落の祭祀を行なう主要な拝所として、①観音像を祀った観音堂、②トゥン、③浜の御嶽などがある。その由来はつぎのように伝承されている。
①　**観音堂**は、暴風に遭い、奥武島に漂着して島民に助けられた唐船の人々から送られた観音像を祀っている。
②　**トゥン**と呼ばれる祭祀場には、龍宮神をはじめ、**東(アガリ)の御嶽**、**中(ナカ)の御嶽**、**西(イリ)の御嶽**の祭神が祀られている。中の御嶽は次のような伝承がある。女の神が東方から海亀に乗って永住の地を求めてきた。蝶に先導されてこの島に辿り着き、住み着いた。その神をシージンといい、海に出て戻らないとき、遭難した時にその神が助けてくれる（玉城村教育委員会

1986）。
③　海に関する儀礼では、リューグ（竜宮）神を祭っている**浜の御嶽**が重要である。海上での遭難や事故の時は、その神に祈願する。さらに、西の御嶽も航海安全を司る竜宮神を祀っている。

　祭祀で重要な役割を担うのは、村落創設の伝承をもつ宗家の女性祭祀者たちである。

　爬龍船祭祀のプロセスは大きく5つにわけられる。

①　旧暦4月14日の浜降りと爬龍船選び：人々は浜に出、小屋がけをして一晩をすごす。海水を持ち帰り、家や屋敷を清める。その日から御嶽への出入り、島外からの出入りは制限される。翌日に爬龍船祭祀に用いる舟を選ぶ。

②　4月27日の鉦打ち：祭祀の到来を知らせ、舟漕ぎの練習を始める。

③　5月3日の祈願儀礼：村落の女性祭祀者、区長などの役職者が、観音堂とトゥンで祭祀の成就を祈願する。

④　5月4日の爬龍船祭祀：午前8時頃、鉦が鳴り響く。白衣装の女性祭祀者を中心に、区長、船の漕ぎ手らが観音堂、トゥンにて1年間の豊漁と航海安全を祈る祈願をする。広場には、爬龍船を並べる。村落を二分した東組・西組の供物がそれぞれの組の少年に渡され、漕ぎ手はそれぞれの組の舟を広場から浜へ降ろす。

　女性祭祀者と区長らは、対岸にある竜宮神を祭る西の御嶽に向かう。東組、西組の爬龍船が到着し、それぞれの組の供物を供え、祈願をする。その供物を受け取ると、舟漕ぎ競争が始まる。最初の競争は重要でウガン（御願）バーリーと呼ばれる。巧みな一番の漕ぎ手を揃える。浜では、来賓や村落の人々が総出で、応援する。その後、種々の舟漕ぎ競争が続く。

　他方、女性祭祀者らは、竜宮の神を祀っている浜の御嶽で祈願をする。さらに、浜全体への祈願を行い、祈願儀礼は終了する（写真1）。

⑤　慰霊祭：舟漕ぎ競争が済むと、夕刻には、海で亡くなった人の供養をする慰霊祭を行う。以前は、その家族や親族は浜へ降り、供物を供え、供養の祈願をした。

　以上を要約すると、①竜宮神を主要な祈願対象としている、②シージ

写真1 浜の御嶽での祈願（奥武島）

ン神には他界から来訪する神の性格が見えること、③死者儀礼が重層的に行なわれることが指摘できる。

3　来訪神祭祀と神・他界

　つぎに、海の彼方にある神々の棲む世界、ニライカナイから訪れる神を迎え、祭る祭祀として、舟漕ぎ競争を伴う沖縄本島北部古宇利島の旧暦7月のウンジャミ（海神）祭祀、来訪する神の性格を如実に現す八重山竹富島の旧暦8月のユークイ（世迎え）祭祀をとりあげよう。
（1）古宇利島のウンジャミ祭祀
　古宇利島には開闢神話がある（伊波1974）。昔、この島に男女2人が住んでいた。2人は裸体で、天から落ちてくる餅を食べて暮らしていた。ところが、餅の残りを蓄えるという分別がつくと、餅の供給は止まった。2人は「お月様、大きなお餅を下さい」と歌ったがその甲斐なく、働かねばならなかった。ある日、ジュゴンの交尾を見て、2人は男女の交わりを知り、裸体を恥じ、クバの葉で陰部を隠すようになった。以降、子孫は繁栄するようになった。
　ウンジャミ祭祀はこの神話と結びついており、豊作や豊漁を感謝し、

写真2 古宇利島のハーリー

これからの一年間の豊穣を祈る。

　その祭祀内容は、①神アサギと呼ばれる祭祀場に女性祭祀者や男性祭祀者が集まり、膳に盛った米に線香を立て、南方に向かい祈願をする。②白衣装を着、頭に蔓草の冠を巻いた女性祭祀者は、ヌミとよばれる先端には唐船の絵旗をつけ、白布で巻いた棒を持ち、砂で書かれた角形の線上を7回往復する。餅が配られ、一人の女性祭祀者が棒の先に餅をつるし、天に突き上げる所作をした後、他の一人がそれを棒で突き落とす。③村落の草分けの家にある祠の前で、縄で船を象り、その中に入って船漕ぎの所作をする。④男女1組の祭祀者が肩を抱き合い、家の中に入り、共寝のしぐさをする。⑤海岸近くの拝所に移動し、角形の線上を往復した後、女性祭祀者は竹竿を持って横に並び、櫓を漕ぐ所作をする。⑥海に突き出た岩場に行き、棒を立てて前後に動かす。⑦女性祭祀者による儀礼が終わると、港では舟漕ぎ競争が行なわれる（写真2）。⑧翌日は豊年祭で、踊りや芝居が村人によって演じられる（稲福ゼミ報告書1997）。

　(2) 八重山竹富島のユークイ祭祀

　ユークイ祭祀は、竹富島の**コンドイ浜**にある**ニーランイシ**（石）と呼ばれる岩の前で神を迎える、神迎えの祭祀である。ニーラン石について

は、次のような伝承がある。

　ニーランの国から神たちが数隻の船に乗り、**竹富島**に着いた。その船のとも綱を結んだのが、ニーラン石である。ニーランの神たちは、ニーランの国から幾種類かの穀物の種子を持ってきており、**コント御嶽**内にある**クスクバー**という小高い岩山に登り、ハヤマワリハイクバという神に八重山の村々に種子を配るよう命じた。竹富島の神は欲を出し、ニーラン神の種子袋から種子をとり草むらに隠した。ニーラン神は、八重山の神々に穀物が実ったらその初物を供えるよう告げた。竹富の神が隠した種子を播くと、胡麻ができた。隠した種子であったため、そのお初は差し上げなかった。そのため、竹富島では胡麻のお初は神に供えないという。

　ユークイ祭祀の内容は、①コンドイ浜にあるニーラン石の前で祭祀を司る女性祭祀者と区長や村落の役職者らが、神々への祈願をする（写真3）。②トンチャーマという神歌を歌いながら、神を迎える所作をする。両手を高く上げ、前方から後方へ櫂を漕ぐように動かす。③トンチャーマの歌を歌いながら、浜伝いに集落へむかう（写真4）。④集落の入り口では、村人が待ち受けており、祭祀者らを歓喜にみちた踊りで迎える。神を迎えて来た方も、また、それを迎える方も、向き合いながら互いに寄せたり返したりしながら踊る。それをガーリという。⑤コント御嶽に到着して祈願をした後、クスクバーへ登る。クスクバーでの祭祀が行なわれるのは、豊年祭とユークイ祭祀のみであり、そこに入れるのは女性祭祀者と村落の役職者、世話係のみである。⑥二つ目の集落の入り口で、ガーリを行なう。⑦三つ目の集落でガーリをし、最後に、**西糖の御嶽**(ニシトウ)前でガーリを行ない、祭祀は終了する（稲福ゼミ報告書2001）。

　以上、二つの事例に現れる神、他界観の特徴を要約すると、①双方の祭祀とも、開闢神話や、穀物起源神話などの神話や伝承と結びついている。②古宇利島のウンジャミ祭祀に見られる神は、御嶽の神々や竜宮神である。他方、竹富島のユークイ祭祀に見られる神は神の世界であるニーランから来た神であり、さらに、ニーラン神と御嶽の神々は明確に区別され、神々の重層性を見ることができる。

〈海神祭〉儀礼に見る他界観の諸相　121

写真3　ニーラン石の前での祈願（竹富島）

写真4　神を迎え村に戻る（竹富島）

4　韓国済州島のヨンドン祭をめぐる予備的比較

　済州島(チェジュド)の北済州郡朝天里(チョチョンリ)の海女組織によって旧暦2月に行なわれるヨンドン祭を取り上げる。ヨンドン神はヨンドンハルモニとも呼ばれ、女性神だという。この神は海の彼方の観念世界であるイユドから、旧暦2月1日に来訪し、島の東端にある牛島(ソンド)から上陸し、海辺の魚介類を食べながら島を回る。海にワカメやアワビ、サザエなど海女の採集物の種を播いて豊穣をもたらし、また、他の漁業や農業にも恵みを与え、15日には牛島を経由してイユドへ帰るという。

写真5　済州島のヨンドンクッ（上）
写真6　ヨンドンクッで海の神への捧げもの（右）

　朝天里のヨンドン祭は、海女会の契によって賄う。それを供物と祭祀を司るシンバンの費用に充てる。祭祀者は、女性の主シンバンのほかにソミ2人。ヨンドン祭の内容は、①クンデ：ヨンドン神を迎えるために、神の光臨する道である竿を立てる。②神々を勧請する初監祭(チェガムチェ)を行なう。③海の神である竜王とヨンドン神を迎える祈願をする。④シドリム：シンバンによる種蒔き、海女による種蒔きのあと、種を投げ吉凶を占う（写真5）。⑤チドリム：海女はそれぞれの膳から米をとり、家族の人数

のチを包む。これは竜王、船霊、海で亡くなった死霊に捧げるもので、海女はそれぞれ海へ行き、祈願をし、海中に投げる。⑥海女はそれぞれの供える膳を並べ、祈願をする。その後、シンバンに1年の吉凶を占ってもらう。⑦トシン：船に乗り、海中に供物、鶏を捧げ入れる（写真6）。

　以上を要約すると、①ヨンドン神は、豊穣をもたらす来訪神であり、沖縄の来訪神との類似が指摘できる。②ヨンドン神と海の神である竜王神は性格が異なるものとして捉えられ、相補的な関係にあるようである。③祭祀に死者儀礼の要素が見られ、その点では沖縄の爬龍船祭祀の様相と類似するものがある。

　今後、さらに事例を集積し、比較検討を試みたいと思う。

引用・参考文献
伊波普猷　1974「琉球の神話」、『伊波普猷全集』1巻、平凡社
沖縄国際大学稲福ゼミ　1997『民俗研究』25
沖縄国際大学稲福ゼミ　2001『民俗研究』29
球陽研究会　1971『球陽』、角川書店
白鳥芳郎・秋山一（編）1995『沖縄船漕ぎ祭祀の民族学的研究』、勉誠社
玉城村教育委員会　1986『玉城村の文化財概要』、玉城村役場
馬淵東一　1964「爬竜船について」、『沖縄文化研究』16、法政大学沖縄文化研究所
馬淵東一　1982「再び爬竜船について」、松本信広先生追悼論文集『稲・舟・祭』、六興出版
横山重（編）1973「琉球国由来記」「琉球国旧記」、『琉球史料叢書』、鳳文書館

注：本稿は、2003年7月に韓国中央大学で行なわれた韓国日本学連合会第1回国際学術大会で発表した要旨に加筆、修正を加えたものである。

「寰瀛水路誌」にみる奄美の地名と海岸描写

渡久地 健・目崎 茂和

1　はじめに

　本稿は、筆者らの「奄美・沖縄における古地図・古文献にみる海岸描写に関する研究」(Mezaki and Toguchi, in press など) の一環をなすもので、明治期水路誌の一つ『寰瀛水路誌』[1] (かんえい) のなかの奄美諸島の海岸地名を考察の対象にする。

　まず明治期の水路誌作成の背景について概観しておきたい。

　鎖国下の江戸末期の頃から諸外国船が頻繁に琉球や日本の近海を航行し、そして測量を行なっていた。幕末維新の開国後、明治政府は海軍の充実と水路測量の重要性を認識するようになる。1869 (明治2) 年に津の藩士であった和算学者・柳楢悦 (やなぎならよし) を水路測量の任務に当て、他方、1868年から81年まで、イギリスの測量艦シルビア号に対して日本近海の測量を要請する。その間、柳はシルビア号から測量技術を習得し、1871 (明治4) 年には、測量艦「春日」の艦長として、その測量日誌を綴った「春日紀行」を著す。1873 (明治6) 年3月には、この「春日紀行」を抜粋して『北海道水路誌』[2] が刊行される。これが国内を対象とする初の水路誌である (以上、飯島 2004、pp. 117-119、宇多 1956、pp. 190-195 などを参照)。

　一方、「南島」方面に関しては、まず1873 (明治6) 年1月、柳はイギリス資料 (*China Pilot*) を抄訳し『台湾水路誌』を作成する。そして翌2月には、柳らを乗せた測量艦「大阪」が、沖縄に向けて出発し、山川港・口之永良部 (くちのえらぶ)・一湊 (いっそう) (屋久島)・名瀬・大島海峡・運天 (うんてん)・那覇・慶良間海峡 (けらま)・石垣を測量して7月帰還し、11月には『南島水路誌』が刊行される。そ

れと前後して、運天港海図（73 年 8 月）・八重山島全図（同年 11 月）・石垣港海図（74 年 2 月）・慶良間海峡海図（同）・那覇港海図（同年 4 月）を完成させる（横山 2001、p. 320 を参照）。これらの海図は、イギリス海軍がまとめた海図データなどを補足する形で、短期間での完成を余儀なくされるという状況があった。つまり、水路誌や海図の作成は、西郷従道(つぐみち)を将とする明治 7 年 5 月の台湾（当時は清国）出兵において、派兵軍（3000 人）を輸送する 2 軍艦を長崎から台湾南部に派遣するために不可欠の要件だった。その背景には、明治 4 年に台湾南部に漂流した宮古島漁民が先住民によって殺害され、清国にその賠償を求めたが拒否されたため、先住民を鎮圧することを意図することによって、当時の「征韓論」を排除する狙いもあった。

『南島水路誌』（1873/明治 6）のあと、これを補訂した『寰瀛水路誌』（1886/明治 19）、さらに修正を加えつつもやや簡略化した『日本水路誌』[3]（1894/明治 27）が刊行される。ところで、この三水路誌は、奄美・沖縄の地名研究においてどのように取り扱われてきたのだろうか。

三水路誌は、『角川日本地名大辞典（46 鹿児島県/47 沖縄県）』（角川書店、1978/1986）の「参考図書目録」に掲載されず、また『日本歴史地名大系（47 鹿児島県の地名/48 沖縄県の地名）』（平凡社、1998/2002）の「文献解題」にも取り上げられていない[4]。

管見の限り、地名研究において水路誌に最初に着目したのは、東恩納寛惇『南島風土記』（1950）であると思われる。那覇港「唐船口」「宮古口」「倭口」（p. 69）のなかに「水路誌」への言及がみられる。

『南島風土記』以降では、目崎（1983）が地名研究において水路誌に注目した。すなわち、「琉球弧の呼称と地域区分の研究」において、水路誌の地名表記を検討した。しかしながら、島レベルでの地名記述の分析を通して、水路誌の持つ地名研究における意義や、記述の視点、記載の特徴などについては、これまで考察されていない[5]。

そこで本稿では、三水路誌のなかで記述内容が最も詳細である『寰瀛水路誌』を取り上げ、奄美諸島を事例に、地名の記述、海岸描写の特徴について、主として自然（地形）認識の観点から検討したい。

ところで、『寰瀛水路誌』は、奄美諸島について、「群島中港湾ノ多キ

ハ大島ヲ最トス故ニ九州南端ヨリ沖縄島ニ至ル船舶ハ唯大島ノ港湾ニ頼ル即チ其港湾ノ著シキモノヲ**名瀬焼内**(やきうち)及ヒ**大島海峡**内ノ諸港トス其他ノ諸島ニ至リテハ好良ノ錨地ニ乏シ」(p. 744) と記し、奄美大島に重点を置いている。それゆえ、本稿も奄美大島にウエイトを置くことになる。

　上の引用文からわかるように、明治期水路誌は原則として漢字・カタカナ交じり文で記され、句読点がない。むろん、漢字は旧字である。そこで以下の引用では、カタカナをひらがなに旧字を新字に変え、適宜、濁点と句読点を付した。また明らかな誤記(誤植)は訂正した[6]。さらに必要に応じて引用文中にキッコウ括弧を設けその中に星印〔＊〕を付し簡単な注記を挿入した。なお、カタカナの振り仮名は水路誌に付されているものであり、ひらがなのルビは引用者が付した。

2　海岸地形の概観

　水路誌の記述は、後述するように、湾・岬・岩礁など、海岸に重点が置かれている[7]。そこで、奄美諸島の海岸地形を概観することから始めよう。
　奄美諸島は、**奄美大島**・**加計呂麻島**(かけろま)・**与路島**(よろ)・**請島**(うけ) (以上4島を以下「奄美」という)・**喜界島**(きかい)・**徳之島**・**沖永良部島**(おきのえらぶ)・**与論島**(よろん)の主要8島からなる[8]。奄美と徳之島は山地性の高島、ほか3島はサンゴ礁起源の低島(サンゴ島)である。
　奄美大島は、全面積の約90%を山地が占め、台地と低地は5%程度に過ぎない(目崎 1980、p. 93、第2表)。まさに「山嶽崎嶇樹木蔚蒼(けわし)(うっそう)として平坦の地少なし」(『寰瀛水路誌』p. 745) といえる。ただし「北部は稍々(やや)平坦」(同)である。
　「**今井埼**(あし)より以西の海岸は高山の脚〔＊山脚〕にして岩崖沙浜相交(がんがいさひん)はり、斗出(としゅつ)せる処は岩崖なれども、湾入する処は沙浜にして村落あり。又海岸に沿ふて石花礁(せっかしょう)〔＊サンゴ礁〕拡延せり」(『日本水路誌』p. 279)。これは、入り組んだ奄美の海岸線の特徴——リアス海岸——をうまく表現している。湾と岬の向きは、山系や河川系、断層系に支配され、島の東部では南北方向ないし北東－南西方向で、一方西部では東西方向ないし

北西－南東方向である（目崎 1992、p. 17）。多くの湾・岬・小島・離れ岩がある奄美は、必然的に海岸地名が多くなる。

　奄美諸島にはサンゴ礁が分布している。ただ、**奄美**においては、湾・海峡・島陰など遮蔽的な海域ではサンゴ礁は欠如ないしは未発達である。**喜界島**は隆起が著しく、完新世サンゴ礁の大部分が離水（陸地化）しているため、現成サンゴ礁の幅は狭く、おおかた100m以下である。**徳之島**のサンゴ礁幅は、大部分が300m未満であり、河川の流入する海岸にはサンゴ礁が形成されず水道をなし、**松原・湾屋・平土野・亀津・亀徳・井ノ川・池間・山**などの諸港が立地している。**沖永良部島**は、**田皆崎**周辺などサンゴ礁を欠く海岸もあるが、幅200m前後のサンゴ礁によって囲繞されている。**与論島**は、諸島中最もサンゴ礁の発達がよく、干瀬（前方礁原）の内側に広いイノー（礁池）を抱え、東海岸では最大幅1600mに及んでいる。

3　『寰瀛水路誌』に記載された奄美の地名

　『寰瀛水路誌』（以下、単に「水路誌」という）に登場する奄美諸島の地名を表1に掲載した。参考までに、「正保国絵図」（琉球国絵図史料編集委員会 1992、pp. 24-41）ならびに国土地理院発行の「2万5千分の1地形図」に記載された該当地名も併載した。表中、ゴチック体は水路誌で項目立てされた地名（立項地名）である。それ以外の地名は、立項地名の記述のなかに登場する地名である。立項地名は、「大島」「南東岸」を含めて36（うち奄美が27）である。立項地名の記述のなかで言及されている地名を含めた全地名数——ただし集落名[9]と間切名を除く——は82である。そのうち、奄美の地名が64である。この64の地名のうちで場所を確定できた58地名を図1にプロットした。

　奄美の27の立項地名のなかで、「湾」「港」「澳」「浦」「海峡」など湾入部が15（「大和浜」を入れると16）で約55％を占めている。これは、錨地（寄港地）を重視する水路誌の性格上当然ともいえる。二番目に多い立項地名は「埼」「岬」の5個（19％）である。

　ところが、表1に掲げた奄美の64地名（01a～27b）を分類し、その

表1　『寰瀛水路誌』所載の地名一覧（間切名、集落名を除く）

No.	『寰瀛水路誌』所載の地名	頁数	特記/備考	正保国絵図	地形図
01a	大島　洋名「ファーボール、アイランド」	744	人口凡そ2万4千余。海岸概ね村落ありて耕作地多し。砂糖・蕈(ゴザ)・芭蕉・苧・海人草・紬縞・材木・小麦・薯・椰子・蘇鉄・牛・馬等を産す。薪水は良好にして余瀛あり。	大島	奄美大島
b	烏帽子嶽		高さ1674尺(≒507m)、現322m。	―	烏帽子岳
c	湯湾嶽		高さ1859尺(≒563m)、現694m。	―	湯湾岳
02a	用岬(ユウノミサキ)　一名笠利岬	747		かさり崎	笠利崎
b	イスロケン		高さ76尺(≒23m)、現20余m。*『日本水路誌』で「トンバラ岩」と表記。	とのはら	トンバラ岩
03a	津代(ツジロ)湾	748			笠利湾
b	蒲生埼			かまふ崎	蒲生崎
c	大久呂埼　一名今井埼			大くろ崎	今井崎
d	梵論瀬埼				梵論瀬崎
e	武運埼				武運崎
04a	名瀬(ナセ)港　一名大熊港	748		名瀬ノ湊	名瀬港
b	摺子(シュルコ)埼			―	摺子崎
c	立神岩			―	立神
d	焼島			―	山羊島
05a	大和浜(ヤマトバマ)	749		大和馬場湊	大和浜(思勝湾)
b	宮古埼			都崎	宮古崎
c	鳥埼　一名宇津埼		*「一名宇津埼」は誤り。宇津埼は鳥埼の西方にある崎。	鳥崎	親川崎
06a	焼内(ヤキウチ)湾　洋名「ハンコック」	750		焼内湊	焼内湾
b	倉木埼			くらき崎	クラキ鼻
07a	枝手久島	750		いたてく嶋	枝手久島
b	戸久良埼			とぐら崎	トグラ崎
c	伊佐登		*西岸に位置するが、場所特定できず。田畑ありと雖も人家無し。		
08a	宇検(ウケン)港	751		―	(宇検)
b	前平山		*場所特定できず。「港の東隅」に位置。高さ1000尺(≒303m)。		
09	蘆検(アシケン)澳	751		―	(芦検)
10a	田検(タケン)澳	752		―	(田検)
b	川内川				河内川
11	きや木埼　洋名フォルチューン角	752		こほれん崎	キャギ崎
12	部連(ベレン)澳	752		―	(部連)
13	屋屯(ヤトン)埼　洋名「アウター」角	752		やとん崎	屋鈍崎
14a	曽津高埼(ソツカウザキ)	753		そつかうのおかミ(とのはら)	曽津高崎
b	蘆検埼		*場所特定できず。田検澳の東方約四鏈(≒740m)。		
c	円柱角		*場所特定できず。蘆検湾口付近。		
d	さる浜埼　洋名ラヴァ角		*場所特定できず。蘆検湾口付近。		
15a	南東岸	754			
b	ねくれ埼			ねくれ	皆津崎
c	喜界小島				トビラ島
d	住用川			(住用湊)	住用川
e	市埼			おかミ崎	市崎
16	大島海峡　洋名ポルポイス海峡	755		―	大島海峡

表1　『寰瀛水路誌』所載の地名一覧（つづき）

No.	『寰瀛水路誌』所載の地名	頁数	特記/備考	正保国絵図	地形図
17a	西古見浦	756		西之古見湊	(西古見)
b	西古見岬		曽津高埼の南東約1里6鏈(≒5.1km)。	ゑらふ瀬	
18	管屯浦	757		―	(菅鈍)
19	花天(ケテン)浦	757		―	(花天)
20a	久慈(クジ)浦	757		―	久慈湾
b	古志浦			(こし村)	(古志)
c	弓ノ浦			―	(伊目)
d	池ノ浦			―	(浦)
e	蛤埼			あふねの崎	浜グリ崎
21a	篠川埼　一名あたんき埼	758	海峡の最狭部たり、5鏈(≒925m)。	あだんけ崎	阿丹花崎
b	鳥瀬埼			通り瀬	小場尻
c	由井小島			ゆい小島	―
22	蘆屋浦	758	*場所特定できず。		
23a	加計呂麻島　或ハ佳奇呂麻島	759		かけろま島	加計呂麻島
b	江仁屋離(家仁屋離)		高さ267尺(≒81m)、現72m。	ゑにや	江仁屋離島
c	和連		高さ116尺(≒35m)、現51m。	われ瀬	破瀬
d	須古茂離		高さ484尺(147m)、現152m。	すこもはなれ	須古茂離
e	夕離			こは嶋	夕離
24a	芝浦　洋名「ピンスネッス」湾	760	英艦『ピンスネッス』号此の湾に錨泊せり。	―	(芝)
b	深浦			―	
25	薩(サツ)川湾	760	海峡中最濶なる一大湾なり。		薩川湾
26	与路(ヨロ)島	760	高さ1200尺(≒364m)、現297m。	よろノ島	与路島
27a	請(ウケ)島	761	高さ1353尺(≒410m)、現398m。	うけの島	請島
b	はみや(洋名 中央島)			―	ハンミヤ島
28	サンドン列岩	761	最も高きものは海面上30尺(≒91m)。		
	一名「マセドアン」列岩				
29a	喜界(キカイ)島	761	二港ありと雖も礁石環列して甚だ狭隘なるが故に汽船を入るべからず。筵席の産質及び砂糖の品位は諸群島中の最たり。	鬼界島	喜界島
b	川嶺		*場所特定できず。高さ864尺(≒262m)。		
30	日耳曼敦礁	762			
31	マルシュ礁	764			
32	ヘスパー島	764			
33a	徳之島	764	戸数凡そ4780、人口凡そ13980。物産は甘蔗及び黒砂糖。	徳之島	徳之島
b	神之浜埼　洋称「オトチノ」岬			井ノ川崎	神之嶺崎
c	太田布埼			犬たぶ崎	犬田布岬
d	黒角(ブラック、ポイント)		*場所特定できず。		
e	金見埼			かなみ崎	金見崎
f	「小嶼」(英図「トクシマ、ウトセ」)		高さ166尺(≒50m)、現約30m。	とのはら	トンバラ岩
34	鳥島　一名黒島又硫黄山	766	島内戸数20余、人口凡そ240。		硫黄鳥島
35a	沖ノ永良部島	766	南峯高さ687尺(≒208m)、現24.1m。島内戸数凡そ2350、人口凡そ7540。甘蔗、永良部鰻の物産あり、又黒砂唐を産する。	永良部島	沖永良部島
b	和泊港			和泊	(和泊)
36a	与論(ヨロン)島　英図ノ「ヨリ」島	767	島内戸数凡そ700、人口凡そ2340。四周殆ど礁脈囲繞す。北側及び東側付近に於ては海中に列入すること最も遠し。	与論島	与論島
b	赤佐(アカサ)港			あがさ泊	(赤佐)

ゴチック体は、水路誌に立項された地名(立項地名)。
「地形図」は国土地理院発行の2万5千分の1地形図。
「正保国絵図」「地形図」欄の括弧( )内の地名は、水路誌の地名に対応する地名ではなく、関連する陸上の地名(集落名など)である。
11の正保国絵図に縦書きされている「こほれん崎」は「ぼれん崎」の誤記と考えられる。

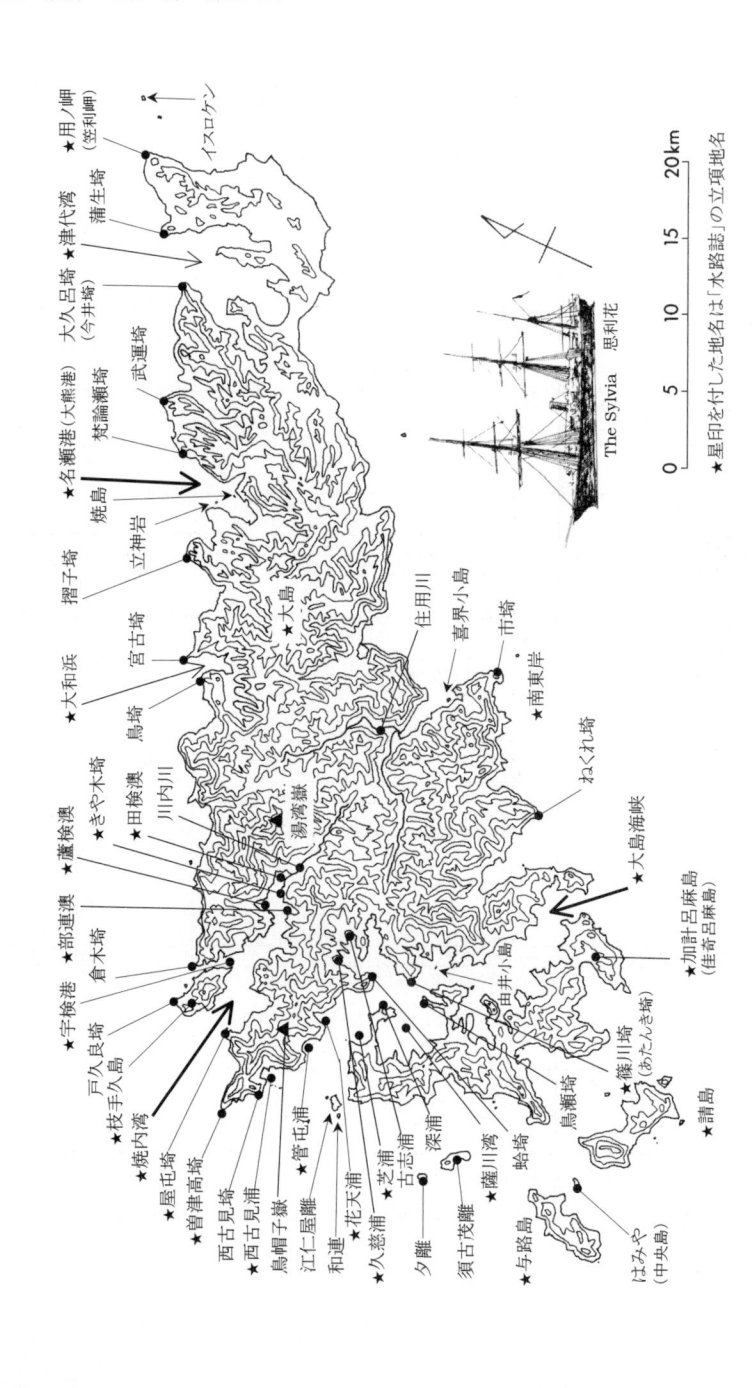

130　南島の地名（第6集/2005）

図1　『寰瀛水路誌』に記載された奄美の地名
(注) 久慈浦と古志浦の間にある「弓ノ浦」「池ノ浦」は本図にプロットされていない。図3を参照。

「寰瀛水路誌」にみる奄美の地名と海岸描写　131

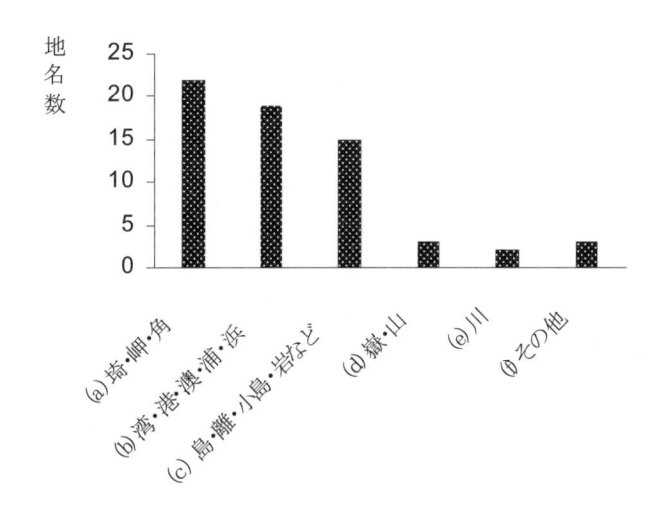

図2　『寰瀛水路誌』に登場する奄美の種類別地名数

　頻度分布を示すと図2になる。これは上記の立項地名とは異なり、(a)「埼・岬・角」地名が最多となり、(b)「湾・港・澳・浦・浜」地名は二番目に位置し、(c)「島・離(はなれ)・小島・岩」地名がこれに続くという結果になっている（なお、「浜」地名は「大和浜」であるが、実質的には港である）。その理由はつぎのように理解することができよう。前述のとおり、(b)は錨地であり、水路誌において最重要地名の故に項目立てでは圧倒的ではあるが、しかしリアス海岸の奄美では、湾入部の両側には埼が位置し、また海岸には小島・岩が多く分布し、錨地である湾に至る水路（航路）の記述において、これら埼・小島・岩への詳細な言及は不可避と考えられるからである。すなわち、(a)の「埼」等は「湾」への入口に当たり、航路上の目印をなす場合が少なくなく、また(c)の「小島・岩」等はリアス海岸を彩る地形であるが、航海者にとっては目印あるいは危険物として見過ごせない重要な自然である。
　水路誌は、このように「海岸地名集」とみることもでき、海岸の記述に主眼が置かれている。以下、奄美を中心に、水路誌の地名と海岸描写の特徴について、具体的にみていくことにしよう。

4　海岸地名とその描写

(1) 複雑な湾の描写

　リアス海岸をなす奄美では、湾の両側にはたいてい崎が位置している。さらに、大きな湾の内部に小さな崎があり、湾が複数の小湾に分割されている、というケースもある。奄美大島の北東部にある**津代湾**（表1の03a＝笠利湾）の記述を引用しよう。

　「此湾は**用ノ岬**の南西約三里半にありて、湾門は**蒲生埼**(かもう)を**東角**(とうかく)とし、**大久呂埼**（一名**今井埼**）を**西角**とし、北西に開向す。湾首〔＊湾奥〕より両陸舌(りくぜつ)斗出(としゅつ)して湾の奥部を三分す」（p. 748、下線引用者、以下同様）。

　「東角（西角）」とは湾の東側（西側）の岬を意味する。「陸舌」は湾内の細長い岬である。湾首に細長い岬が二つあり、これが湾を三分割しているというのである。つまり、大きな湾のなかに小湾が三つ含まれているさまをうまく説明している（図1参照）。

　もう一つ、**久慈浦**（20a）の記述を、長いが引用しよう。「……最好の一入澳(おう)にして、内に泊地あり。一錨を以て繋泊するも二船を入るるに足れりとす。此処水深十尋(ひろ)及び十二尋にして、海底は砕壊せる石花〔＊サンゴ〕及び泥礫より成り、錨爪を受くること牢なり。但し其**外澳**(がいおう)は陸地左右より斗出して東西両側をなし。而して**澳首**(おうしゅ)又**小斗出角**(としゅつかく)ありて四**小内澳**(ないおう)をなす。其西部は即ち此浦〔＊久慈浦〕にして、……其**東部**は**古志浦**にして最も広く、……又**中部の二澳**は甚だ狭窄にして**西**を**弓ノ浦**、**東**を**池ノ浦**と曰ひ……」（p. 757-8）。

　これを図解すれば図3のようになる。図解は平面図であるが、しかし水路誌における湾の記述（海岸描写）は、俯瞰的な視線ではなく、また湾の内側、浜辺（集落）から眺める海景でもなく、それは湾の外側から湾内に向かう「動く視線」が捉えた景観描写であるといえよう。つまり、外海から内海（**大島海峡**）に進入してきた船がまず大きな湾を捉え、やがて、その中に左右2つの岬（蛤岬とA）を認め、その1つ（A）が大きな湾を東西二分していることを知る。さらに、二分された湾の西側の湾奥に進むと、湾首に3つの小さな岬（小斗出角）を見出し、湾奥が四分割されていることに気づく。その「四小内澳」の西端が**久慈浦**である、

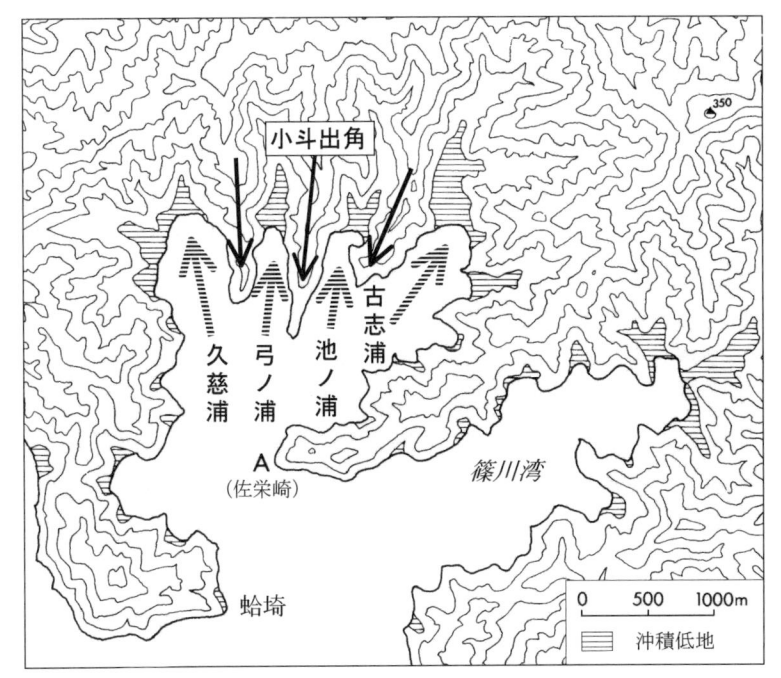

「寶瀛水路誌」にみる奄美の地名と海岸描写　133

図3　「久慈浦」の図解

という描写内容である。

　類似の記述は薩川湾（25）でも見られる。「海峡中最濶なる一大湾なり。湾首は三斗出角を以て四小澳をなす。而して其の西湾の一湾は**薩川村之**に瀕し澳内錨地あり」(p. 760)。

　(2) 湾入部を表す語彙 ── 湾/港/澳/浦

　上の三つの引用文（津代湾・久慈浦・薩川湾）から、湾入部ならびに突出部を表現する、独特の用語法を見出すことができる。まず、湾入部では「湾/港/澳/浦」の使い分けである。また、澳は「内澳/外澳」に区別される。湾は、澳や浦より広い。「湾」地名は、図1と表1からわかるように、比較的広い湾入部であり、**津代湾**（03a）・**焼内湾**（06a）・**薩川湾**（25）の3つに限られる。また、「港」地名は、**名瀬港**（04a）と**宇検港**（08a）の2つである。大きな「湾」の中にある小湾の地名は「澳/浦」地名である（**田検澳・蘆検澳・部連澳/芝浦・久慈浦・西古見浦**、など）。「澳/浦」

の区別は何によってなされているかは不明であるが、少なくとも湾入部の規模ではない。

(3) 湾入部に対する水路誌による新たな名づけ

　水路誌では、錨地たる湾入部とそこに至るルート、つまり「水路」が記述（description＝「誌」）の中心をなす。具体的な場所（places）の記述には、固有名たる地名（place-names）が不可欠である。**名瀬港**（04a）、**大和浜**（05a）、**焼内湾**（06a）、**西古見浦**（17a）は、すでに「正保国絵図」にも登場する地名である（ただし、国絵図では、地名の基本語は「湊」である）。ところが、**蘆検澳**（09）、**田検澳**（10a）、**部連澳**（12）などの「澳」地名の全て、また**管屯浦**（18）など「浦」地名の多くは、国絵図において、対応する地名が見出せないことから判断して、水路誌によって新たに命名された地名である可能性が高い。

　国絵図には、不思議なことに、突出部（崎）に授けられた地名の夥しい数とは対照的に、湾入部に与えられた地名があまりにも少ない[10]。奄美では、湾奥の低地に村が位置していることが多いから、集落前面の海（＝湾）に対してあえて名づけを施す必要性はなかったのかもしれない。ところが、湾入部を重視する水路誌は、湾を無名のままにはできず、小湾に対して、集落名を接頭辞に、「澳」や「浦」を基本語にして、新たにネーミングを行なった、と考えられる。

(4) 突出部を表す語彙 ── 埼/角/陸舌/斗出角

　一方、突出部は、固有名（地名）としては**蒲生埼・宮古埼**など「埼」が最も多いが、それらを指示する一般名としては既述のとおり「埼」のほかに、「角」「陸舌」「斗出角」という馴染みの薄い語が用いられている。つまり、突出部に対する一般名として、「埼/角/陸舌/斗出角」の使い分け、用語法が認められる。「内角」「外角」は湾口などに位置する突出部に、「陸舌」「斗出角」は湾首（湾奥）にある突出部に使用されている。「埼」以外は、いずれも水路誌独特の用語と考えられる。

(5) 埼の描写

　「埼」地名の描写例として、用ノ岬、屋屯埼、曽津高埼の記述を紹介しよう。**用ノ岬**（02a）は、「大島の北東端をなし……但し笠利間切と島地と相連る処は狭窄の一低頸地〔＊低地でくびれた土地〕たるを以て、其

方位〔＊岬の方位〕より之を望むときは恰も二島の如し」(p. 747)と記し、海上から島(笠利半島)に向けられた視線を示している。

屋屯埼 (13a)は、「此埼は湾口の西側の内角をなし……西方より此埼を望むときは顕著なる円錐形の峯にして、恰も一島の如き観を呈す」(p. 752-3)と記述され、ここでも海上から眺める海岸の描写となっている。ただ、「恰も一島の如き観を呈す」という記述は間違いである。現に埼の先端は円錐形の小島(離れ岩)をなしている。屋屯埼は、国絵図にも「やとん崎」と記され、先端に岩が描かれている。

つぎに、**曽津高埼** (14a)。「此埼は湾口西側の外角にして、船舶の之に近づく者は其北側に山崖の一大崩跡あるを以て之を識別し得べし。但し此埼は恰も赤色石崖〔＊赤色の海食崖〕の観を呈す。而して其附近には多岩嶼あれども、甚だ小なるを以て之に接近するにあらざれば視認するを得ず」(p. 753)。曽津高埼は、焼内湾の入口南側の岬であり、同時に**大島海峡** (16)の西口北側の岬であり、水路誌上重要な目標地点である。この岬は、北側にある「一大崩跡」で識別できること、また「赤色石崖の観」を呈することを記し、岬の特徴を描出している。同時に、付近には多くの見落としやすい小さい岩があることに注意を喚起している。

(6) 小島・岩を表す語彙 ── 島/嶼/小嶼/岩/小岩

奄美には、リアス海岸ゆえに、付随する小島や岩が多い。そのうち水路誌に登場する10地名(＝固有名)をみると、地名を構成する基本語は、「島」(**焼島**)、「小島」(**喜界小島、由井小島**)、「離」(**江仁屋離、須古茂離、夕離**)、「岩」(**立神岩**)、基本語なし(**イスロケン、和連、はみや**)となる。一方、これら小島や岩を指示する際に用いられる一般名は、「嶼」(**夕離、須古茂離**)、「小嶼」(**須古茂離、喜界小島、江仁屋離、和連**)、「岩/露岩」(**焼島、立神岩、イスロケン**)、「小岩」(**はみや**)である。つまり、地名を説明する際に、水路誌では、「島/嶼/小嶼/岩/小岩」という一般名の使い分けが見られる。

これら小島・岩の描写では、経緯度または相対的位置関係、海抜高度等が明記されていることが多い。たとえば、つぎのように ──。「(**加計呂麻**)島の北西端附近二鏈〔＊370m〕に**江仁屋離**(一に**家仁屋離**に作る)なる一小嶼あり、其高さ二百六十七尺。此嶼の北西微西〔＊北西と西の中

間〕約七鏈〔＊1295m〕に**和連**なる一小嶼あり、其高さ一百十六尺なり。此二嶼の中間に一**蕩岩**〔＊離れ岩〕あり。又島の西岸の中央即ち**須古茂村**の浜を距る約二里に一嶼あり、**須古茂離**と曰ふ。其の高さ四百八十四尺。此嶼の西約半里に一小嶼あり、又**夕離**と曰ふ」（p. 759）。そして、これら離れ小島・離れ岩と陸地との間の通行可能性についての特別の言及がみられる。たとえば、「**立神岩は礁脈**〔＊サンゴ礁〕**に依て浜岸と連接す**」（p. 749）、「〔＊**焼内湾の**〕湾門に**枝手久島**ありて、**倉木埼**と此島の間は航通するに能はず。而して湾口の西側の第二角なる**屋屯埼**と此島との間を航門とす」（p. 750）というように。つまり、障害物としてのサンゴ礁に注意が向けられている。

(7) サンゴ礁の描写

陽光を受けて浅黄色に美しく光るサンゴ礁も、このように、航海者にとっては恐怖の対象、航行上危険な地形でしかない[11]。水路誌では、それゆえにサンゴ礁に対して特別の注意が払われる。水路誌は、サンゴを「石花」、サンゴ礁を「石花礁」と表記している。サンゴ礁が長く連なっているさまを表現する場合には「礁脈」が用いられる。また、「石花礁」のほかに「浅礁」（暗礁、あるいはサンゴ礁）、「石花堆」（暗礁）、「沙堆」（サンゴ礁の上に砂礫が堆積してできた州）、「岩灘」（サンゴ礁、時に海面上に露出した岩や小島の連なり）、「礁石」（リーフロック、離水礁）という語も見られる（括弧内は筆者らの語釈を示す）。

典型的な高島でリアス海岸をなす奄美では、小島や岩の間に横たわるサンゴ礁などを特別に記述しているが、比較的平滑な海岸線を示し島のほぼ全周をサンゴ礁が縁どっている他の島々では、サンゴ礁描写は違ったものになる。まず**徳之島**（32a）において、「……（**神之埼**の）南方附近に**亀津村**あり、本島の治所なり。該礁脈の入口は皆竿を樹て目標となす。而して其以外四鏈〔＊740m〕を距れば海底礫質にして水深三十尋より四十尋〔＊約50〜70m〕に至る」（p. 765）と記されている。**亀津港**はサンゴ礁の切れ目（水道）に立地し、港の入口には水道の位置の目印となる竿が立てられている。そこから740m沖合いは海底が礫質で水深50〜70mで（安全で）ある、と言っている。

沖永良部島・和泊港（34b）は、「其大さ約東西三鏈半〔＊650m〕、南北

三鏈〔＊550m〕にして、港口南東に向かひ、海底浅礁多く、僅かに一条の狭路を通すに過ぎずと云ふ」(p. 766-7) と記している。

　与論島 (35a) では、「島周殆ど礁脈囲繞す。而して北側及び東側附近に於ては其海中に列入する〔＊外洋側に広がる〕こと最も遠し。島の西辺に赤佐港あり、大船を容るゝ能はず」(p. 767) と述べ、広大なサンゴ礁と、同時に大型船が入港できない低島（サンゴ島）の浅い港の特徴を描いている。

　既述のとおり、**喜界島** (28a) は完新世の離水礁が海岸線を構成している。水路誌につぎのような記述がある。「此島に二港ありと雖も、礁石〔＊リーフロック、離水礁〕環列して、甚だ狭隘なるが故に、汽船を入るべからず。夏季に於てアビキと唱ふる海笑あり、船之に値て破損するもの多し」(p. 761)。「アビキ」は船が通る時に起る「大波紋」、または単に「大浪」を意味する漁村語彙（柳田・倉田 1975、p. 109）であるが、この場合は南方海上にある台風に由来する「うねり」（土用波）であると考えられる。

5　おわりに ── 水路誌の視線

　奄美諸島を事例に『寰瀛水路誌』の地名記述の一端をみてきたが、海岸描写の特徴を要約すると、以下のようになろう。

　「海岸地名集」ともいえる水路誌は、錨地としての港・湾が記述の中心をなしているが、リアス海岸の奄美においては、同時にまた、そこへ到る航路上の目標物となる埼、および航行上の危険物としての小島、岩の記述が重視されている。また、湾や埼などの海岸地形の記述は、海からの視線を強く感じさせるが、そのような背景には、水路誌が外海から港（内湾）に入っていく「動く視線」によって記述されてはじめて大きな意味を得るからにほかならない。小湾名（「澳」地名など）は、水路誌によって新たに命名された地名である、と考えられる。湾入部や岬、小島・岩の記述においては、規模に応じた興味深い用語法（一般名の使い分け）がみられるが、小湾名（固有名）の名づけにはこの一般名の用語法が反映されている。さらに、注目すべき点として、多様なサンゴ礁地形を

呼び分ける語彙の多さ、高島と低島のサンゴ礁描写における差異が指摘できる。

　今後、分析を南島（奄美・沖縄）全域に拡げ、地名分布や海岸描写における地域的差異を明らかにしていきたい。

　末筆ながら、カジマヤー祝を迎えられた仲松弥秀先生に対して、これまでの学恩に感謝し本稿を献呈いたします。

　草稿を丁寧に読まれ大変貴重なご助言を賜った田場由美雄氏（哲学）に対して厚く御礼申しあげます。

注
(1)『寰瀛水路誌』は、柳楢悦によって企画され、海軍水路局（海上保安庁水路部の前身）から明治14〜26年に刊行、18巻に及ぶ。柳は明治11年の欧米諸国の水路事業視察の際に千冊余の水路誌を購入したが、『寰瀛水路誌』の大半は、英国版水路誌の和訳である（川合 1997、p. 242、山下 2005、pp. 249-253）。奄美諸島は、明治19年3月刊行された第一巻下「第十編 州南諸島」に含まれる。「州南諸島」は南西諸島を指す。なお「寰瀛」は、山下（2005、p. 253、297）によれば、「世界の海」（「寰」が世界、「瀛」が大海）を意味する。

(2)『北海道水路誌』は、武富履貞編として水路部より刊行。

(3)『日本水路誌』（巻二）では、奄美大島は、「笠利埼」から始まった記述が「大和浜湾」で終わり、「前記の外に係る大島及其属島嶼の記事は他日をまって記す所あるべし」とあり、未完である。

(4) 三水路誌は、文献解題や文献目録には掲載されていないが、地名項目（たとえば、『角川日本地名大辞典』p. 550 の「南西諸島」）では言及されている。

(5) ただし、尖閣諸島領有問題を扱った評論、たとえば、井上（1972、p. 74）などに水路誌が引用されている。

(6) 明らかな誤記（誤植）の例として、門室→阿室、伊古民→伊古茂、菅屯→管屯（以上、集落名）、東大→東方、加ク→如ク、などがある。

(7) 地名以外に、水路誌では「添備品」が重要な記述をなす。水・薪・食物の調達可能性、主要産物の記述が見られる。たとえば、焼内湾沿岸の村々では、「多量の添備品を得るに難く、唯少量の家禽、鶏卵、野羊、及び豕を得べきのみ」（p. 754）と記している。その他、表1の「特記」を参照。

(8)『寰瀛水路誌』は、火山島の〔硫黄〕鳥島を「奄美群島」に含めている。

(9)『寰瀛水路誌』には約50集落が登場するが、その多くは「湾首に〇〇村あ

り」と記すのみで、説明はほとんど与えられていない。ただ、つぎの村（集落）には戸数/人口の概数が記されている。**西古見**（110/460）・**管屯**(くだとん)（100/450）・**花天**(けてん)（50/160）・**久慈**（130/550）・**古志**(こし)（110/350）・**篠川**（90/310）・**阿室釜**(あむろがま)（50/100）・**古名瀬**(こなぜ)（40/100）・**阿鉄**(あでつ)（90/410）。

(10) この問題は、人々の土地に対する命名行為のありかたや、空間認識を理解する上での重要なテーマと考えられる。今後の研究課題としたい。

(11) B. ホール/春名訳（1986）『朝鮮・琉球航海記』につぎのような記述がある。「サンゴ礁は、少なくとも水路に詳しくない余所者にとっては、通りぬけることのできない障壁である」(p. 165)、「(サンゴ礁の) 縁が断崖状になっているために、水深の変化による危険を予知するより先に船の舳(へさき)がぶつかってしまう」(p. 154)。

引用文献

飯島幸人（2004）:『航海技術の歴史物語』、成山堂書店

井上　清（1972）:『尖閣列島 —— 魚釣諸島の史的解明』、現代評論社

宇多道隆（1956）:『世界海洋探検史』、河出書房

川合英夫（1997）:『黒潮遭遇と認知の歴史』、京都大学学術出版会

「角川日本地名大辞典」編纂委員会編（1978）:『角川日本地名大辞典 46 鹿児島県』、角川書店

「角川日本地名大辞典」編纂委員会編（1986）:『角川日本地名大辞典 47 沖縄県』、角川書店

東恩納寛惇（1950）:『南島風土記 —— 沖縄・奄美大島地名辞典』、沖縄文化協会・沖縄財団

平凡社地方資料センター編（1998）:『日本歴史地名大系47巻　鹿児島県の地名』、平凡社

平凡社地方資料センター編（2002）:『日本歴史地名大系48巻　沖縄県の地名』、平凡社

ホール、B. /春名徹訳（1986）:『朝鮮・琉球航海記』、岩波書店

Mezaki S. and Toguchi K. (in press) : Historical maps and terms of coral reefs in the *Shouho* (middle 17th century) national atlas in Japan, *Proceedings of the 10th International Coral Reef Symposium*.

目崎茂和監修（1992）:『北緯28度の森 —— 湯湾岳・奄美大島』、宇検村振興育英財団

目崎茂和（1983）:「南島・琉球弧の地名と地域」、『南島の地名』第1集、pp. 19-25〔目崎茂和（1985）:『琉球弧をさぐる』、沖縄あき書房に収録〕

目崎茂和（1980）:「琉球列島における島の地形的分類とその帯状分布」、『琉球

列島の地質学研究』第5巻、pp. 91-101〔『琉球弧をさぐる』に収録〕
柳田国男・倉田一郎（1975）:『分類漁村語彙』、国書刊行会
山下悦夫（2005）:『寰瀛記 ── 小説柳楢悦』、東京新聞出版局
横山伊徳（2001）:「一九世紀日本近海測量について」、黒田日出男・M．E．ベリー・杉本史子編（2001）『地図と絵図の政治文化史』、東京大学出版会、pp. 269-344
琉球国絵図史料集編集委員会編（1992）:『琉球国絵図史料集第一集 ── 正保国絵図及び関連史料』、沖縄県教育委員会

研究ノート、地名エッセー

辺野古のサンゴ礁。手前の岩はトゥングァ、左奥に見える小島は平島。
（2005年4月9日、渡久地健撮影）

多良間村の村制施行日について
村の誕生日はいつ？

金城　善

　仲松弥秀先生、お元気でカジマヤー（数え年 97 歳のトゥシビー祝い）をお迎えになったことに、お祝いを申しあげます。『神と村』をはじめとする著書または論文により、地名探訪のおもしろさ、民俗調査の楽しさ、歴史研究のすばらしさをお導きいただき、感謝申し上げます。これからも、ますますお元気で、ご指導くださいますようお願い申し上げます。
　さて、筆者は、仲松弥秀先生の傘寿を記念して刊行された記念論文集『神・村・人 ── 琉球弧論叢 ── 』（刊行委員会編集 1991 年 3 月 20 日発行　第一書房）に、「近代沖縄における戸籍制度の一端 ── 戸籍法の施行から壬申戸籍の改製まで ── 」を執筆し、明治 5 年の戸籍法により壬申戸籍が編成され、同 21 年ごろに明治 19 年式戸籍へと改製されるところまでを概観した。これが発端となって国立歴史民俗博物館比嘉政夫教授退官記念論集『琉球・アジアの民俗と歴史』（記念論集刊行会編集 2002 年 7 月 26 日発行　榕樹書林）に、「近世琉球における戸籍制度の一端 ── 宗門手札改と『人数改帳』、そして人別改と『頭数帳』について ── 」を寄稿し、収録していただいた。そして、平成 15 年 10 月 25 日には、浦添市立図書館の平成 15 年度第 4 回沖縄学講座において「近代戸籍制度の変遷」について、近世の戸籍制度の変遷も含め、これまで知り得たことの一端をお話しさせていただいた。その関連で『浦添市立図書館紀要』第 15 号（浦添市立図書館編集 2004 年 3 月 30 日発行　浦添市教育委員会）に「近代沖縄における戸籍制度の一端 ── 宮古・八重山の戸籍事務管掌者の認印と職印について ── 」を掲載していただいた。
　戸籍に関する届出やそれを記載するなどの事務を取り扱う者を戸籍事務管掌者という。戸籍には身分事項を記載するところがあり、これを記

載したときは、その末尾の総てに戸籍事務管掌者の認印を押すことになっている。宮古・八重山においては、はじめ「頭」と呼ばれる地方役人の最高位の者が戸籍事務管掌者であった。次は、「沖縄県間切島吏員規程」の施行により、明治30年4月1日からは宮古・八重山両郡の「島司」（明治29年4月1日施行の「沖縄県郡区職員及庁職員ニ関スル件」によって置かれた）が、担当した。しかし、島司がその職名で認印を押したのは、明治31年7月15日までのわずか1年と3か月余りで、明治31年6月21日に「戸籍法」が改正され、戸籍事務は「戸籍吏」が管掌することになった。沖縄県には、まだ「市制・町村制」が施行されていなかったので、那覇・首里の両区長、各間切・島の間切長・島長がこれにあてられた。宮古郡・八重山郡では、島司が戸籍吏にあてられ、戸籍吏として認印を押した。明治41年4月1日に「沖縄県及島嶼町村制」が施行され、間切・島は村と改称された。宮古郡は、これまでの平良間切・砂川間切・下地間切を再編し、平良村・下地村・城辺村・伊良部村の4村に区画した。また、八重山郡は、石垣間切・大浜間切・宮良間切を一つの八重山村とした。そして、戸籍事務管掌者は町村長が戸籍吏として、認印を押すようになった。

　このように、戸籍事務管掌者の変遷を追求していくなかで、現在の市町村の沿革にも触れることになった。この原稿を執筆するために、各地の市町村史（誌）を収集し、市町村の歩みや歴代首長の一覧を作成し、その就任・退任の年月日を整理していたら、『平良市史　第一巻　通史編Ⅰ（先史〜近代）』（1979年11月30日発行　平良市役所）の附編に「七、宮古郡五町村歴代三役」があり、「5、多良間村（大正2年2月14日平良村から分離）」と見え、また「十、宮古郡郷土史年表」には「1913年　大正2癸丑2・14　仲筋・塩川・水納三字、平良村から分離、多良間村うまれる。」と記載されているのを見つけた。そのとき思ったのは、市町村の配置分合の日が、「14日」というのはあまりにも中途半端な日だなということである。いろんな意味で、「1日」から始まるのに「14日」というのは変だと感じたが、『平良市史』にも記載されているし、そうなのかと思っていた。そこで、『多良間村史　第1巻通史編　島のあゆみ』（多良間村史編集委員会2000年3月31日発行　多良間村）をひもといてみる

と、「第三章　近代の多良間」の中の「第二節　大正の頃」に「三、多良間村の誕生」があり、沖縄県及島嶼町村制が施行され、「二、三年たつと島では分村の気運が高まり、当時の小学校長大塚利政、村出身の高江洲良敷をはじめとする村の有志を中心に分村運動が展開された。この分村運動は依然として継続せられ、その効果奏して大正二（一九一三）年に実を結び、二月十四日多良間村が誕生した。」と、編集委員長であり、村教育委員長でもある渡久山春好先生は書いている。このことは、「平成14年度多良間村勢要覧」の「資料編」の「多良間村行政の沿革（概略）」にも「大正二年二月十四日　平良村より分村（官選村長）による自治施行されて多良間村となる。」と記述され、多くの書物に反映されている。『日本歴史地名大系第四八巻　沖縄県の地名』（平凡社地方資料センター編2002年12月10日発行　平凡社）の「多良間村」を担当した仲宗根将二氏は、「（一九）一三年（大正二年）二月一四日三字は平良村から分離、多良間村が誕生した。」と、『多良間村史』の記述を参照して起稿したという。また、仲宗根氏に、平良町役場が昭和9年5月5日に発行した『平良町町誌（沖縄県宮古郡平良町・町制施行十周年記念）』にも、こう記述してあったのではなかったかといわれたので、平良市総合博物館が所蔵する同書を確認してみた。すると「第三章　行政組織」の「第二節　村制時代」に「大正二年四月塩川、仲筋、水納の三ケ字が多良間村として分村した」とあり、多良間村は大正2年2月14日に分村したのではなく、大正2年4月であることがわかった。そこで、筆者がかつて沖縄県地域史協議会の代表であったときに、明治16年から昭和19年までの59年間の戦前の『官報』に掲載された沖縄県関係の記事を抽出収集して作成した『官報掲載沖縄県関係資料』の「記事目録」のデータベースを検索してみたところ、大正2年5月3日の67頁の件名に「分村　宮古郡平良村ノ内字塩川、仲筋及水納ヲ割キ多良間村ヲ置ク」が表示された。そして、『官報』第226号大正2年5月3日の67頁を開いてみると、次のように記載されていた。

　　　　〇分村
　宮古郡平良村ノ内字塩川、仲筋及水納ヲ割キ其区域ヲ以テ多良間村ヲ

置クノ件内務大臣ノ許可ヲ受ケ去月一日ヨリ施行セリ
　　　大正二年五月　　　　　　　　　　沖　縄　県
　　　　　　　　　　　[『官報』第226号　大正2年5月3日　67頁]

　宮古郡平良村の18か字の中から、塩川・仲筋・水納の3か字を割き、その区域をもって多良間村を置くことについて、内務大臣の許可を受けて、去月つまり5月の去月であるから4月の1日から施行したというものである。
　多良間村が、平良村から分村するには、明治41年4月1日に施行された沖縄県及島嶼町村制第3条の規程により、沖縄県知事が内務大臣の許可を得て、これを定めることになっていた。

沖縄県及島嶼町村制（明治40年3月16日勅令第46号）
第3条　町村ノ配置分合又ハ境界変更ヲ要スルトキハ府県知事内務大
　　臣ノ許可ヲ得テ之ヲ定ム所属未定地ヲ町村ノ区域ニ編入スルトキ亦
　　同シ
　　（中略）
　　本条ノ処分ニ付財産処分ヲ要スルトキハ関係アル町村会ノ意見ヲ徴
　　シ府県知事之ヲ定ム

　しかしながら、この分村の手続きを記した沖縄県庁や内務省の公文書が確認されていないので、その詳細を知ることができない。平成16年11月30日に上京した際に、国立公文書館に出かけ、同館が自治省から移管された内務省関係公文書を探してみたが、それらしきものを見つけることができなかった。
　それから、戦前の沖縄県庁で編纂された『加除自在現行沖縄県令規全集』と『官報』には、多良間村役場の位置が次のように掲載されている。

　　　●町村役場位置
　　　　　大正二年六月三日
　　　　　沖縄県告示第八十四号

多良間村役場ノ位置ヲ左ノ通定メタリ
　　宮古郡多良間村字塩川百六十二番地ノ一
　　　　　［沖縄県庁編纂『加除自在現行沖縄県令規全集』帝国地方行政発行
　　　　　　　第二類地方制度　第三章市町村制度　第一節　11頁］

　　　○村役場位置
　　宮古郡多良間村役場位置ヲ今般字塩川百六十二番地ノ一ニ定メタリ
　　　大正二年六月　　　　　　　　　沖　縄　県
　　　　　　　　　　　　　　［『官報』第259号　大正2年6月11日　315頁］

　ちなみに『平良町町誌（沖縄県宮古郡平良町・町制施行十周年記念）』には、平良村を町とする件についての公文書が収録されていて、その手続きがどのようになされたがよくわかる。
　大正9年8月14日には、平良村長立津春方は平良村会議長に対し、制第5条の規定により、その筋に許可申請をするため、議案第4号「村ヲ町ト為スノ件」を提案した。同議案は、同日満場一致を以って原案可決された。そして、8月23日には立津村長から内務大臣床次竹二へ調書「平良村ヲ町ト為スニ関スル資料」と村会議決書を添えて、平発庶第314号「村ヲ町ト為スノ件ニ付許可申請」を行っている。しかしながら、すぐには許可されなかったのか、平良村長下地寛路は、大正12年8月20日付け平発庶第140号「町制施行ノ儀ニ付申請」で、再度申請を行った。そして、大正13年1月4日付け沖縄県指令第2号で、平良村に対し「大正九年八月二十三日附平発庶第三一四号申請其の村を町となすの件許可し大正十三年二月一日より之を施行す。」と交付した。
　文中「制第5条」は、明治44年4月6日に改正された法律第69号「町村制」の第5条のことである。

　　第5条　町村ノ名称ヲ変更シ又ハ村ヲ町ト為シ若ハ町ヲ村ト為サムトスルトキハ町村ハ内務大臣ノ許可ヲ受クヘシ
　　　　町村役場ノ位置ヲ定メ又ハ之ヲ変更セムトスルトキハ町村ハ府県知事ノ許可ヲ受クヘシ

[『官報』第8334号　明治44年4月7日　169頁]

　多良間村では、昭和48年5月1日に村制施行60周年記念事業の一環として『村誌 たらま島 ── 孤島の民俗と歴史 ──』を発刊し、10年後の昭和58年1月20日には制施行70周年記念事業として『多良間村史』の編集を企画した。昭和61年3月31日には「第二巻資料編1（琉球王国の記録）」が、平成元年9月30日には「第五巻資料編4（芸能）」が、平成5年2月20日には「第四巻資料編3（民俗）」が、平成7年3月15日には「第六巻資料編5（多良間の系図家譜並に勤書・古文書・御嶽・古謡）」が刊行され、全体のまとめである「第一巻通史編　島のあゆみ」が平成12年3月31日に発刊された。昭和62年3月に発刊を予定していた「第三巻資料編2（近現代の社会と生活）」は、近々発行の運びであるという。ここで紹介した『官報』及び『加除自在現行沖縄県令規全集』に掲載された「分村（多良間村設置）」や「村役場位置」の資料が、残された「第三巻」に収録されることになった。

　多良間村では、復帰後の昭和48年に村制施行60周年記念事業を、昭和58年5月には村制施行70周年記念式典を、また平成5年7月には村制施行80周年記念式典並びに村庁舎落成記念式典を行い、一昨年の平成15年12月21日には村制施行90周年記念式典並びに祝賀会を挙行したが、村制施行年月日を大正2年2月14日としたまま記念式典を行っている。そのことは、1983年（昭和58）5月30日に発行された沖縄タイムス社刊『沖縄大百科事典』の「別巻」の「市町村変遷図」や、1986年（昭和61）7月8日に発行された『角川日本地名大辞典』の「間切市町村沿革表」に掲載され、「2月14日」が定着した感があるが、ここでの指摘を踏まえ、いつの日か正式な誕生日でお祝いできることを切に望むものである。

　蛇足ではあるが、宮古6市町村（平良市・下地町・上野村・城辺町・伊良部町・多良間村）が一つに合併していたら、正しい村制施行記念日は、祝うことなく幻のまま終わっていたかもしれない。

御嶽の「神名」についての一考察

仲田 邦彦

1　はじめに

　沖縄の御嶽には、それぞれに名称があり、祀られている神々に神名がついている。神名には「○○ツカサ」「○○ツカサガナシ」や依り代の役割を果たすイベがあることから「○○ノ御イベ」「○○ノイベガナシ」、「○○ツカサ御イベ」、御嶽が杜になっていることから「○○森」「○○森御イベ」、少数ながら「○○御セジ」「○○神」という名称がつけられている。この中で圧倒的多数を占めているのは「○○ノ御イベ」である。
　宮古諸島や八重山諸島では、神名に「○○アルジ」「豊ミヤ○○」とついて人物の云われもわかっているものが多く、特に宮古諸島では男神・女神と区別されているものがあることが特徴である。
　久米島では、火の神を「○○アカゴチャガナシ」と記載している。
　御嶽には、「赤嶺ノ御嶽」や「安謝森」など地名に由来した名称が多いが、神名にはさらに多様な名称がついており興味深い。
　本論では、『角川日本地名大辞典47 沖縄県』（角川書店、1986）の資料編に収められた、波照間永吉氏作成の「『琉球国由来記』所載御嶽名索引」（p. 1097-1126）をもとに、神名について考察する。語意については『沖縄古語大辞典』（角川書店、1995）や『沖縄大百科事典』（沖縄タイムス社、1983）を参考にした。
　沖縄に分布する御嶽の総数は1073であり、地区別にみると、那覇・南部392（うち首里41、泊3、唐栄3）、中部249、北部135、沖縄本島周辺離島189（うち久米島47）、宮古29、八重山79となっている。一つの御嶽に神が複数祀られているものもあるため、神名の総数は御嶽総数より増えるべきである。しかし、御嶽名はあるが神名が不詳・不明なものが

190 あり、神名がはっきりしている総数としては 968 となる。それを地区別にみると、那覇・南部 359（うち首里 19　※首里の数値が小さいのは「神名」不詳の御嶽が多いためである）、中部 181、北部 132、沖縄本島周辺離島 167（うち久米島 62 で多数を占める）、宮古 40、八重山 89 となっている。

2　御嶽の機能としての「神名」

　御嶽の神名には、御嶽の機能という観点から命名されたと思われる名称がある。例えば、神が海や天の彼方から来訪すると想念して付けられたと考えられる神名がある。「アフリ」「アマオレ」「アマカケ」「天ツギ」などがそうである。神名に見える「カサ」は、「傘」が神の依り代になることに由来している、と考えられる。また神そのものを表す神名や、神のおわす場所を示す神名があり、さらに村の根（発祥・本・元）であることを意味することから付けられたと考えられる名称もある。「アマミヤ」「アマンヨ」「ゲライ・ギライカナイ」「トネモト」「シマノ根」「国の根」「神の根」「ネタテ」「シマタテ」「シマムト」「トノモト」「アムト」「ムト」「トン」「トノハナノ」「コシアテ」「コシヤテ」「アフヤマ」「アフノヤマ」「イベノモリ」「タカモリ」「サカモリ」「マキヨ」「クダ」「オブ（ボ）ツ」である。
　このような神名の数は、重複するのも幾つか含めると、約 100 になり、全体の約 1 割に当たる。

3　美称された「神名」

　神を褒め称える言葉を用いられた神名も多く見られる。
　まず「立派な・美しい・輝く・中心」を意味すると考えられる「カネ」「シラカネ」「カネマル」「コガネ」「カネマン」「カネモリ」「クロマン」「カナマン」や「ワカ」「スズ」「アガル・アガリ」「ウルワシ」「サケ」「テル」「テリ」「テリカガミ」「ワライ」「世持」「大」「ナカ」「国ナカ」「玉」を用いた神名がある。また、「素晴らしいものが寄せてくる所」を

表す「ヨリアゲ」「ヨヤゲ」「オシアゲ」や、「豊かなところ」を意味する「シマネトミ」「島根富」「ネトミ」、「世に知られた」を意味する「トヨミ」「トヨム」を使った神名があり、さらに「生命力、孵化する（方言で「シディン」）」を表す「スデ」「ソデ」「袖」、「美しい・清らかな」を表現する「キヨラ・ギヨラ」「目眉清良」「潮花」などを用いた神名がある。

　この中で「カネ」や「ワカ」のつく神名が最も多く、次に多い「ヨリアゲ・ヨヤゲ・オシアゲ」まで含めると美称された神名の約半数を占める。このような美称された神名は、重複するのを含めて約200に及び、神名全体の約2割を占める。

4　依り代としての「神名」

　神名で特徴的なのは、神の依り代に由来するもの、例えば「石」や「御嶽に生育する植物名」が使用されているものが、約2割を占めているということである。

　『角川日本地名大辞典47沖縄県』に分類され記載されている968の神名のうち、「イシ」（マシラゴも含む）のつく神名が90ある。「イシ」は、『沖縄古語大辞典』によると「立派な」という意味もあるが、「石ヅカサ」にように漢字（「石」）を当てられていたり、「イシノ御イベ」のように「石」と特定されていること、また「マシラゴ」も石の意味であって、さらに「イシラゴマシラゴ」等の対句的な用法もあることなどから判断して、「石」として考えた。しかし、「イシヅカサ」の場合は、「イシ」は「ツカサ」を称える美称語として捉えることも可能なので、不明な点も残るが、神名に「イシ」とつくものをまとめたのが表1（「イシ」のつく神名）である。その分布を図1に示した（ただし、場所が特定されているもののみである）。なお、分布図の作成に際して、『角川日本地名大辞典47沖縄県』に収録さている、仲松弥秀氏作成の「『琉球国由来記』所載御嶽地図」（p. 1127-1135）が役立った。

　沖縄における集落は水の得やすい琉球石灰岩地帯（第四紀更新世）に多く発生したことは先達の研究で明らかであるが、「イシ」を用いた神名は石灰岩地帯というより、島尻層群（新第三紀〜第四紀更新世の泥岩・砂岩）

表1 「石」のつく神名

No.	番号	神名・イベ名	村名	間切名	No.	番号	神名・イベ名	村名	間切名
1	42	イシラゴマシラゴノ御イベ	安謝	浦添	47	656	イシラゴノ御イベ	津波古	佐敷
					48	985	イシラゴノ御イベ	津波古	佐敷
2	476	イシノ御イベ	城間	浦添	49	202	イシノ御イベ	与座	高嶺
3	519	マシラゴノ御イベ	小湾	浦添	50	261	イシノ御イベ	与座	高嶺
4	102	石モリノ御イベ	津波	大宜味	51	327	イシラゴノ御イベ	与座	高嶺
5	211	イシラゴニマシラゴニノ御イベ	宮城	大里	52	635	イシラゴノ御イベ	国吉	高嶺
					53	724	イシラゴマシラゴイシノ御イベ	与座	高嶺
6	663	イシラゴノ御イベ	儀間	小禄					
7	1003	イシラゴノ御イベ	儀間	小禄	54	1020	イシラゴノ御イベ	与座	高嶺
8	1014	マシラゴノ御イベ	儀間	小禄	55	751	マシラゴノ御イベ	垣花	玉城
9	110	マシラゴノ御イベ	照屋	兼城	56	71	イシラゴノ御イベ	北谷	北谷
10	5	イシヅカサノ御イベ	浜比嘉	勝連	57	260	イシノ御イベ	平安山	北谷
11	67	イシヅカサノ御イベ	浜比嘉	勝連	58	538	イシノ御イベ	浜川	北谷
12	189	イシヅカサノ御イベ	平安名	勝連	59	754	イシノ御イベ	嘉手納	北谷
13	287	イシヅカサノ御イベ	平敷屋	勝連	60	610	ヨリアゲ森マシラゴノ御イベ	瀬長	豊見城
14	367	イシヅカサノ御イベ	南風原	勝連					
15	391	イシヅカサノ御イベ	津堅	勝連	61	690	マシラゴノ御イベ	渡嘉敷	豊見城
16	665	イシヅカサノ御イベ	浜比嘉	勝連	62	745	マシラゴノ御イベ	長堂	豊見城
17	735	イシヅカサノ御イベ	津堅	勝連	63	803	マシラゴノ御イベ	根差部	豊見城
18	851	イシヅカサノ御イベ	浜比嘉	勝連	64	805	翁長森マシラゴノ御イベ	饒波	豊見城
19	911	イシヅカサノ御イベ	浜比嘉	勝連					
20	1055	イシヅカサノ御イベ	浜比嘉	勝連	65	865	ヨリアゲ森マシラゴノ御イベ	豊見城	豊見城
21	472	イシラゴノ御イベ	安波根	兼城					
22	502	マシラゴノ御イベ	安波根	兼城	66	868	マシラゴノ御イベ	平良	豊見城
23	530	イシラゴノ御イベ	波平	兼城	67	352	マシラゴノ御イベ	我那波	豊見城
24	638	イシラゴノ御イベ	武富	兼城	68	409	マシラゴノ御イベ	保栄茂	豊見城
25	267	イシカワノ御イベ	嘉数	兼城	69	515	マシラゴノ御イベ	座安	豊見城
26	98	マシラゴノ御イベ	伊佐	宜野湾	70	45	コンキヤネイシラゴノ御イベ	安谷屋	中城
27	390	イシラゴマシラゴノ御イベ	野嵩	宜野湾					
					71	106	イシラゴノ御イベ	幸地	西原
28	791	イシナカゴマシラゴノ御イベ	喜友名	宜野湾	72	212	真南風ノアナ真コチノアナ真シラゴノ御イベ	内間	西原
29	316	石ダゴノ御イベ	東辺名	喜屋武	73	276	イシラゴノ御イベ	末吉	西原
30	1004	イシダゴノ御イベ	山城	喜屋武	74	374	イシガワノ御イベ	喜屋武	南風原
31	305	イシノ御イベ	兼箇段	具志川	75	811	イシモリノ御イベ	源河	羽地
32	817	イシノ御イベ	江洲	具志川	76	290	イシラゴノ御イベ	東江	真壁
33	896	イシヅカサノ御イベ	仲嶺	具志川	77	330	イシラヒヤノ御イベ	名嘉真	真壁
34	964	イシノ御イベ	具志川	具志川	78	315	石ヒヤゴンノ御イベ	波比良	摩文仁
35	828	イシラゴマシラゴザレコトリル	新城	具志頭	79	651	石ヒヤゴンノ御イベ	摩文仁	摩文仁
					80	90	イシノ御イベ	池原	美里
36	117	イシヅカサノ御イベ	山内	越来	81	239	イシノ御イベ	楚南	美里
37	456	イシナカゴフ御イベ	大工廻	越来	82	295	イシノ御イベ	東恩納	美里
38	456	真南風、石司ノ御イベ	大工廻	越来	83	303	イシノ御イベ	知花	美里
39	47	マシラゴノ御イベ	当銘	東風平	84	304	イシノ御イベ	知花	美里
40	278	川石ノ御イベ	世名城	東風平	85	400	イシノ御イベ	東恩納	美里
41	405	マシラゴノ御イベ	当銘	東風平	86	636	イシノ御イベ	東恩納	美里
42	584	マシラゴノ御イベ	当銘	東風平	87	979	イシノ御イベ	知花	美里
43	743	コダイシラゴノ御イベ	富盛	東風平	88	1025	イシノ御イベ	東恩納	美里
44	863	コダイシラゴノ御イベ	富盛	東風平	89	83	イシノ御イベ	石嘉波	本部
45	982	イシラゴノ御イベ	富盛	東風平	90	581	イシデンノ御イベ	座喜味	読谷山
46	500	西森イシラゴノ御イベ	新里	佐敷	91	932	ミヤラノイシ	宮良	八重山

『角川日本地名大辞典47沖縄県』(角川書店、1986)の資料編に収められた、波照間永吉氏作成の『『琉球国由来記』所載御嶽名索引』(p. 1097-1126)により作成。番号は、同索引に付された番号である。

(a)「石」の付く神名　　　(b)「コバ」「マニ」の付く神名

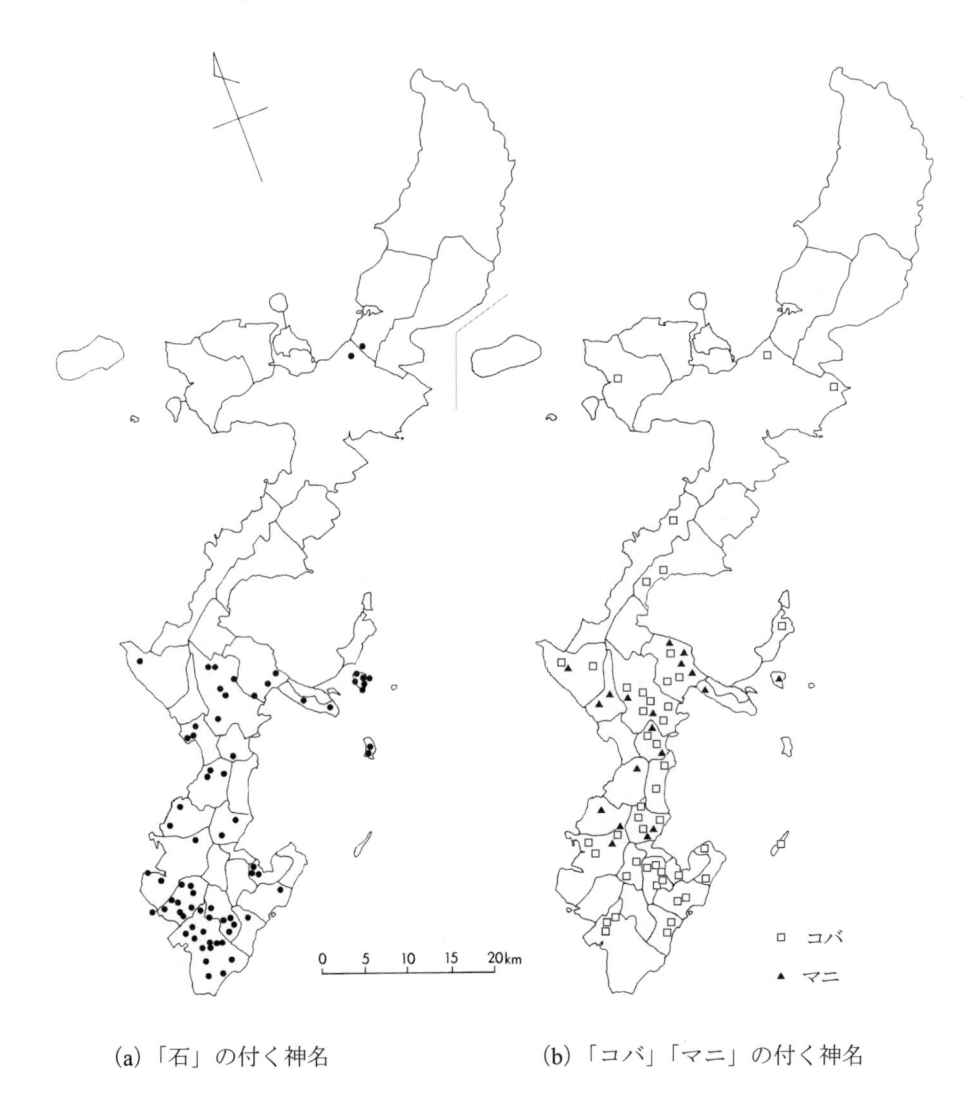

図1　「石」「コバ」「マニ」の付く神名の分布

御嶽の「神名」についての一考察　153

表2　「コバ」のつく神名

No.	番号	神名・イベ名	村名	間切名	No.	番号	神名・イベ名	村名	間切名
1	280	コバモリツカサ		粟国	32	771	コバノ若ヅカサ	屋古	高嶺
2	26	アキリマキウコバヅカサノ御イベ	与那原	大里	33	147	コバ城之御イベ	富里	玉城
					34	923	コバウノ御イベ	富里	玉城
3	204	コバヅカサノ御イベ	大城	大里	35	462	コバヅカサ	久高	知念
4	208	コバダイノ御イベ	真境名	大里	36	616	コバヅカサノ御イベ	知名	知念
5	234	コバヅカサノ御イベ	与那覇	大里	37	824	コバヅカサノ御イベ	山口	知念
6	385	コバヅカサノ御イベ	与那覇	大里	38	146	コバヅカサノ御イベ	和仁屋	中城
7	439	コバヅカサノ御イベ	宮城	大里	39	455	コバウ森御イベ	安里	中城
8	454	コバウモリ御イベ	目取真	大里	40	546	コバヅカサノ御イベ	熱田	中城
9	624	アラマキウコバヅカサノ御イベ	平良	大里	41	676	コバヅカサノ御イベ	添石	中城
					42	954	アフヤネノコバヅカサノ御イベ	渡口	中城
10	644	コバウノ御イベ	島袋	大里					
11	684	コバヅカサノ御イベ	当真	大里	43	153	コバヅカサノ御イベ	棚原	西原
12	971	コバヅカサノ御イベ	大城	大里	44	154	コバヅカサノ御イベ	平良	西原
13	48	コバウモリイベナヌシ	安富祖	恩納	45	470	コバヅカサノ御イベ	翁長	西原
14	655	コバヅカサノ御イベ	南風原	勝連	46	522	コバヅカサノ御イベ	棚原	西原
15	503	コバヅカサノ御イベ	兼城	兼城	47	901	コバヅカサノ御イベ	津花波	西原
16	942	マネヅカサコバヅカサノ御イベ	普天間	宜野湾	48	978	コバヅカサマネヅカサ御イベ	棚原	西原
17	617	コバヅカサノ御イベ	屋嘉	金武	49	138	コバウノ御イベ	源河	羽地
18	933	コバヅカサノ御イベ	伊específicos	金武	50	55	コバヅカサノ御イベ	天仁屋	久志
19	1055	コバヅカサワライチャウノ御イベ	宜野座	金武	51	473	コバウノ御イベ	真壁	真壁
					52	74	コバノ森御イベ	天久	真和志
20	632	コバヅカサノ御イベ	田場	具志川	53	614	コバノミヤウレ御イベ	安里	真和志
21	640	コバヅカサノ御イベ	喜屋武	具志川	54	62	コバヅカサノ御イベ	大里	美里
22	664	コバウノ御イベ	江洲	具志川	55	626	コバヅカサノ御イベ	登川	美里
23	545	コバウ森ノ御イベ	具志頭	具志頭	56	1017	シニヨロコバヅカサノ御イベ	与儀	美里
24	173	コバヅカサノ御イベ	中宗根	越来					
25	213	コバヅカサノ御イベ	越来	越来	57	1023	コバヅカサノ御イベ	東恩納	美里
26	753	コバヅカサノ御イベ	大工廻	越来	58	621	コバノワカツカサ御イベ	嘉津宇	本部
27	823	コバヅカサノ御イベ	越来	越来	59	799	コバヅカサノ御イベ	辺名地	本部
28	555	コバヅカサノ御イベ	新里	佐敷	60	183	コバウノ御イベ	上原	与那城
29	415	コバヅカサ	与座	高嶺	61	566	コバヅカサノ御イベ	座喜味	読谷山
30	416	ナデルコバヅカサ	与座	高嶺	62	798	コバヅカサノ御イベ	喜名	読谷山
31	569	コバヅカサノ御イベ	中里	高嶺					

『角川日本地名大辞典47沖縄県』(角川書店、1986)の資料編に収められた、波照間永吉氏作成の『『琉球国由来記』所載御嶽名索引』(p. 1097-1126)により作成。番号は、同索引に付された番号である。

が広がる地域に分布している。しかし石灰岩がまったく見られないということではなく、御嶽になっている高所には石灰岩が載っている場合もある。つまり、メサ地形やビュート地形をつくり、その頂部に琉球石灰岩を載せている場合が少なくない。「イシ」のつく神名の約半数は、豊見城市、東風平町、および糸満市北部に分布している（首里にはない）。残りの約半数は勝連町、与那城町（特に浜比嘉島）、沖縄市の石灰岩残丘の卓越した地域に分部している。北部に分布する3カ所を除いてほぼ中南部に見られるのが特徴である。これらのことからすると「イシ」のつく神名は、琉球石灰岩の分布地域とほぼ一致し、特定の地域に偏った分

布になっている。地域別に占める神名に「イシ」のつく割合は、那覇・南部地区の11％、中部地区の約16％、北部地区の2％となっており、宮古・八重山両地区には1カ所のみある。「イシ」のつく神名の割合は総数の約1割である。

表3 「マネ」のつく神名

No.	番号	神名・イベ名	村名	間切名
1	24	マネヅカサノ御イベ	呉屋	越来
2	60	マネヅカサノ御イベ	城間	浦添
3	105	マネヅカサノ御イベ	栄野比	具志川
4	146	マネヅカサノ御イベ	和仁屋	中城
5	149	マネノセジダカシャノ御イベ	古波津	西原
6	151	マネヅカサノ御イベ	呉屋	西原
7	177	マネヅカサノ御イベ	大工廻	越来
8	185	マネヅカサノ御イベ	安慶名	具志川
9	198	マネヅカサノ御イベ	野国	北谷
10	214	マネヅカサノ御イベ	野国	北谷
11	282	マネヅカサノ御イベ	南風原	勝連
12	283	マネヅカサノ御イベ	野里	北谷
13	302	マネヅカサノ御イベ	上地	越来
14	326	マネヅカサノ御イベ	田場	具志川
15	394	マネヅカサノ御イベ	浜比嘉	勝連
16	448	マネヅカサノ御イベ	南風原	勝連
17	453	マネヅカサノ御イベ	与那覇	大里
18	457	マネヅカサノ御イベ	字堅	具志川
19	469	マネヅカサノ御イベ	宮里・高江洲	具志川
20	511	マネヅカサノ御イベ	嘉手納	北谷
21	550	マネヅカサノ御イベ	平良	西原
22	566	マネヅカサノ御イベ	座喜味	読谷山
23	592	マネヅカサノ御イベ	具志川	具志川
24	710	マネヅカサノ御イベ	南風原	勝連
25	789	マネヅカサノ御イベ	越来	越来
26	797	マネヅカサノ御イベ	越来	越来
27	842	マネヅカサノ御イベ	石川	美里
28	890	マネヅカサノ御イベ	中宗根	越来
29	904	マネヅカサノ御イベ	島袋	中城
30	925	マネヅカサノ御イベ	南風原	勝連
31	942	マネヅカサコバヅカサノ御イベ	普天間	宜野湾
32	959	マネヅカサノ御イベ	平安名	勝連
33	978	コバヅカサマネヅカサノ御イベ	棚原	西原
34	1017	神山マネヅカサノ御イベ	与儀	美里

『角川日本地名大辞典47沖縄県』(角川書店、1986)の資料編に収められた、波照間永吉氏作成の『『琉球国由来記』所載御嶽名索引』(p. 1097-1126)により作成。番号は、同索引に付された番号である。

「御嶽に生育する植物」の名に由来すると思われる神名も見られる。「コバ」(「コバウ」)「マネ」や、少数であるが「マツ」「ガヅマロ」(「ガルマロ」)「カシの木」「アコウ」「木」がある。「タケ」については、「竹」ではなく「嶽」のことと思われる。その中で数が多いのは、「コバ」62と、「マネ」34である。「コバ」はビロウ（ヤシ科）の、「マネ」はクロツグ（ヤシ科）の方言名である。これらは加工して生活用具として使われることはもちろん、御嶽にあって神の依り代としての意味（機能）を持つ。神は「クバ」を伝い「あふり＝天降り」する。

神名に「コバ」「マネ」のつくものをまとめたのが、表2（「コバ」のつく神名）、表3（「マネ」のつく神名）である。それぞれの分布は前掲の図1に示した。

「コバ」のつく神名の約8割が中南部に分布しており、1割が北部に分布している。宮古・八重山には見られない。「マネ」のつく神名の分

布パターンにおいて特徴的なのは、ほとんどが中部に偏在している点である。地域別に占める神名に「コバ」あるいは「マニ」のつく割合は、那覇・南部地区約7％、中部地区約33％、北部地区約6％、沖縄本島周辺離島約1％となっており、宮古・八重山には見られない。「コバ」「マネ」のつく神名の割合はあわせて総数の約1割である。

5　おわりに

　沖縄の御嶽における神名についての特徴を考察した結果、「ワカツカサノ御イベ」のように「ツカサノ御イベ」の前に「ワカ」を付けた名称に見られるように、美称された神名が約2割、「イシラゴノ御イベ」や「コバヅカサノ御イベ」のように神の依り代としての神名がついたと思われるものが約2割、「天次アマツギノ御イベ」のように御嶽の機能としての神名が約1割と分類することができた。残りの半数は、「中地ミヤ七ツ御イベ」のような、固有の神名がついたものや解釈が不明なもの、分類をどのようにしていいかまだわからないものである。

　依り代としての神名の中で「イシ」のつく神名は、石灰岩の分布する地域にほぼ一致ししてみられ、しかも偏在している。「クバ・マネ」のつく神名についても中・南部に多く分布し、中部地区の神名の約3割を「クバ・マニ」神名が占めることがわかった。

　勝連間切はすべて「イシヅカサ」、豊見城間切はすべて「マシラゴ」、美里間切はすべて「イシノ御イベ」となっており、同一間切に同じ神名が見られるので、御嶽を管轄する「ノロ」も同一ではないかとみてみたが、そうともいえなかった。ただ、間切によっては同一の神名がつけられた可能性がある。これらのことは今後の課題とし、批判や意見を乞いたい。

　私は学生の頃、幸運にも仲松弥秀先生の講義をうけることができました。そして、同じく研鑽する一人としている今の自分を幸せに思う。「カジマヤー」のお祝いを申し上げるとともにご健康でいてくださいという気持ちをこめてこの小論を献呈いたします。

宜野座村の地名そぞろ歩き

知名 定順

1　はじめに

　宜野座村の地理的位置が、沖縄島の中心部に位置することから「てんぷすの村」（へその村）と宣言した。宜野座村で人の歩みは、沖縄貝塚時代から、その痕跡が遺跡の発掘調査で発見されている。地名は、貝塚人らによってすでに付けられ、土地に対するなんらかの呼称があったと推測される。文献やお年寄りから聞き採られた地名は、過去の宜野座村の歴史や土地利用等のあり方が端的に物語っていると思われる。地名から、過去の宜野座村の様子を眺めてみたい（図1参照）。

2　古知屋溝から古知屋岳

　太平洋側の外海から**潟原湾**（カタバル）、**キンバルガーラ**、**古知屋岳**（クチャ）にかけての地名探索から琉球王府時代の海、川、山との関わりを考えてみたい。

（1）潟原（カタバル）

　宜野座村の**古知屋潟原**は、山原の東海岸では有数の干潟である。現在、潟原の干潟には、**久志大川**、**キンバルガーラ**、**ヌンルルガーラ**の河川を通して、山間地から流れる、大量の赤土が運ばれ、日本復帰前より干潟が浅くなり干潟面積も拡大している。

　戦前、山原船がヒシの外海から潟原湾に入るには、「**クチャグチ**」（古知屋溝）から入ってきた。クチャグチは長さ1600m、幅200mの溝で地元ではクチャグチと称され、県内でも比較的大きなクチ（溝）として知られている。

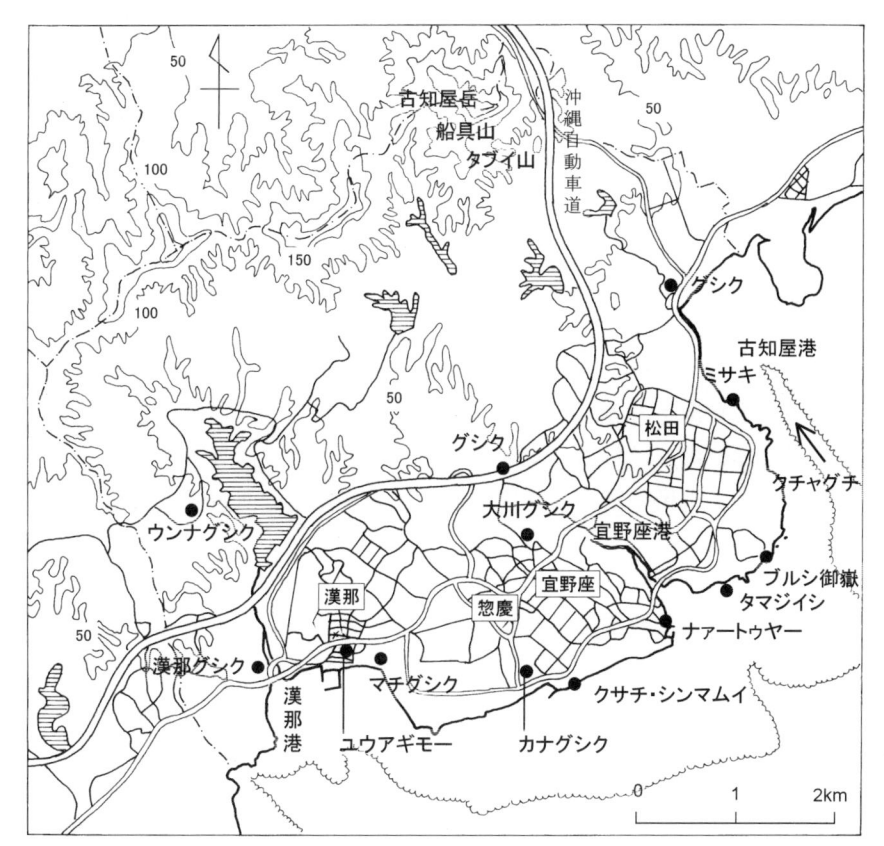

図1 宜野座村のグシク・港・ニラカナイの遥拝所の位置図

(2) クチャグチ

　大型船が外海から潟原湾に入るには、古くからクチャグチが出入り口であったことは、『琉球国旧記』(1731年)に「**古知屋港**」として登場することから伺い知ることが出来る。船は、クチャグチの先端「**ウキス**」と呼ばれる場所に碇泊し、そこから天馬舟でミサキ近くの古知屋港まで荷物の積み降ろしを行っていた。その際に、こぼれ落ちたと思われる壺屋焼の荒焼や上焼片が浅瀬から拾われる。

　潟原湾は、干潮になるとすっかり干上がり、まさに潟原となる。しばらく山手に進むと「**ヌンルルガーラ**」と「**ギンバルガーラ**」の河口とな

り大きな潮溜まりとなっている。そこは「**ナーバ**」と呼ばれていた。戦前まで、松田（戦前は古知屋）の人々は、七夕が近づくと出し汁の魚を獲るために村人総出で漁をした。河口に「**ハーザ**」を作り村人が持ち寄ったササを投げ入れ、毒に酔った魚をバーキですくい上げて獲った。魚は、戸数ごとに均等に分配された。

　マングローブ林のギンバルガーラを進むと「**ナガンナトゥ**」と称される場所があるが、港として機能していた頃の様子が忘れられ、地名のみが残されている。

　山に入る前に「**ティーヌクチ**」で鉈を木に切り立て山ノ神に安全祈願をした。**古知屋岳**の麓は「**ふなぐやま**」（船具山）と呼称される。その一角に「**たぶい山**」と称され戦前までうっそうと茂った大木の森が保存されていたが、戦後の建築伐採ブームとアメリカ軍の演習で山火事に合い大木の森は姿を消してしまった。

　古知屋岳は、標高286mの山で「ガラマン山系」と呼ばれる一つの岳で、**ガラマン岳・漢那岳・一岳**(ティーチ)と山並が続き名護市、恩納村、金武町との境をなしている。山頂の分水嶺には、「**ハイジー**」と称されるけもの道があり、古知屋岳から金武、石川岳までの山筋の道が開けていたという。そのハイジー、王府時代には山奉行を籠に載せて山を巡見させたと伝わる。また、東側の村人が山越えして西側の村に行く際の通り道でもあった。戦時中には、宇野部隊の遊撃隊や戦争避難民がアメリカ軍の攻撃を避けるために木に覆われたハイジーを通って移動した。ハイジーは、まさに歴史の道である。

2　グスクと港

　仲松弥秀先生は、グスクの通説であった支配者の居城説の他に墓と考え1968年に『神と村』で述べて沖縄の学界に大きな衝撃を与えた。先生の提言を受け、グスク研究が進み、現在では、グスクと呼ばれるものには、墓・拝所・城砦・集落跡・按司の居城、そして名称のみのグスク等と色々なグスクがあることが知られるようになった。あれから37年が経った現在でもグスクとは何か、明確な結論が出ないのがグスク研究

で、沖縄学の最大の研究テーマの一つとなっているように思われる。

宜野座村のグシクを地名と考古資料から見たい。地名調査からグシクと呼ばれる場所が7ヶ所知られているので紹介したい。そこで、沖縄県教育委員会は、グスク分布調査報告書『ぐすく』(1983年)で、グスクの名称をおもろ呼称に習い「グスク」と統一名称にした。しかし、地域では、グスク名称が「グシク」と呼ばれることも多く、事実、宜野座村では、「グスク」ではなく「グシク」名称で呼ばれているのでグシク表記で呼ぶことにした。

(1) 松田潟原のキンバルガーラ河口のグシク（森）

グシク（森）は、ギンバルガーラ河口右側の森を称していたが、村営住宅建設の敷地造成のために森が崩され、現在、グシク（森）は見ることが出来ない。グシク（森）に伝わる話として、久志の若按司が腰を下ろし休んだ場所であると云う。グシク（森）を踏査したが、墓や拝所、それにグスク特有の防御遺構や遺物を見つけることが出来なかった。グシクの側を流れるギンバルガーラには、**ナガンナトゥ**（長港）と呼ばれ、山から切り出した木材を溜め浮かべる場所があったと云う。

(2) 大川グシク

大川グシクは、宜野座部落北方の舌状台地先端に位置し、新城徳祐氏が『沖縄の城跡』で大川グシクと紹介して、大川按司が割拠していたと書いている。事実、グスク内は、地表の石灰岩が削平され、周辺には石垣が積まれている。大川按司屋敷跡と伝えられる場所には、位牌と火神が祭られている。近くの谷間の発掘調査では、多量の貿易陶磁器類が出土しグスク時代の遺跡であることを物語っている。宜野座村で唯一按司伝説と石垣が伴うグスクである。

グシクの眼下を流れる**宜野座福地川**（以前は**宜野座大川**と呼ばれた）には、2ヶ所の港があり『琉球国旧記』に「**宜野座港**」と「**根部我洪**」（ニーブガコウ）が登場する。宜野座港は、戦前まで山原船の碇泊地で宜野座の産物である薪や砂糖を与那原に向けて積み出していた。しかし、根部我洪は、古老には港としての記憶がないが、大川グシク下の大川には、**ウマブカイ**と呼ばれる淵があり近くには、**ウブイガー**がある。根部我洪はウブイガーのことをさしているものと思われる。当時の大川は、今よりはるかに水

量が多くて川も深く伝馬船が本船からの荷物を満載しウマブカイまで入り荷物を降ろしたと推察される。
　(3) 宜野座福地川中流のグシク
　さらに、宜野座大川を遡り、現在の高速道路の橋の付近の山は「**グシク**」と呼ばれている。グシクは、急の坂道を登り詰めたところである。明治36年生まれの、村の古老が幼少の頃に母親から聞かされ覚えていたグシク地名である。当地点の踏査で遺物や遺構や、また、拝所等を確認することが出来なかった。
　(4) カナグシク
　惣慶(ソケイ)部落の眼下に石灰岩独立丘陵の岩山がいくつか点在している。そのひとつが、「**カナグシク**」と称されている。岩山の立地環境や形状が墓地に適している事から、門中墓や家族墓が多く作られ惣慶の墓地団地を成している。カナグシクの森と周辺からグスクと関連する考古遺物は見つからない。また、岩山には、グスクの石垣遺構や拝所は確認されない。近くに、「**カニグシクデラ**」と呼ばれる竪穴の洞穴があった。テラガマの中には、舟型の石があり葬儀礼に用いられたと推測されていた。しかし、詳細について調査が実施されずに工事で埋められ消滅したのは残念である。現在は、土地改良工事後に新しく設けられた拝所のみが置かれている。
　カナグシクの向かいには、海をへだてて伊計(イチ)ハナリを望む。惣慶には大きな河川がなくヒシにクチ（溝）の発達が見られない。そのために、惣慶に寄港する山原船(ヤンバルセン)は、外海に本船を停泊させて伝馬船と前之浜(テンマセン)までを行き来して船荷の積み下ろしを行っていた。
　(5) マチグシク
　漢那部落東方丘陵（北部病院近く）に**マチグシク**と称されるグスクがある。美人ゆえ悲劇の死を遂げた漢那ノロの墓が存在する。近くに病院が建設される1982年に発掘調査が行われた。その結果、グスク時代と沖縄貝塚時代中期の複合遺跡であることがわかった。
　(6) 漢那グシク
　漢那福地川河口の石灰岩丘陵に位置する。福地川河口は、「**ウフンナトゥ**」と称され、『琉球国旧記』には、「**漢那港**」として登場する。河川

改修工事の泥の中から中国製染付片が発見されている。漢那グシクから、少量の須恵器（カムィヤキ）片と沖縄製陶器が発見されている。グスク内に石積みや拝所が見つからない。近くには、**トゥールガマ**と称される橋状洞穴が発達している。洞穴の上手の広場には、火を燃やした灰層が堆積し、灰の中には海産の貝が含まれているが、土器等の人工遺物が検出されないために洞穴で火がたかれ灰層が堆積した時代がわからない。しかし、その状況から古い時代の遺跡と推察されるが、グシクとの関連性については不明である。

(7) ウンナグシク

漢那の山間地に位置する。グスクの由来が良く知られていない。現在は、軍用地の中にあり、谷間は演習で水が溜まり全容を見ることが出来ない。

宜野座村のグシクを紹介したが、他市町村にもグシクと港と関連する好事例のグスクが多く知られている。海岸河口には、港とグスク地名が多く見つかる事実は港とグスクが何らかの因果関係にあることを暗示している。

3　ニライカナイと遥拝岩

宜野座村の海岸線には、ニライカナイへの遥拝所があり、その目印となる岩が存在する。それらを紹介したい。

(1) イリエ

イリエは、古知屋港に隣接した岩場の出っ張り辺りを称している。以前まで拝所があったが、現在は見ることが出来ない。アブシバレーの日に、神人が東方向の安部岬に向かい「古知屋ヌユガフーヤウマカイ、ユシティタボリ（古知屋の豊饒はこちらに寄せて下さい）」とお祈りしたそうである。そのことから、ニライカナイへの遥拝所であったことが伺われる。

岩向かいの小さな砂浜には、**イチマンガマ**（糸満ガマ）と称される岩陰がある。そこは糸満漁夫が季節の魚を追って寝泊まりしたことに由来する地名である。この小さな砂浜は、**ワラビバカ**（童墓）と称され、子

供の墓場であった。また、行きずりの死者や動物の死体も埋める場所でもあった。

(2) ブルシ御嶽

ブルシ御嶽は、松田の南はずれ**布流石原**（ブルシバル：群石原）の石灰岩の岬に位置する。現在は、石灰岩が剥き出しになった岩場であるが、戦前までは、うっそうと茂る森に大きな松が1本聳え立つ森であった。漁師や山原船の舩頭が現在地を知る目当てであった。戦後、米軍が基地を造り、森や目当て松が切られ、すっかり姿を変えススキの生える岩場になってしまった。岩場の中ほどの岩陰に**「久高ヌール」の墓**と称される祠の拝所がある。骨らしきものは見当たらないが、15－6世紀ごろの中国製香炉が安置されていたが、今は見当たらない。

その昔、久高ヌールと久志の若按司が恋仲になり何時ものように久高ヌールが久志の若按司に会いに久高から舟を出し**ブルシ御嶽のトゥシグチ**（砥石溝）に、さしかかったときに突然突風が吹き荒れ久高ヌールは波に飲まれ溺れ死んでしまった。変わり果てた姿でブルシ浜に打ち上げられた久高ヌールを見た若按司は嘆き悲しんでブルシ御嶽の岩陰に葬った。一方、近くの泉で久高ヌールを洗い清めて久高島に送り返したと伝えている話もある。ブルシ御嶽は、松田の旧家によって今でも拝まれている。

(3) タマジイシ

タマジイシ（霊石）は、松田前原のイノーにタマジグムイと称される場所に浮かぶ岩を称している。戦前、戦後にかけて、禁止されていたダイナマイト漁撈がタマジグムイとウーシグムで行われていた。そのため、巡査が来ると慌ててダイ（手製のダイナマイト）をタマジイシに隠したのでタマイシと呼ぶと考えている人もいる。しかし、古老に聞くとダイナマイト漁撈が行われる以前からタマジイシと呼ばれていたそうである。近くの海岸線に宜野座の村墓があり、宜野座の人は、満潮時にかち合ったシィーミーや野辺送りは舟を用いて、福地川の河口を渡って村墓まで行ったそうである。民俗学者は、舟に遺骸を乗せて墓まで行く様子を海のかなたのニライカナイに死者が旅立つイメージとダブらせている。死者は、沖に浮かぶタマジイシを目印に旅立ったのであろうか。

(4) ナァートゥヤー

　宜野座部落の御嶽から神道が始まり、陸地の終点はニライカナイのウトゥーシ「**ナァートゥヤー**」で終わり、朝日が昇る東の彼方、海洋の道へとつながる。ナァートゥヤーは、道路建設で姿を消し、現在は見ることが出来ない。ナァートゥヤーとは、港の近くにある屋号の「港屋」か、あるいは、神の「宮代」なのか聞き取り調査では判明しない。そこにまつわる話として、むかし、ナァートゥヤーにミルクの面が流れ着いた。村人は、その面を海に流し返したら再びナァートゥヤーに流れ着いた。流れ着いたミルク面は、宜野座部落と縁のある面であると信じ、村の十五アシビ（豊年祭）でこの面をかぶり来訪神（ミルク神）として演じるようになったと伝わる。その面が、宜野座部落の根屋に獅子ガナシーと一緒に祭られている。また、ナァートゥヤーには、「ウマグヮーイシ」と称される4本足の石が安置されていた。子供を産める女性が、持ち上げると動くが、逆に子供を産めない女性が持つと動かない不思議な石があった。この石は、ビィジュル石に類似した占い石である。ノロが馬に乗る際に踏み石に用いたと伝わっていたが、現存しない。ナァートゥヤーに接した岩陰には、漂着ノロを葬ったノロ墓があり宜野座部落の信仰の対象となっている。

(5) クサチとシンマムイ

　惣慶と宜野座との部落境に「**クサチ**」と「**シンマムイ**」（シンマ森）と称される遥拝所がある。クサチの岬と砂浜をへだてた岩山の森がシンマムイである。戦後しばらくまで、クサチには、大木の松が生え岬の目印になっていたが、惣慶部落から松を払い下げて切り出し、惣慶前之浜で山原船建造の船材にした。その山原船は、大宜味村の塩屋湾で台風非難のため停泊していたが沈没してしまった。船主は、クサチのシジダカルクマ（霊威が高い場所）から神木を切り天罰が下ったと嘆いていた。

　戦前、惣慶の根屋（しんまやー：仙間屋）によって、祭祀が行われていたが詳細は不明である。立地状況からニライカナイへの遥拝の目印がシンマムイであったと推察される。

(6) ユウアギモー

　現在の漢那区公民館が位置する場所が「**ユウアギモー**」である。ユウ

アギモーは、昔、大きな魚の尾びれで砂を打寄せて創られたといわれている。沖縄戦において米軍が上陸前に空撮した漢那上空の写真には、見事にユウアギモーの森が映し出されている。現存している古木にクバ（ビロウ）・サガリバナ・ハスノハギリ・ヤエヤマスオウノキ等が見られることから、戦前までは海浜性の樹木がうっそうと茂る森であったことが推察される。漢那ユウアギモーは、『琉球国由来記』によると「ヨリアゲノの森（2神）」として登場し「真南風ノワライゾカサノ御イベ」と「オラウセナデルゾカサノ御イベ」が祭られている。「**イビヌメー**」と呼ばれている大岩の上に1942年（昭和17）に国策に便乗して波の上宮から神道の神であるアマテラスオオミノカミを招聘し祠を造り祭った。大岩の後ろには、骨壺に納められた骨神が祭られていた。お宮建造後は、お宮（神社風な祠）の後ろに石で覆い隠して祭ってあった。現在は、骨神は、祠の脇に安置されて拝まれている。戦前まで、クバ（ビロウ）の木の根元に須恵器（カムイヤキ）が安置されていたが、お宮が造られたので須恵器はお宮の中に移したといわれる。その須恵器、13世紀末頃に徳之島で焼かれた注口取手付きの壺でほぼ完型に近く、現在は宜野座村立博物館に展示保管されている。公民館が建設される際に、ユウアギモーを試掘調査したが、白砂層が堆積して人為的な遺構や古い時代の人工遺物は出土しなかった。

主要参考文献

仲松弥秀『神と村』、梟社、1990年〔初版は琉球大学沖縄文化研究所、1968年〕
宜野座村教育委員会編『宜野座村乃文化財（3）── 松田区の地名調査報告書 ──』、宜野座村教育委員会、1983年
宜野座村教育委員会編『宜野座村乃文化財（5）── 宜野座区の地名調査報告書 ──』、宜野座村教育委員会、1985年
新城徳裕『沖縄の城跡』、緑と生活社、1982年
宜野座村編集委員会編宜『宜野座村誌』（第3巻 ── 民俗・自然・考古偏 ──）、宜野座村役場、1989年
惣慶誌編集委員会編『惣慶誌』、宜野座村惣慶区、1978年
漢那区誌編集委員会編『漢那誌』、宜野座村漢名区、1984年

謎につつまれた山城

仲村 昌尚

比嘉御嶽の場所はどこにあるのか

　仲松弥秀先生の思い出の一端を話したが、以下では久米島の民俗等を研究する中で、いくつかの疑問（未知）の部分を掲載する[注]。
　琉球国由来記の久米具志川間切の**山城村**に**比嘉御嶽**がある。山城は由来記編集（1713）の頃、具志川間切になっていた。沖縄県内の御嶽は、一般的に集落の背後に所在している。例外として、必ずしも背後でない場合もある。山城の比嘉御嶽は村落の北東の離れた位置に所在する。仲松先生は、次のように記述している。「久米島の山城村落は一つの御嶽、すなわち比嘉御嶽のみが記されている（由来記の記述から）。ところが、この御嶽は、山城村内には在っても隣村の比嘉村落の御嶽であって、山城とは何等の関係もない」と。確かに山城とは関係のない御嶽である。しかし、仲松先生が記されている「山城村内にあっても」の部分は訂正しておきたい。比嘉御嶽は**比嘉村**内にあって、比嘉村の人々と関わりのある御嶽である。しからば、由来記に記されている山城村に関わる比嘉御嶽とはどこにあったのであろうか。幾度も調査したが不明である。
　ところで、比嘉村内にあって、比嘉村の人々と関わりのある「比嘉御嶽」は由来記に記されていない。今日比嘉御嶽と呼ばれている場所は比嘉の古島（旧村落）で、古島から低地へ下った村人たちは、その古島を「上比嘉」（ウィーヒジャ）と呼んでいる。つまり、比嘉御嶽と呼ばれている場所は旧村落跡であり、御嶽ではないと筆者は考えている。その旧村落跡には「嶺井之ヲヒヤ」（ソーニー）と呼ばれる宗家（絶家となっている）があり、社殿が建てられ、中に比屋火神が祀られていて、旧暦5月15日稲穂祭、6月25日稲大祭が行われていた。また、仲里間切旧記（宝永元年〜3年仲里間切

蔵元で編集）の中に、「大雨乞の時比嘉村嶺井のおひや火の神前に而おたかべ言」があり、同時に「同所くいにゃ辻にてくいにゃ」という記録が見える。「くいにゃ辻」（クェーナ辻）も嶺井のおひや家のすぐ近くにあったと思われるが場所の確定は出来ない。このようにして比嘉の古島（当時の集落内）に「おひや火の神」「クェーナ辻」などがあって祭祀場になっていたことから、低地に下った人々は上比嘉を比嘉御嶽と呼称したのであろう。

　琉球国由来記（1713）が編集されるおよそ10年前から仲里間切旧記の編集作業が始まり、その仲里間切旧記に比嘉村内の御嶽は**名幸御嶽**と**なみ里御嶽**が記され、比嘉御嶽は記されていない。それから判断すると、当時比嘉御嶽と呼ばれているのはなかったのであろう。現在の比嘉部落内には3つの血縁集団があって、1集団は「なみ里御嶽」、1集団は名幸御嶽の祭事と結びつき、もう1つの集団は**嶺井のおひや家**と結びついている。この嶺井のおひやと結びつく集団の本来の御嶽が存在していたと思われるが、1704～6年ごろの間切旧記にも記されていないので、当時既に所在地不明となっていたかも知れない。比嘉の3つの集団（マキョ集団）と御嶽との関わりについての詳細は紙面の都合で割愛する。

　さて、本題に戻るつもりでいるが、山城村の比嘉御嶽がどこにあったのか明らかにすることが出来ず筆が進まない。そこで本題から多少離れて論を進めて、その中から読者の皆さんとともに仮説を立てて、御嶽の所在地を発見出来れば幸いである。

　仲松先生の記録（『神と村』36ページ）によると、山城村には『由来記』には記されていない2つのグスクがある。調査してみると2つの村の合併によって山城村は形成されている。その後において3つのマキに分かれた村である、と。実はグスクと呼ばれている場所は4ヶ所存在する。2ヶ所は農耕地造成で破壊された。その1つがクグスクであり、もう1つは**クニグスク**（地元ではグシクという）である。他の2つは**ウニシグスク**と**メンダグスク**である。ウニシグスクはウニシウタキとも呼び、そこは鬼が住んでいて、度々村の娘たちに危害を加えていたという伝説が残っている。メンダグスクはほとんどグスクという呼称はせず、一般的に**メンダ山**と呼称している。山の斜面から頂きまで、広い石垣囲いが現在す

る。この地域は古い村が存在していたのであろうと考えられる形跡がある。その南西の方向に**ウニシウタキ**（**ウニシグスク**）が存在する。メンダ山の東方の低い丘陵上にクニグスクがある。広い石積囲いが在ったと言われるが、現在は畑作地となり、畑作地帯の農道の傍らに**クニグスクおひや火神**があるが祠はない。現在の山城はウニシウタキ付近とクニグスク付近から移動してきたという伝承が残っている。現集落の西の後方に**山城ヲヒヤ家**（絶家）があり祭祀を行う時、山城ヲヒヤ家火の神の前で、ウニシウタキの方向に向いてノロ以下神女たちが遥拝し、ウムイ、クェーナを歌う。このヲヒヤ家を**上殿内**（ウィードゥンチ）と言う。現在の集落の東側後方には**下殿内**（シムドゥンチ）があり、ここも絶家となり、建物（祠）もなく小さな広場となっている。ここでの祭祀ではノロ以下神女たちはクニグシクを遥拝する。以上のことから山城はウニシグスク付近とクニグスク付近とから移動合併した村落と考えられる。

　以上述べたことから、山城は二つの血縁集団から成立した村落である。上殿内（山城ヲヒヤ家）を宗家とする集落は、ウニシウタキ（ウニシグスク）を村落の腰当神としていたものがメンダ山へ移動し、さらに現在地へ移動したとも考えられる。下殿内はクニグスクを遥拝していたことから、クニグスク付近からの移動と考えられるのであるが、この血縁集団のウタキはどこに在ったのであろうか。あるいはグスクが残っていたころ、そのグスク内にあったのであろうか。クニグスク付近には、**玉洗川**（マガタマアレーガー）と呼ばれる場所があり、**アモーリガー**（羽衣伝説のある湧井泉）の存在などを考慮に入れると、この辺りに比嘉御嶽が在ったのであろうか。地元の古老達を訪ねたが（昭和45年ごろ）、全く知らないようすであった。御嶽とは関係しないが、一人の古老の話として、クニグシクは久根城と漢字が宛てられているが、国城が正しいという。久米島に城（グスク）が造られた一番古い所だと話されていた。

　さて、2つの血縁集団から出来た山城であるが、仲松先生が話されている「その後において3つのマキに分かれた村である」という3つ目のマキはどこに分かれて行ったのであろうか、先生はそこまで触れていない。山城村が出来た後に個人的に兼城や大田に移住する人や東方の低地に移住する人がいたという。低地に移り住んだ人たちもそう多くはなく、

この低地には廃藩置県以後沖縄本島からの移住者が草分けをなし、散村型集落を形成して、曲→真我里→真我里と村名の変遷を辿っているのである。この**真我里**は明治末年まで山城に属していたが、大正期に分離したのである。よって、3つ目のマキヨは、血縁集団が低地へ移住したことにはならないと解釈したい。次に、山城村落の中央部、公民館後方に**ナカヌマー**（中の庭）と呼ばれる広場があって、その場所に拝所がある。神女たちが謡うクェーナの中に「**中のマーチ**」と出てくるが、ここが仲松先生が言われる3つ目のマキであろうか。

謎につつまれた山城

「山城」と呼んでいる名称の由来は、聞き取り調査したことはない。同様の部落名は糸満市や石川市にもある。おそらく丘陵地に所在するグスクと関連づけた名命であろう。久米島の山城には鬼退治伝説、羽衣伝説、石アタイ家の美女伝説などがある。鬼退治伝説の主役も女性であり、この三つの伝説はともに女性と結びつきがある。これらの伝説が生まれた背景に興味がある。**石アタイ**（屋号）の美人娘は死後、神として祀られているようで、その拝所がナカヌマー（中の庭）だという。久米島オモロに出てくる神女にコイシノ・世の君・キミハイ（君南風〈チンベー〉）・ミゼリキヨ等がいて、その活躍は人々から讃えられ、死後神として祀られていることが「おもろさうし」で伺い知ることが出来る。石アタイの美人娘が村人たちから神として祀られ尊崇されたとすれば、それ相応の功績があったとしか言えないが、その史実を知る術はない。

山城村落は碁盤形村落である。従って、ウニシウタキ付近やクニグスク付近からの移動合併は17世紀ごろ、計画的な集団移動であったと推測する。中の庭（ナカヌマー）が神女たちのクェーナで中のマーチと謡われたのも琉球国由来記編集以後のことと考えられ、石アタイ家の伝説も由来記以後生まれたものと思われる。次に、山城は1744年以前まで具志川間切に属していた。旧具志川村の嘉手苅は仲里間切に属していた。球陽尚貞王3年条に「具志川按司（伊敷索按司の次男）が**佐場喜橋**を改修して褒賞され山城村を加賜されたため、山城村は具志川間切の管轄になった」とある。

前述したように山城村は17世紀に成立した村であると思う。球陽に言う具志川按司は1500～1510年ごろ、尚真王によって討伐された人物であり、山城村の成立期とは年代的に大きなズレがある。佐場喜橋は山城から真我里へ至る途中にあって、かつての山中総務長官の山中貞則氏の久米島訪問を記念に改修され「**山中橋**」と命名されたが、本来**サバチバシ**と地元では呼んでいた。サバチは捌く意味で、比嘉や真我里集落の後方は広い湿地帯で耕作地の排水が悪いため割り取って排水溝を造成し、その上に橋を架設した。そこをサバチバシと呼んでいる。排水溝をつくる工事は早くても17世紀後半以後のことと思われる。以上のように球陽の記事は信ずるに足るものではない。

　「謎の山城」と言ったのは、仲里間切の中に位置していながら、何故に具志川間切に属していたのかということである。具志川間切旧記によれば、乾隆9年山城村と仲里間切嘉手苅村を交換し、山城村は仲里間切に、嘉手苅村は具志川間切となったと記されている。乾隆9年は西暦1744年で今から261年前である。周囲54kmの小島に二つの間切があって、しかも蔵元が別々に創建されていた。蔵元創建は1500～1550年の間と推測されるが、この頃、仲里間切と具志川間切の境界線が定められたのであろうか。1500～1600年の100年間は久米島の歴史を解明する資料は皆無であり、「不明の百年」と位置づけ、この間の歴史の流れは推測に頼る以外はない。山城村がいつ、どういう理由で具志川間切に属されたのか全く不明である。白瀬川中流域と儀間集落の北方に**山城渡地**（ヤマグシクワタンジ）という地名がある。両間切の役人たちや村人たちが公用、私用で往来した山中の道があったのである。

　主に山城村へ通ったのであろう。具志川間切内に具志川村が存在し、具志川城がある。間切名はこの具志川に因んだものと考えられる。しかし、具志川城が築造された頃、具志川の名称がつく村はなかったであろう。仲里間切の名称は仲里城あるいは仲里村に因むものなのか明確でない。仲里間切旧記に「仲里村立始の事」という記録があるが、球陽では「尚質王元年仲里村建つ」と年代を明記している。西暦1648年である。宇江城城の名称は当初**仲城**（ナカグシク）と呼んでいたが、1667年以後は仲里城と呼んだということが、球陽や琉球国由来記に記されている。上記のことから

すれば、「仲里」という呼び方は 17 世紀中葉あたりということになり、間切名も仲里城に因んだものと考えられようか。

　余談ばかりしてきたが、山城が飛地となって仲里間切内に存在していた理由は誰も解明に至っていない。解明出来れば、当時の間切行政の動きが見えてくると思う。かつて、山本弘文先生と共に、その理由は何だろうと話したことがあり、故人とならされた仲原善秀先生とも、間切の境界が定められた時期や山城が具志川間切に属していた理由について話し合ったことがあったが、推測にとどまる以外はなかった。研究者たちの意見を聞かせていただければ幸いである。

注

本誌に寄せられた仲村昌尚氏の原稿は、「仲松弥秀先生との思い出」と題し、思い出の部分と、久米島の山城をめぐる研究ノートの部分から構成されていたが、編集委員会の判断で、分離し 2 本にした。思い出、研究ノートともに、表題（タイトル）は編集委員会による。（編集子）

「ゆいむん」地名考
与論島の百合が浜から斎場御嶽のユインチ（寄満）

堀　信行

1　はじめに

　自然と人間の関係について思いをめぐらすとき、拙稿「空間組織の原初形態に関する一考察；人・自然・神」（堀、1982）を執筆したときのことがいつもふと思い出される。サンゴ礁地形の形成論にもっぱら取り組んできた私が、その一方で沖縄・奄美の島々の世界観に強い関心を寄せ、思索を続けてきた内容をはじめて公に吐露したのがこの論文だからである。この論文の書き出しは、仲松弥秀先生の名著『神と村』（1975）の末文「神は遠く、遠くへ去って行く！」の引用から始めた。
　沖縄や奄美の世界観について考えるときは、仲松先生のことがいつも脳裏に浮かぶ。先生は世界観にかかわるテーマを地理学の立場から発信し続けてこられた貴重な地理学者であり、知的にも、風貌的にもこの地域の風土を具現し、敬愛してやまない存在である。
　私がはじめて沖縄へ行ったのは、大学の教養部時代の1964（昭和39）年の夏のことであった。渡航の理由は、南大東島のサンゴ礁地形やカルスト地形の研究を行っていた広島大学の院生、武永健一郎先輩の地形調査のお手伝いのためであった。武永先輩は、それまで伊平屋島や喜界島での地形研究やビーチロックの形成論など、日本のサンゴ礁地域にいち早く着目し、精力的に研究を展開していた。その頃沖縄へ渡航するには、身元引受人が必要であった。そのため、広島大学の地理学教室に当時の事情を反映して留学生という立場で大学院に所属して、移民研究に取り組んでおられた石川友紀先輩（一昨年琉球大学を退官）にお願いして無事に渡航することができた。

鹿児島港からの船酔いの余韻が心身ともに残ったままのわれわれは、当時首里城内にあった琉球大学の地理学教室を訪ねた。その時にお会いできたのは、仲松弥秀先生と故人となられた中山満先生であった。キャラバンシューズを履いて、いかにも地形調査に参りましたといわんばかりの出で立ちの私たちに、仲松先生は快く対応してくださった。「先生はどのような研究をしておられるのですか」と初対面の先生にいささか失礼な単刀直入すぎる質問をする私にも、気持ちよく図面を手にされながら説明をしてくださった。夏の陽射しが眩しい窓際の光景は今も鮮明である。

このとき私は、武永先輩にも感じてきたことであるが、現地調査に基づく一次情報が詰まった手作りの図面類からかもし出される臨場感あふれる説明の背後に、粘り強い探究心を秘めた一人の研究者に出会ったな、という強い印象を先生から受けた。しかし、沖縄の調査経験のない私には、先生が人間の住処としての民家や集落を「世界観の地的表現」として見ようとされた（仲松、1990、1993ほか）鋭い視座と、その世界の深みについて感知する能力は残念ながらなかった。

あれから40年以上の歳月が流れた。仲松先生への思いを抱きつつ、沖縄や奄美の文化の基層にある鍵概念として「ゆいむん」の思想に注目したささやかな論考をここに述べてみたい。

2　与論島の百合が浜と斎場御嶽の寄満（ユインチ）

沖縄本島の北端**辺戸岬**から北を望むと**与論島**が見える。両島の間には県境があり、与論島は鹿児島県になる。この島に伝わる古歌に、次のようなものがある。

　　ゆんぬ（与論島）てゅる　しま（島）や、いに（小）くさや
　　あしが、なび（鍋）のすくなか（底中）に、ぐく（穀）ぬ
　　たま（溜）る

すなわち、「ゆんぬという島は、小さくて何もないところだけれど、

鍋の底に五穀が溜まる（ような豊かな島だ）」という意味である。この中で与論島は古くから「ゆんぬ」と呼ばれてきたことがわかる。「ゆんぬ」とは、「よ（寄）りぬ」に由来する古称である（堀、1992）。すなわち、島の名称が漂着することを直接表現した名称となっている。

さらにこの島の東側に白浜の続く**大金久海岸**がある。この白浜の東方には、水深数メートルの浅い内海が広がり、そこに毎年、**百合が浜**と呼ばれる有孔虫の白砂からなる白浜が形成され、格好の海水浴場となっている。百合が浜のできる約2キロにおよぶ幅広い裾礁の浅い礁湖はイノーと呼ばれる。

イノーは、本来海砂をさす呼称であったが、海底に白い海砂の広がる海域をイノーと呼ぶようになり、さらにそれが裾礁の浅い礁湖（または礁池）をさす一般名称になったと考えられる（堀、1980）。イノーは、別にウチヌン（内海）と呼ばれるが、これは外海パーヌウン──おそらくパー（波）のウン（海）と解される──に対応する呼称である。

またサンゴ礁の礁縁部分は一般に堤防状に高まった地形となっており、その部分は低潮位時に干上がり、ピシ（干瀬）と呼ばれている。ところがちょうど東海岸のピシの高まりは不十分で、途切れ外洋に通じる水路になっている。ピシの途切れた水路はクチと呼ばれ、かつてはサバニと呼ばれた漁船の出入り場所であった。東海岸のクチは大きく途切れているためウフグチ（大口）と呼ばれ、イノーの北側と南側からの潮流がぶつかり、ウフグチから外洋（パーヌウン）へ排水される。潮流のぶつかるところで堆砂がおき、季節的に一種の砂の洲島ができる。この季節的な洲島の形状の変化から、島民はその年の豊凶を卜占してきたという。

以上のことから、与論島の古称「ゆんぬ」は「よ（寄）りぬ」に由来し、東海岸のイノー内に毎年形成される百合が浜も「よ（寄）りが浜」に由来する地名であることがわかる。まさに「ゆいむん」または「ゆりむん」（寄り物）の島であり、浜であることがわかる。

沖縄や奄美の島々に「ゆいむん」の浜は多い。しかし、「ゆいむん」の浜ほど海水浴場の好適地となり、ツーリズムの影響下でニライ・カナイからの「ゆいむん」の霊力を宿す浜の聖性を保つことの難しさに直面した場所となっている。

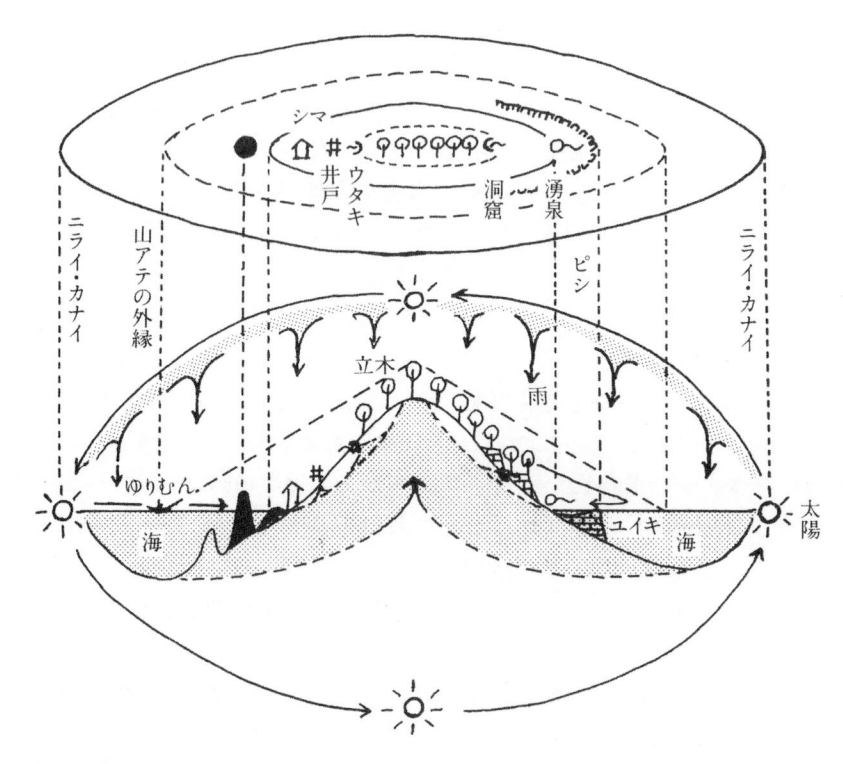

図1 ニライ・カナイをめぐる「ゆいむん」の世界観（堀、1992）

　「ゆいむん」をめぐるニライ・カナイの世界観については、かつて筆者は図1のようなイメージを提示した（堀、1992）。図中のニライ・カナイとは、中本（1985）により、「ニ・ラ・イ」は「ミ（土）ロ（の）ヤ（屋）」であり、「カ・ナ・イ」は「カ（日）ナ（の）ヤ（屋）」と解される。広い海原には、シマ（集落）を核に拡がる山アテ（船位決定）が可能な漁労空間が形成される。水平的にも、垂直的にも広大な空間を循環するのは水。海中から突き出る岩礁は立神。そして立神と相似関係にあるのが島そのもの。そして、島の大地に生える樹木。立ち木は、循環する水の精気を吸い上げて命あるものになる。循環する水の出入り口（洞窟・湧泉・井戸）や、漂流物の「ゆいむん」「ゆりむん」の発地（沖・奥・天）と、着地（岸辺・御嶽）は霊力の集中する場所となる。水、すなわち命の循環を断

ち切るまいとする意思と願望が、この図のような認識を再生産し続ける。かくして、水の循環、すなわち「ゆいむん」の過程で水は空間の隅々に浸潤し、生気を帯びた土と石からなる大地はさらなる命を育み、保障し、再生する。

　「ゆいむん」の思想は、沖縄の聖所の一つで世界遺産でもある**斎場御嶽**(せーふぁ)の聖所の一つ**ユインチ**（寄満）にも表現されている。第二尚氏王統の第三代尚真の時代に王の姉妹をノロの最高位の聞得大君と位置づけ、ノロを組織化した。その聞得大君の就任式である御新下り(おあらお)の際にユインチは食事を作った場所であるという。ユインチは、首里城内の御内原にある国王一家の台所の名称に由来する。この名称も、女性の権能としての料理にともなう火と水の管理に加えて、料理の食材も自然からの「ゆいむん」として認識され、それによって台所の食材が満ちることを深い感謝とともに命名されたものであろう。

3　おわりに ── 世界観としての「ゆいむん」

　「ゆいむん」は、沖縄や奄美の世界観、いや広く日本文化と称されるものの基層の一郭を担う観念であると思われる。空間の大小を問わず、ある場所を得ても自らを常世としてのニライ・カナイからの「ゆいむん」として認識する考え方が、沖縄や奄美にとどまらず、広く日本の各地において地下水脈のように通底しているように思われる。「ゆいむん」の思想は、水平的方向にカミの去来を考える考え方であるが、その一方で仲松（1975）が指摘した奄美のオボツカミのように垂直的方向にカミの去来を考える考え方もあり、これに従って堀（1982）は両者の相互関係を図示した。しかし、仲松（1990）でこの点を修正されたので、堀（1992）も訂正することになる。とはいえ、「ゆいむん」の思想になんらの変化はない。巨大なニライ・カナイを構成する自然空間において、自らの島や山をカミの漂着する立神、「ゆいむん」の浜と認識しているように思う。この空間的関係は、島の中でも、家の中でも「入れ子構造」のように連鎖関係をもって繰り返されていると考えられる。

　仲松先生の著書『神と村』に出会い、その中の「青の世界」に誘われ

た谷川健一（1989、p. 112-113）は、先生のことを「非常に明るい、ひらかれた人格の方で、人格そのものにも魅せられました」とか、「くまなく琉球弧を歩いて、細かい調査をやっているのですね。……そういうところからも私は、仲松さんの考えに信頼を持ちました」とか、「先人の研究の成果を自分で確かめるという、実証的な精神が希薄ななかで、仲松さんの学者としての姿勢はきわだっていると感じたのです」とか、「相手にいろんなデータをいくらでも提供するような、ひらかれた性格の研究の学者でもありました」などと述べている。筆者もかくありたいし、仲松先生のこれまでの足跡を知れば、納得できることばかりである。先生の更なるご健康とご多幸を祈念するとともに、先生の学恩に心から感謝するとともに、年齢は巻き戻せないが、筆者の片思いであった先生と「ゆいむん」談義ができたらと心から願っている。

引用文献

谷川健一（1989）：『民俗、地名そして日本』同成社。

仲松弥秀（1990）：『神と村』（新版）梟社（初版は1968年、この改訂・増補版が1975年に伝統と現代社から刊行された。さらにこの改訂版が本書）。

仲松弥秀（1993）：『うるまの島の古層：琉球弧の村と民俗』梟社。

中本正智（1985）：ニライカナイの語源と原義。ユリイカ・詩と批評、Vol. 17, No. 1, pp. 166-182.

堀　信行（1980）：奄美諸島における現成サンゴ礁の微地形構成と民族分類。人類科学、第32集、pp. 187-224.

堀　信行（1982）：空間組織の原初形態に関する一考察：人・自然・神。石田寛教授退官記念事業会編『地域：その文化と自然』福武書店、pp. 592-612.

堀　信行（1992）：土のイメージ、石のイメージ：方名・地名・物語にみる自然とひととの交流。サンゴ礁地域研究グループ編『熱い心の島：サンゴ礁の風土誌』古今書院、pp. 32-47.

堀　信行（2004）：聖なる空間の創造：「ゆりむん」の世界と琉球王朝。菊地俊夫編『風景の世界：風景の見方・読み方・考え方』二宮書店、pp. 40-49.

真栄平 房敬（1997）：『首里城物語』ひるぎ社。

那覇（ナーファ）という地名の由来
伊波普猷の魚場説は定説になりうるか

久手堅 憲夫

　近刊に平凡社から出された「郷土歴史大辞典」と副題された『沖縄県の地名』がある。拙稿がこれから論じようとする地名ナーファ（那覇）について、この典籍は、『琉球国由来記』や『遺老説伝』の「呉姓那覇家の葺石の説」を記した後、伊波普猷説について「伊波普猷はナバについて魚場（ナバ）説を唱え通説となっている。しかし那覇・ナハのつく地名はほかに小那覇（西原町）、我那覇（豊見城市）、与那覇（南風原町）、瀬名波（読谷村）、久米島町の登武那覇グスクなどがある。小那覇、瀬名波は海に面した村で魚場を持っていたと考えられるが、ほかは海に面しておらず、また好魚場を有する地が必ずしも那覇を地名とするわけでもない。ナバ＝魚場説も一仮設にとどまるだろう」（134頁）と結んでいる。
　この典籍の所述は、地理学的巡検なしに那覇や名波の当字に引かれて論じているようで、地名が土地に刻印された言葉であることでの当該地名の巡検や、それに基づく地名の音韻の変化、例えば我那覇（ガナファ）はガナとファの複合語から成り立っていることや、与那覇（ユナファ）がユラとファの合成語からできている可能性など、地名解析の基本姿勢をもっと深めるべきであったと感ずる。
　ナーファについての拙論を述べるに際して、まず古典の記録や先学の説について述べつつ、それら諸説への疑義や批判を加え、最後に拙論を展開し世の批判を乞うことにする。
　1603年（尚寧15）から6年まで滞琉した浄土僧袋中上人は『琉球神道記』に「諺千宮世界ト云う。私云。爾バ琉球の二字。恐ラクは竜宮の韻也。那覇は阿那婆達多龍王ノ所居ナルベシ。今ハ略語也」（第5巻113頁）と述べている。おそらく袋中の琉球＝竜宮転化説は、『沖縄一千年史』

（真境名安興）のいう『余法録』にあるという「地堺萬濤、蜿□若□浮水中、因名流□、後転謂琉球」（「地の果てまでの大波の中を、龍蛇がうねり行く状、水中に浮く□龍のごとくあり、よって流□と名ずく。転じて琉球という」）（筆者訳）を参考にしたものであろうが、「那覇ハ阿那達多龍王ノ所居ナルベシ。今ハ略語也」としたのは、いかがなものであろうか。『仏教大辞典』（中村元監修）によれば「この龍王は、ヒマラヤ山の阿那婆達多池に住む、仏教伝説上の動物」で、袋中説は仏教教典からの牽強付会と考える。

『琉球国由来記』中の「那覇由来記」の地名那覇の縁起を略述すると「呉姓我那覇ノ屋敷ノ内、形茸ニ似夕石アリ、茸ヲ俗ニナバト云故、此所ヲ人呼テナハト云倣シテ里ノ名トシ、後ニ那覇ト字ヲ改ケルコト云。此石、今ハ土中ニ埋テ、不見得也」と記録している。『遺老説伝』（嘉手納宗徳編訳）も、同様なことを簡潔に採録している。

この地で、風波に打ち洗われて茸状になった海岸の小岩は、ニーガジラーイシ（日本語古語の"根の悴せた石"）と呼ばれるのが一般的で、"悴せる"とは現代語の"痩せる"ことで、なぜこの石だけがナーバ石と呼ばれ、また地名の縁起の石が『由来記』の編纂された1713年（尚敬1）には、"土に埋もれて見えない"ということも、理解に苦しむことで、言語の面から言えば、ナーバのバ音がナーファのファ音に変遷することも、清音よりおそく生じたと言われる濁音から考え難いことで、先学の伊波普猷、東恩納寛惇、島袋全発、宮城真治の諸氏も"ナーバ石"説は付会されたものとしており、拙論も付会説に立つ。

『那覇変遷記』（島袋全発）は、『おもろさうし』に謡い込まれた"なはどまり"を採って那覇を"港名"とし後に地名那覇になったとし、那覇は後世の那覇四町、即ち西、東、若狭、泉崎の中、港畔の一部、東だけの地名」としている。しかし、港は方音でンナトゥであり"なはどまり"と謡われていることで"とまり"とンナトゥは同義であって、ナーファが港の義にはならない。

『沖縄地名考』（宮城真治）は、『那覇変遷記』の説を引き「西村、東村の地形を見ると、上之蔵を中心とする丘陵の南部に位置する平坦であって、那覇は饒波、根波と等しく『ヌーハル』即ち広原の義であろう」と

している。しかし、琉球最古の内裏ことば辞典といわれる『混効験集』は「うきしま　那覇の事也」としており、那覇が"うきしま"と呼ばれた時代この地はまだまだ沖積平野でもなく明らかに東シナ海につながる内海であったことで"平原説"は成立し難い。

　次いで伊波普猷説を検討してみよう。伊波普猷説は「那覇の読み方」の中で、「那覇人自身は、那覇をナファ（nafa）といってゐるが、Fの音をも有っていない沖縄北部山原(ヤンバル)の人はFをP音にかへて、ナパ（napa）と発音し、Fの音を失った南方島尻郡の一部小禄村あたりの人は、これをH音にかへて、ナーハ（naha）と発音してゐる。（中略）国語の歴史は、P（パ行）→F（ファ行）→H（ハ行）といったやうに変遷して居り、（中略）那覇は確かにナパ→ナファ→ナハといったやうに三変遷を遂げた」（『伊波普猷全集』第4巻、313〜311頁）。

　また、地名那覇の起源について「昔の那覇の区域はずっと縮小される。即ち西海岸に突出する波ノ上神社（神歌に『はなぐすく』と見ゆ。突出せる城の義）から辻山を経て上の天妃への連なる丘陵の南側の斜面及び其処から港湾に至る地域、即ち今の西本町東町の一部だけになる」（『全集』第4巻、410〜411頁）と述べ、"那覇の称が茸に似た石からきたということは、後になって出来た民間語源説に過ぎない"と批判し、「其辺に人居が始まり、其処を人がナハと呼んでゐたといふことは恐らく事実に近く、那覇名称の、この辺りの漁場(なば)から起ったことをほのめかすものである」として、ナーファ"漁場"説に立っている。

　東恩納寛惇は、"茸石"説について「元より取るに足らぬ説」であるとし、「近来伊波君が由来記の「ナーバ」と云う音に興味を発見し、この地がもと、漁場（ナバ）であったことを頗る詳細に検討し（中略）今ではこの説が一番学問的である。この説は元来島袋源七氏が提唱したもので伊波氏がこれを支持し立証したものである。伊波君の説は、おもろを根拠とされたものであるが―中略―文献学の方面からは資料としてはなお不安な点が少なくない。暫く一説として保留しておきたい。」と止めている。

　先学の諸説や巷説に疑義や批判を加えたところで、卑見を述べ世の批判を乞う。

那覇が"うきしま"と呼ばれていてた時代——1452年以前——"なはどまり"と"あめくどまり"の間の内海の数個の小島の中で、波之上宮や護国寺の在る島が最も大きく、また伊波普猷氏も述べているように、西海岸＝東シナ海へ突出した島であった。伊波普猷は、那覇（ナーファ）の原形はナパでナファ→ナハと三変遷を遂げたものと述べている。
　突き出た"頭の方"を指す縄文時代語的地名であろう。すなわち、波之上宮のある"うきしま"を指したのが地名ナーファの起こりであろうと考える。
　地名は点から面へと広がる性質のあることが知られている。当初、波の上のある先端をさしたナーパ（ナーファ）が、"先端の島"を指す地名へと広がったものであろう。
　『角川日本地名大辞典47沖縄県』（1986）は、「波之上の西面する崖の中腹にある小洞穴遺跡から縄文時代の人骨が検出された」ことを採録している。このことはナーファの縄文時代語的地名の傍証になろうか。また近くの若狭町のワカサもワ（＝ふち、岸）、カ（＝〜の上）、サ（＝浜）で、"浜の上の淵"を指す縄文時代語的地名と解析されることや、明津浦などと当字されたアカチラの浜も、アカ（＝尾根、山稜）、タ＞ティ（＝ここ）、ラ（＝低地）で、"尾根の下の低地"と解析されることで、この"うきしま"一帯は、遠く1700年以上も前の縄文時代から、先人たちが生活の場としていたことが想像される。
　伊波普猷は、自らナハの祖形がナパにあると述べながら、祖形を解析しなかった所に伊波の漁場説の根本的な誤りがあり、祖形で解析すれば、漁場説は成立し得ない。先に触れた『沖縄県の地名』（平凡社）は「郷土歴史大辞典」と副題を添えてあるように、当該地名に関わる歴史資料がふんだんに付けられており、近年にない好著である。しかし、地名が土地に刻印された言葉である以上、このような典籍では、地名語の解析が第一義的課題ではなかろうか。

編集子付記——本稿は、南島地名研究センターの会報「珊瑚の島だより」第43号（2003年5月24日発行）からの転載である。

今帰仁村の小地名

玉城 三郎

　今帰仁村は呉我山を含めて 19 の行政字から構成され、その中におよそ 220 の小地名があるが、本稿は、その小字名や原名などの小地名の一部を取り上げ、語源解釈を試みた。
　以下に、字ごとに列記する。ゴシック体は小地名である。また、括弧（　）内のカタカナは読みである。

(1) 字今泊
　今帰仁は「南頂（ナチジン）」と訳することができよう。築城当時に付近に人家はなく、現在の今泊付近から南頂に城を据えたと考えられる。
　「ミやきせん」は、那覇市の今帰仁人＝「ミャキジナー」を参照にすると、「ミャキジン」→「ナチジン」と音転訛したと考えられる。傍証として、伊是名島の「チジン山」、具志川市の「前頂原」（南頂山）がある。
　今帰仁の異表記として、伊麻奇時利（1343 年の琉球国図）・みやきせん・米磯牙神（1606 年）・今きしん・今鬼神・セ奇銭・化奇銭がある。今帰仁には、いろいろな説がある。今来住・今来住治・魚来住・今吸地・島治・大湊・まき尻・今来才技。
　ハンタ原（バル）：「上（ハン）高（タ）原」であろう。上（カミ）は、カミ→カン→ハンと訛る。1742 年の今帰仁旧城図は「ハンタ原」の原石を針元とする。
　志慶真（シヂマ）：今帰仁グスクの東の川筋を「志慶真（シヂマ）」と当て字されている。「筋間川」である。
　アタイ原：「辺（アタイ）原」であろう。
　親泊（オヤドマイ）：今泊の沖にあった。内泊（ウチリタマイ）もあっ

た。
　間切り自（ドー）村：村は現在の字である。与那国は「自（ド）なん」の島という。

(2)　字兼次
　古島の前に「メンソー川」がある。「川北（カネシ）」である。三山時代の山北王は①怕尼芝で「川西（ハニシ）」である。②攀安知も「川北」である。山北王は兼次の出自であった。同時代の中山王の③尚巴志は「巴年之船ハネシ船（川北船）の所有者であった」。川北は現在の金城である。尚徳王の船号は④読固至麻魯（トクシマル）である。二王は自分の姓を船号としたと考えられる。1467年に尚徳王の明への使者に⑤巴寧仕（ハネシ：川北）があった。⑥山南王（承察度は北所）である。⑦明史に「洪武の初め、其の国に三王有りて、曰く中山、曰く南山、曰く山北と。皆な尚を以って姓と為す」とある。
　なお、「今帰仁村史」によると、兼次古島は紀元2世紀頃から集落があった。
　山之堂（ヤマノドウ）：「山所」である。古語辞典に「ある語に付いてその場所を表す語。所（ト）」とある。語尾や語頭に付く。
　大道原（ウフドウバル）：「上（ウフ）所（ト）原」。
　前名原（マエナバル）：「南地原」。地（ナ）は、後述の（7）謝名の項に説明する。

(3)　字諸志
　それぞれ、次のように解釈することができよう。
　山之堂（ヤマノドウ）：「山ん所原」
　山釜原（ヤマガマバル）：「山上原」
　泉原（イズミバル）：湧水がある。
　山田原（やまだばる）：「山高原」
　港原（ミナトバル）：「水所（ミナト）原」。辞典に「ミナト、河・海などの水の出入り口」とある。「水所（ミナト）」とする。

(4) 字仲尾次
中筋（ノーシ）。東西の中筋と考えられる。
新石原（ミーシィバル）：「北原」と考えられる。北の海岸に接する。
水溜原（ミジタマイバル）： 水溜りがあった。
当原（アタイバル）：「辺原」
前原（マエバル）：「南原」
上原（ウエバル）： 上（ウエ）下（シタ）の上である。

(5) 字崎山
「崎山発祥之地」碑の付近が「下間（シチャマ）」であろう。それぞれ、次のように解釈することができよう。
宇佐原（ウサバル）：「北原」。ウサーバンタがある。
港原（ミナトバル）： 港橋付近が「水（ミナ）所（ト）原」であろう。
桃原（トーバル）：「坦原」。戦後に飛行場があった。

(6) 字平敷
上原（ウエバル）： 上（ウエ）にある。
当江原（トウエバル）：「辺原」
運田原（ウンタバル）：「上高原」
越原（コエバル）：「北原」
戸茶原（トゥチャバル）：「泥（クチャ）原」。小石混じりの耕作地。
オエテナ原：「上（ウイ）上（ジャ）地（ナ）」

(7) 字謝名
大島原（ウフシマバル）一帯が「上地（ジャナ）」である。「国上（クンジャン）」の「上（ジャン）」が撥音便して「謝」と当て字されたと考えられ、また、「名」は「地（ナ）」であろう。辞典に「地（ナ）は大地の古語」とある。地名の語尾に「ナ」が付けば「地」である。
大棚（ウイジャナ）・上手名（ウイジャナ）：「上（ウイ）上（ジャ）地」。「上（ウエ）」「上（ジャ）」を同じ字で表す。」上（ジャ）」は「上（カミ）」の訛音。

謝名俣（ジャナマタ）：「上（ジャ）地（ナ）俣」
大久保原（オクボバル）：「大窪原」
頭原（カシラバル）：「北（クシラ）原」と読み替えた。
前原（マエバル）：「南原」
乙羽原（ウッパバル）：「上原（ウッパ）」であろう。

(8) 字越地
　集落の最も高い所「山所上（ヤマトヘー）」が「上頂（フーイヂ）」である。人口の少ない時代にそこから東西に分けて、「仲宗根越地（ナカソネコエチ）」「謝名越地（ジャナコエチ）」とそれぞれの行政下に置かれた。〔八重山に複数の越地道があるが、「踏切道（クンチリ）道」であり、近道の意味がある。久志間切に「大浦越路節」があるが踏切道の歌であろう。〕
　頭原（カシラバル）：「北（クシラ）原」
　与比地窪（ヨヒチクボ）：「水（ユ）引（ピチ）窪（クボ）」。大雨が降ると「水（ユ）」となり水引き（ドリーネ、シンクホール）に消える。現在は埋め立てられている。その南が「ユメー」である。
　渡喜屋原（トキヤバル）：「泥岩（クチャ）原」。小石混じりの耕作地である。
　小浜原（コハマバル）：小さな浜に面している。

(9) 字仲宗根
　水口原（ミズグチバル）：「水の湧き出る口」の意。ナグ泉がある。
　アハンナ原：「東（ア）上（ハン）地（ナ）原」
　兼久原（カネクバル）：「川北（カニク）原」。〔本部町の兼久貝塚は文化遺産として数十回も巡視した経験があるが、国道の下を流れる川を確認した。「川北（カニク）」にある貝塚である。〕
　垣畑原（カキハタバル）：「崖端原」。村運動公園の西に位置する。南も北も崖で、東は運天原（ウンテンバル）まで続き、西の岬は「石花（イチヌパナ）」である。
　港原（ミナトバル）：「水（ミナ）所（ト）原」。前記 (3) 字諸志の「港

原」参照。大井川の下流に位置する。「掛振筋（カリユシ）橋」の北（現在の今帰仁酒造所のタンクの付近）に「中筋（ナカシジ）ムイ」があった。さらにその北の闘牛場の南に「東筋（アガリシゲ）ムイ」と「西筋（イリシゲ）ムイ」がある。

　付記──港原（ミナトバル）は県下に約30ヶ所あり、大潮に海水が遡行する付近である。兼久（カニク）と我如古（ガニク）は約40ヶ所あり、「川北（ガニク）」が原意である。河川のない小島に「港原」や「兼久原」はない。

(10)　字玉城

　タモーシ。玉城の最も高い尾根筋が「山筋（タモーシ）」である。「筋」は辞典に「細長い線状のものが原意で、抽象化して色々の意味を持つ」とある。玉城の「スムチナ嶽」で勢理客ノロの新神降りの儀式があった。

　寒水川（ソーリガー）：「筋の良い子（ソーイリ子）」「筋ソーリ川」と考えられる。

　岸本（キシモト）：「北（クシ）」は「キシ」と転訛したと考えられ、岸本ソーリ川を含めて「北（クシン）所（トー）」にある。

　アザナ原：「東（ア）上（ザ）地（ナ）原」。乙羽トンネルの上から呉我山トンネルの上まで3ヶ所の「東上地」が続く。

(11)　字湧川

　鎌城原（カマグシクバル）：「川北側原」。湧川の「川北側」である。
　亀川原（カメカワバル）：「上側原」
　港原（ミナトバル）：「水（ミナ）所（ト）原」。湧川に面する。
　兼久原（カネクバル）：「川北原」。前田川の北。
　長竿原（ナガソウバル）・外昌原（ホカソウバル）：「沢」に関連するか。

(12)　字天底

　アミース。面白い地名である。「上」がカミ→アミと転訛し、「天（アミ）」と当て字され、「北（ミス）」を「底」と当て字される。「上（アミ）」＋「北（ミス）」＝「上北（アミース）」である。与論島でも「北（スミ）」

である。
　和呂目（ワロメ）：「割目」。対岸（屋我地島）との間の海峡を表す。
　懇謝堂（コンジャドウ）：「北所」
　山岳原（サンタケバル）：「上（サン）高（タキ）原」と解釈することができよう。「上（サン）」の説明は複雑になる。具志頭（グシチャン）は「北（グシ）上（チャン）」の当て字で、喜屋武（キャン）も「上（チャン）」の当て字である。「喜屋武（サン）親雲上（ペーチン）屋」は、明治時代の区長さんの屋号である。

(13)　字勢理客
　吉事原（ユッチュトバル）：そこの川が「川所（ユッチュト）原（バル）」である。付近は寄田（ユビタ）であった。

(14)　字渡喜仁
　渡口（トグチ）が渡喜仁（トキジン）と訛って伝えられたと考えられる。「所口（トグチ）」が原意であろう。本部町の渡久地は河口にある「所口」で現役である。炬港（テーミナト）は戦前まで山原船で砂糖の積み出し、雑貨の荷揚げがあった。類似の地名として、久高島の「徳仁（トクジン）港」がある。《伊平屋所（ト）立つ波、七島所（ト）中》、《たうと（唐所）いて、はりよれば、吾（アン）、守って、此の所（ト）渡しよわれ》の所（ト）である。
　大浜原（オオハマバル）：大きな浜。
　川俣原（カワマタバル）：北の台地より湧き水がある。「俣」は谷間の意。
　水川原（ミズカワバル）：上記（13）の吉事川に合流する。

(15)　字運天
　「運天」は「上（ウイ）高（カタ）」の転訛であろう。
　喜屋原（キヤバル）：「キャン」の撥音便で、「上原（キヤハラ）」である。
　山東原（サントウバル）：「上（サン）所（トゥ）原」。上記（12）の

「山岳原」＝「山高（サンタキ）原」を参照。

(16) 字上運天
「上上高（カミ・ウン・テン）」。「上（カミ）」、「上（ウエ）」を同じ文字で表す。
　阿那川原（アナカワバル）：「穴（アナ）川（カワ）原」。湧水がある。
　大川原（オオカワバル）：大きな川。
　大久保原（オオクボバル）：「大窪原」
　唐ノ森原（トオノモリバル）：「所（ト）の森原」

(17) 字古宇利
　西原（イリバイ）：太陽の入る所。
　東原（アガイバイ）：太陽のあがる所。
　雨底原（アマゾコバル）：上記(12)の「天底」と同意で、「上北（アミース）」である。
　大堂原（ウフトウバル）：「上（ウイ）所（トゥ）原」
　城北（グスクバル）：「北側原」。古宇利島は全域が「古宇利グスク」であった。
　横田原（ヨコタバル）：「砂（ユーター）原（バイ）」。砂丘であり、現在も砂の補給がある。
　喜屋原（キヤバル）：「上原（チャーバイ）」。喜屋武（チャン）の撥音便。上記(12)の「山岳原」を参照。

(18) 字与那嶺
「与那嶺」は「砂（ユナ）上（ンミ）」の転訛であり、長浜が「砂（ユナ）上（ンミ）」である。
　大嶺原（オオミネバル）：「上（ウフ）上（ンミ）」。本部町の大峯に続いている。

地名の偉大さ、不思議さ、面白さに魅せられて

牧野 哲郎

1　鏡味完二との出あい

　私が鏡味完二氏の『日本地名学　科学篇』（日本地名学研究所、1957）に出あってから約20年近くなるが、地名を通じて、学問の偉大さ、不思議さ、面白さ、無限大、永遠、地球（地文）、宇宙（天文）哲学というものを感じる。

　まず科学であるから現実性、従って過去の地名を調べること（研究といった方が適当）によって、人間の、その当時の生活、ひいては、思想、文化……というものがわかる。いわば人間の歴史である。これには、考古学、言語学、歴史学、人類学、民俗（族）学、地理学、海洋地質学、地形、特に山、川、海（自然学）……等、多くの学問が必要である。

　鏡味学の研究方法としては、伝播（地名は移動するものではなく、**伝播**するものである）として、その原点から伝播分布図を作り、それによって、時代、伝播の方向、人類（民族）等の移動を考察する。

　例えば、日本人はどこから来たか、という問題を考える場合、現在では、言語、文化、遺跡、形質人類学、最近では、DNA等で、各個人の人生録まで刻まれていることがわかるという。これには莫大な金と時間がかかる。考古学も同じだが、この地名学は、資（史）料さえ手に入れれば、一人でも出来るという気安さがあるが、それだけに、前述の関係学問、特に考古学、言語学等に関しては、専門家的知識が必要である。例えば、マレー系地名として、アコ、アンゴのつく地名が南はフィリッピンから北は日本の東北まである。

　私は最近、民放の人工衛星放送の『ディスカバリー』という番組を見

ている。実に面白い。例えば去る3月1日放送の南米「チャチャポヤス王国」は、ペルー古文書図書館文献によると、インカ帝国に攻め亡ぼされた。同南米考古学者ジーンザポリ氏の話しでは、今は人工衛星を使えば、地表の地質、鉱物質等はすぐわかるが、ここチャチャポヤス王国は、1200年前の遺跡で、ジャングルに蔽(おお)いかぶされ、これまで所在が明らかでなかった。ペルー北部クエラップにあり、長さ600m、高さ15mの立派な彫(ほ)り石の城壁がめぐらされており、崖(がけ)の上にミイラがあり、調査員は、アルプス登山用の命綱で、身をかため命がけである。

　しかし、ミイラは、エジプトの現世の幸福を願うのとは違い、手足を折り曲げられ、頭に手をやり、顔つきは驚きと悲しみ、苦しみの人相である。来世を信じ、現世を恨んでのミイラ達である。

　山の絶壁にあるというのは、天国を夢見、単なる空想ではなく、天体（天文学）に詳しかったのではないか。というのは、星型マーク（☆）がついている。これは私見だが、この城壁も単なる地形に合わして造ったものでなく、天体、例えば、月・日・火星・木星・土星の存在をも知っていたのかもしれない。ガリレオの望遠鏡は16世紀で、火星、木星が見えるはずがないと思うかも知れないが、アマゾンの人々は、虎を射殺すには、虎より早く、人間は、虎の存在を知らねば、自分が噛み殺される。それには、はるか数百m先の虎の動きを見極めなければならない。人間はいつでも、逃げ道を知っている。それは高い木のそばである。虎は木には登れない、人々は、高い木の位置をすべて知っていて、そこに虎を誘導して、殺すという。それには視力がよほどよくなくてはならない。普通日本人は、1～2度が限度だが、アマゾンの人々は7度の視力をもっているという。人間（動物も含む）の体は訓練すれば、相当な域まで達することが出来る。

2　シルクロードの『ニャ』

　話は変って、今度は、NHK「シルクロード」の話であるが、敦煌(トンコウ)の西400kmのところにロブノール湖という湖があり、その湖の西岸に楼蘭(ローラン)という井上靖の小説になった遺跡がある。

そこからタクラマカン砂漠、南は崑崙山脈の間を西に通じる西域南道といわれるロードがある。ローランから西南600km行くと川のそばに「ニャ（民豊）遺跡」という、前漢時代精絶国として栄えたところで、現在の遺跡は4世紀半ばに放棄されたもの、東西10km南北22kmにわたって住居跡などが散在している。私は、これまで、奄美、沖縄の『ニャ』という地名を水ミナ→ミャ→ニャ→ナと音韻変化して来たものと考え、水地名、川地名だと解していた。また発表もした。13年くらい前になるが、琉球大学の名嘉順一先生がわざわざ私の赤木名までこられ、その時私は、ニャは水地名で、例の音韻の話をしたら、先生は『ニャ』はそうは音韻変化しないと言って、物わかれになったことがある。この時私が、このシルクロードのお話をすれば（知っていたら）、理解して貰えたと思う。シルクロードの『ニャ』もニャという川の下流に現存している。だから川地名ということが立証出来るわけである。

　また、タクラマカン砂漠を挟んで北の方500kmのところに『クチャ』という音楽の都がある。私は今『奄美の地名と遺跡』について執筆中だが、琉球大学名誉教授・木崎甲子郎博士の書いた『琉球の自然史』（築地書館、1980）の中の第三紀漸新世（約500万年前）の項の中に沖縄本島南部は、青灰色のシルト質（砂より細粒で、粘土より粗粒な微細な土の粒子を多く含むもの）泥土が、広い範囲に堆積する。これが島尻層群である。沖縄島南部一帯はこの地層でできていて、「クチャ」と俗称され云々とある。

　父の郷里崎原では、友人百一（モモイチ）の屋敷ではジャガンチといっていた。仲松弥秀先生にお伺いしたところ、沖縄ではジャカルというといわれた。これを私はさらに調べ、原点までつきとめたら、なんと、紀元前3000年まで遡るということがわかった。詳しくは後述するが、ナイル川の氾濫泥水（ドロミズ）が乾いて農地になったというのがおこりであり、語源はウル・シュメール語のアガルから来ており、仲松先生のジャカルのカルはまさに5000年前の氾濫農地から来ているということである。では前述のクチャのチャは何かというと、粘土のことを島ではミチャという。この音楽の都クチャの地層はわからないが、砂漠と水となればやはり粘土層と思われる。沖縄も音楽の都、しかし、沖縄の音楽は南シナ半島系でリズム的

である。奄美の音楽は、雲南、照葉樹林帯系である。しかし、原点は、シルクロード系で、三味線、楽器が似ている。

　はからずも、木崎博士は、上掲書の古生代の海の項で次のように記している。「琉球列島に分布するいちばん古い地層で、時代がはっきりわかっているのは、沖縄島の本部半島・徳之島や奄美大島の基盤になっている古生代二畳紀（約2億5千年まえ）の地層である。……この石灰岩のなかに紡錘虫やサンゴの化石が発見されている。おなじ石灰岩は本州・九州にもある。日本列島では、この豆粒大の原生動物である紡錘虫の棲んでいた海を、『本州地向斜海』とよんでいる。だが、この海は地球的な規模でひろがる。日本列島から中国中部をとおり、他方は南アジアを経て、共にアジア内陸の天山山脈やヒマラヤ山脈につながり、さらにコーカサス山脈、ヨーロッパ・アルプスまで達する大きな海であった。これが**テチス海**という古代の海である。この海を母胎にしてヒマラヤやアルプスのような大山脈が生まれた。」（ゴチックは引用者・牧野）。琉球の海が、世界のヒマラヤや、アルプスの山脈を造ったとは驚きである。2億数千万年かかって、この地殻変動が現在に続き将来も続いているとみると、地名が、地中海、インド洋、東シナ海と連動していることは、何よりの証拠といえよう。

　話があまり拡がりすぎてわかりにくいと思われると思うが、じつは私、2000年11月の世界四大文明展を東京で見て、以来、奄美の文化の起原、伝播ルーツを調べて現在に至っているが、それと交互して、川崎真治氏の著書『古代日本の未解読文字』（新人物往來社、1984）を見て、研究の領域がひらけた。

　同書によると高楠順次郎教授の「シュメール（南イラク）民族論」、土居光知説は詩より発し、鈴木治教授『青銅文化東遷論』はユーラシア東西交渉史論攷、美術より発し、超古代のシュメール（今のイラク）に至ったが、「宗教と科学」の面からシュメール文化の東方伝播を論じ、民族移動に言及したのが昭和初期の高楠順次郎（東大名誉教授・文博）、三島敦雄（大三島神社宮司）、戸上駒之助（医博）ら中山文化研究所の諸氏だった。

研究所代表の高楠先生は『アジア文化の基調』（万里社、1943）、『知識民族としてのスメル族』（経典出版、1944）等を著わして、超古代のシュメールとインド先住民族とアーリア民族の関係、さらにインドと古代日本の関係を論じたが、『知識民族としてのスメル族』には山本知教の小論文「インダス川流域の文明スメル芸術論」さらにポール・リヴェーの小論文「スメル語族と太平洋語族」とも併載されていた。
　これらのうち川崎真治氏がとくに学的刺激をうけたのはインドにおける日神族と月神族の存在、リンガ（陽根）崇拝とヨーニ（女陰）崇拝である。理由はわが国にも日月崇拝、陽陰崇拝の習俗が上古からあったからである。
　また言語学の面からいうと、上掲書『古代日本の未解読文字』巻末に添えられた「スメル語、印度ムンダ語、太平洋語における語彙比較表」は貴重な資料の一つであり、エジプト語をもふくめた超古代オリエント語が、いかに太平洋州に広く伝播したかを教えるものである。紀元前30世紀のエジプト語の太陽『ラー』が今でもハワイ、サモア、トンガ、マオリ諸島語での「ラー太陽」である。
　インド亜大陸では、『ラー』から『リア』インドネシア諸島では『リー』、八重山諸島の民話「安里屋ゆんた」には、その『リー』が入っているというように、原音のラーがリア、リーと順次変化してしまったが、ナイル川より最も遠いハワイでは今もなお原音のままのラーである。（注──現在の中国語の「日」もリーである。）

3　印度タミル語論争について

　文化東遷論の先覚者は、上述の諸氏の他にも多々あった。だが、川崎真治氏が、強い影響をうけたのは、土居光知、鈴木治、高楠順次郎の三氏である。とくに日月信仰、陽陰崇拝の問題は、国号を「日本」とする日本人の根幹にかかわる問題であり、近年話題となった印度タミル語と日本語論争にも言及したいと思う。とりわけ大野晋教授と村山七郎教授の論争に深い関心を寄せているので、抽象的、心情的にではなく、具体的に、科学的に川崎真治氏の意見を述べさせてもらう。

大野晋著『日本語とタミル語』(新潮社、1981)の巻末対応語表に、次の二例があった。

(1) タミル語　ak-am：place, agricultural tract
　　日本語　ak-a：農地
(183) タミル語　tamp-al：hardening of rice fields after heavy rain.
(riversideland having much water)
　　日本語tamb-o：田んぼ

このタミル語日本語対応例について、村山教授は、雑誌『えとのす』18号で次のように批判している。

日本語の現代語タンボをtamb-oとするのは全く気ままな分析のしかたであって、タミル語をtamp-alで切ったのに合わせようとしたまでであって科学的切り方ではない。タンボは万葉集(3523)に出ている田能毛、タノモからの変化で、タノモはまた田の面であり、次のように変化したものである。

タ・ノ・オモ→タ・ノ・モ→タンモ→タンボ

タンボのボはオモ(面)のモに由来するのであるから、ボをb-oと切るのはナンセンスである。

このように村山教授は指摘されたが、(1)のアカと(183)の田んぼは、じつは、同根語であり、どちらも紀元前30世紀のウル語シュメール語の、洪水氾濫河岸泥地系の「農地」が究極の祖語だったのである。

4　紀元前30世紀の比較言語学

今から10年程前(昭和59年度現在)オリエント学会主催の講演会で、会長の三笠宮殿下は、そのころ、欧米の学者がシュメール語と古代エジプト語の比較をはじめたという情報を紹介された。シュメール語とエジプト語といえば紀元前30世紀の言語なので、そういう両者の比較をするということは、あたかも人類言語発生の謎へ向かって挑戦するということに等しい。

粘土書版に楔形文字で書かれたシュメール語解読の歴史は、杉勇著『楔形文字入門』(中公新書171、中央公論社、1968) や、E・ドーブルホーファー著 (矢島文夫・佐藤牧夫訳)『失われた文字の解読』(山本書店、1963) に詳しく語られている。また、古代エジプトの聖刻文字を解読した歴史については加藤一朗著『象形文字入門』(中公新書5、中央公論社、1962) や、上掲『失われた文字の解読』に詳しく語られている。要するに紀元前30世紀に書かれた文字の「字音」と「字義」が、約5000年後に解明されたという歴史なのである。

　以下紙面の関係で中略するが、詳しくは、川崎氏の前掲書『古代日本の未解読文字』を参照されたい。

　直接前述の「大野 vs. 村山論争」に移るが、大野教授は、日本語の『田んぼ』とタミル語の『タンパル』を対応するとした。村山教授は、『田んぼ』は万葉語の『田能毛』(田の面) からの転で、タムパルとは対応しないと反論した。そこで、大野教授の使用した辞典 "*A Dravidian Etymological Dictionary*" (by T. Burrow and M. B. Emeneau, Oxford University Press, 1968) を見ると、『タムパル』前項に次のような語群があった。

2506　タミル語の tamar　枝にあいた穴
2508　タミル語の tamir　タミル語。タミル人。タミル地方。(注——語尾をタミル人はrと発音するが英語の綴りでは tamil である)
2508　カンナダ語の tamira, tambara　(カンナダ語での)『タミル』
2508　ツル語の tamulu, tambulu　(ツル語での)『タミル』
2508　〔比較〕梵語では dravida-, dramila-, dravida-　(梵語での)『タミル』
2509　タミル語の tamukkan　象たちが戦う場所。夏の家。王の大天幕
2510　タミル語の tampattam　小さい太鼓
2510　カンナダ語の tambaata, tambate, tapate, tappate, tabate, tamate, tammata, tammate　ばちで叩く太鼓
2511　タミル語の tampal　大雨の降ったあと、稲田の土がひきしまること

2511　テルグ語の dammu　ぬかるみ、泥沼、湿地

　問題のタミル語『タムパル』の語義は、日本の俗諺にある「雨降って地かたまる」と同じ。したがって、同じ2511項にあるテルグ語の『ダムム』のほうが、日本語の『たんぼ』と対応するのではないか。しかし、同じ項に、タムパルとダムムが並べて置かれてあるので、畢竟、辞典の著者の二人の頭には、タムパルとダムムが同一グループ語であるという認識があったにちがいない。
　では、なぜ、同一グループの語と考えたのだろうか。川崎真治なりに推察すると、それは古代エジプト語のタマラ（季節的に氾濫する土地）がインドに伝播していたからだと思う。なんとなれば紀元前30世紀はエジプトがエジプトと呼ばれず、タマラ、タマリ、タメリ等の称で呼ばれていたからである。
　エジプトの古称『タマラ』が古代印度へ伝わっていたと言い切れる証拠の一つは、印度よりさらに東にある日本に、『タマラ』から派生した、(1) 水タマリ、(2) タマニ（稀に、不定期的に）、(3) タマタマ（偶然）、(4) マタマタ（再々）があることである。
　すでに前述で紹介した『タマラ』の聖刻文字を、個々に分析すると、①土地「タ」、②洪水・氾濫「マル」、③接尾詞「弱音ア、またはイ」、④意味符「季節的、定期的」、⑤意味符「町、国」という5つの要素に分けられる。
　したがって、日本語の (1) 水タマリの、『タマリ』は古代エジプト語の『タマラ』『タマリ』と音も義も同じ。だから、伝播、派生と解釈してもよい。日本語内部にあっては、語尾変化して、溜らない、溜り、溜る、溜れ、溜ろう、などとなり、また、水タマリ、水タメという合成語にもなったが、語源はエジプトである。
　次に日本語の (2) タマニは、定期的でなく不定期にという意味の副詞だが、これもまた、定期的という意味を内包する『タマラ』から、その語尾のラを略して「不定期的」の意の『タマ』にし、その『タマ』に副詞形成接尾助詞の『ニ』をそえて『タマ・ニ』とした。「たまには遊びに来いよ」「たまにしか来ない」「たまに来る」などの『たまに』が、

それである。そしてその『タマ』を重層させたのが、偶然という意の(3)タマ・タマである。

　また、タマ・タマを倒置させたのが、再々という意の(4)マタ・マタである。ナイル川では、洪水・氾濫が年一回、定期的にしか来ないが、日本の場合には洪水・氾濫をおこす台風が年に何回か襲来する。タマ・ニというよりも、マタ・マタ襲来というほうが日本語的なのだ。

　そして、そういう台風が来ると、必ずといってよいほど洪水・氾濫をおこす河川が日本列島内には多かった。ところが、その氾濫を巧みに利用し、古代エジプト人と同じように農業を行なった人々がいた──現在でもメコン川、メナム川の流域に、同様の人々が住む──。日本にも縄文後期から弥生時代にかけて洪水・氾濫・河岸泥地農業が存在し、その農業地の「名」を『タマラ』からr-nの転で『タマナ』『タマノ』、r-d-tの転で『タマダ』『タマタ』『タマテ』などと呼ぶようになり、漢字伝来後、それらを玉名、玉野、玉乃、玉田、玉手、玉戸などと表記した。したがって、玉がつく地名で、その他が洪水、氾濫をおこす河川の流域にある農作地帯ならば地名の玉は、玉石の玉でなく『タマラ』の意の『タマ』である。熊本県菊地川流域の玉名は、その最も典型的な例である。

5　琉球から東北まで「玉」のつく地名をたどってみる

　「玉」のつく地名で思い出したが、奄美大島竜郷町の役場のある浦と瀬留（スイルブイ）の間に「**タマンダ**」という地名がある。そこは昔、石崎長四郎医師が開業していた所だが、そこの沢谷をまた「**カチャマタ**」ともいう。薩摩時代、田畑佐文仁が、この辺を開拓（水田）し、その時使った鉄器（オノ・クワ・カマ等）を製鉄（鍛冶）していたことによる。

　明治20年代「玉の浦」と改名、しかし、古老は今でも「タマンダ」といっている。これはおそらく数千年前、エジプトから伝播したタマラ・タマリ系洪水地名だと思う。

　現在その湾曲した旧道の海を埋め立て、そこに火力発電所が出来、その一角に町営住宅、商店なども出来賑わっているが、地名を「**玉里**（タマザト）」とさらに改名し、これは鹿児島市伊敷村下伊敷の紙屋谷地区、町名の由来

は島津斉興の別邸であった玉里邸による。これも鹿児島封建政治の現れとみえる。
　奄美大島和泊町に玉城（タマグスク）＝俗称イニャトウといっているが、このニャは前出の洪水地名である。同知名（町）は地元ではチンニャといっている。これは地下水の意である。暗川（クラゴー）ともいう。
　同笠利町赤木名に、幕末田能最（タノモ）という姓の島役人がいた。また私の父方の祖母の父は太野（タノ）兼幸というが、これは古くは大野だったのではと思う。というのは古事記の太野（オオノ）安麿は太をオオと読んでいるからである。
　私は、奄美から北上して、長島海峡を通り八代海、島原湾、菊地川河口に玉名、有明海を北上して、筑後川に入り、中流にエジプト、ルクソールセンネジェム墳墓（BC 1300 年）の壁画を思わせる（関連のある）浮羽郡吉井町の珍敷塚（メヅラシヅカ）古墳の壁画（4〜5世紀）、さらに日田辺りから玖珠川を南下し、玉来川（タマライ）を下り、別府湾に至った。続いて、田万川（タマ）（山口）・田万里（タマリ）（広島）・玉谷（たまたに）（愛媛）・玉置川（タマキ）（和歌山）・玉野（岡山）・玉手（タマデ）（大阪）・田丸（タマル）（三重）・溜淵（タマブチ）（愛知・設楽（シガラキ））・玉穂（静岡御殿場（ゴテンバ））・多摩川（東京・神奈川）・玉前神社（タマサキ）（千葉房総）・玉里（タマリ）（茨城霞ヶ浦北岸）・玉山（福島いわき）・玉山（宮城・岩手）・玉清水山（青森）と沖縄から東北青森まで、タマラ、タマリ地名は続いている。

6　農地ということばの起原と伝播

　周知のように紀元前 3000 年のエジプトでは、ナイル川の洪水、氾濫が農業にとって不可欠のもの ── 氾濫水のひいたあとの河岸地が「農地」になっていた。その「河岸農地」を古代エジプト語では『シャ』といったが ── 古代中国では『沙』『者』でうつしていた ── しかし、一方の農業国メソポタミアのウル、シュメールには、起原を異にした二系統の「農地」ということばの①『アガル [a-gar]』と②『キバドゥ [ki-bad]』があり、前者のアガルからアカ（農地・日本語）、アカム（農地・タミル語）、田んぼ（日本語）、タンパル（上掲の大野晋著『日本語とタミル語』の 183・タミル語）等が生まれていた。ただし、以上の言語発生、言語変化、言語伝播を科学的に、つまり歴史言語学的に説明するとなると、かなりの

スペースを要するので、ここでは単に「農地」アガルが、いかにしてウル、シュメールで生まれたかの説明だけにとどめる。太古メソポタミアに大洪水があり生き残ったのはジ・ウ・スドラ王の一家だけという伝説がある。この洪水伝説は粘土書版に楔形文字で書かれており、旧約聖書の『ノアの方舟(はこぶね)』の原典でもある。そういうシュメール語版の洪水伝説に、「洪水」ということばが、『ア・マ・ル』と書かれていた。(上掲の杉勇著『楔形文字入門』参照)

※（奄美大島笠利町）宇宿の泉荘三先生（大島農学校7回、明治45年卒）は、生前私に、宇宿の西の白間方面をアガンマというと教えられた。この辺は低湿地で、雨が降ると道上が洪水となり、ツマラキ（注――「裾抜き」の奄美方言）してひざまでツンガリ（注――「風呂桶に身を沈める」の奄美方言）で通学していた。又、宇宿が大津波で、村落民全部海に引きこまれたが、ナベブタを冠った兄妹二人だけ助かり、この二人が宇宿人の始まりだと。これは洪水伝説と、稲作伝説が混成しているが、やはり伝説は古いと思う。名瀬市小湊(こみなと)には、稲種子渡来伝説で、兄妹が上陸し、前山（標高200m）の頂上に、伝説では、男石は男神が、女石は女神が持ち運んだ石、男石は7、8百キロ、女石は3、4百キロ、キヒリ神ガナシと、ウナリ神ガナシ、島立石がある。シュメール、インドから来た日神族、月神族、リンガ（陽根）崇拝とヨーニ（女陰）崇拝の現れと思う。島口のインガはリンガから来たのではないか。（名瀬市誌編纂委員会編『名瀬市誌〔上巻〕』、名瀬市、1968より）

ア・マ・ルの『ア』は、ウル語シュメール語の「水」。『マ・ル』は「竜」のブルの屈折・派生で、ブル→バル→マルという変化。語義は「竜があばれて……河の水がさかまき、増水し、あふれ出した……」である。なお、ここで日本語の『あ・ばる（暴）』『あ・ぶる、あ・ふる（溢）』『あまる（余）』と、紀元前30世紀のウル語シュメール語の「水・竜」①ア・ブル [a-bur] から屈折、派生した②ア・バル [a-bar] →③ア・マル [a-ma-ru]（洪水・氾濫）とを比較してほしい。この酷似、はたして偶然か、それとも歴史的必然の所産なのか、興味津々たるものがあろう。

さて、ウル語シュメール語の「農地」ということばは、起原の面からいって二系統あると先述したが、じつは二系統とも「竜」がからんでいた。

一つは深淵(しんえん)の竜があばれて洪水を惹起し、その氾濫水のひいたあとが

「農地(アガル)」になる。もう一つは、あばれた竜を英雄が殺し、殺された死体が、「農地(キバドウ)」に化成する。

「竜殺し英雄譚」は、ここでは、主題の洪水・氾濫系の「農地(アガル)」のみにしぼる。

水(ア)竜(ブル)からの派生が、ア・バル、ア・マル、その語義が、「洪水」であるというところまでは解説した。次にその「洪水」を、当時のウル人、シュメール人は、次のように、さまざまに変化させていた。ア・マル(洪水)、ア・マ・マ(氾濫)、アガガ(氾濫)、ア・ガル・ラ(氾濫)、ア・マル・ラ(氾濫)。そして「ア・ガルラ」から『ラ』をはぶいたア・ガルでなんと農地にしていたのである。いや、そればかりでない、語順のア(水)を省略した『ガル』だけでも農地を「耕す」ということばだった。

7　奄美で「ガリ」のつく地名

では奄美で「ガル」や、その派生である「ガリ」のつく地名を探すと、笠利町を東北から西南に走っている笠利山脈(仮称)の南端に**大刈山**と書いて**フゥガリョ**(180.7m)という山があり、通称**奄美嶽**(アマンデー)という。このカリョのカリは緩斜地で、この笠利山脈から流れ落ちる水が洪水となって、東または西海岸に土砂礫を運んで出来た農地(台地)である。では、奄美嶽と、大刈山とはどちらが古いか、時代検証してみよう。

数年前、地元南海日日新聞社の友人高槻義隆記者(琉球大学卒)の案内で、琉球大学の海洋地質学者・木村政昭教授と一緒に、笠利町東海岸の地質調査のお伴をした時、辺留(ブィル)、須野(スィノ)海岸の調査の帰り道、かねて高槻君が発見してあった、万屋から赤木名への県道沿い、ちょうど「太陽が丘」の北側を道路が掘り切りしている壁面に、黒く炭化した松ボックリが、ちょっとわれわれが見たところでは、最近落下したものとしか思えないものを、木村先生は、1万年前の洪水の跡と、さすが地質学者だけあって明言され、私はビックリした。言われてみると、その道路から20mくらい下に現在溜池があり、それが現在の川底である。現在の奄美嶽は、**大刈山**(フーガリョ)より30mくらい低い。因みに、**奄美嶽**が文献に表われるのは、

続日本記（683年）の「多禰人、掖玖人、阿麻弥人に禄を賜う」が一番古い。それより1万年昔に遡ってはたして、当時、人間（旧石器人）が奄美にいたか。喜子川遺跡は、2、3万年の集石遺構が出たといわれている。また人類学者埴原和郎著『人類進化学入門』（中公新書294、中央公論社、1972）によるとホモサピエンスに初期の代表者であるネアンデルタール人の時代になると言葉や思考能力がずっと発達して来た。それは「道具の製作や狩猟の技術からみて容易に推測できる」と。1万年前に人間が何人住んでいたかが問題だが、可能性としては充分考えられる。

　他に「ガリ」地名が、宇宿、万屋、須野にあり、また喜界島の為朝伝説の『**狩又の泉**』や、節子の**狩又**、芦検の**加良**（カリョー）、佐念、古仁屋、阿鉄、阿室とカル、カリ地名は枚挙にいとまなし。さらに宮古島の平家の遺跡「**狩俣**」も洪水地名である。

8　太古の文化は南から

　沖縄県島尻郡玉城村に知念村を含め、アマミキヨがはじめて稲作を持って来たとして聖地になっているが、その一つ**百名**（ヒャクナ）、**ヤハラ司**（ツカサ）という所があり、史書によると、風波を柔げるよう、海神に祈る所とある。
　私の父の郷里笠利町喜瀬崎原に**根神**（ネイガン）という岩があり、その沖200mのところに**ヤハラヤ**という魚礁がある。私が幼い頃、父は、私を瀬舟（スィブネィ）に乗せてよく、このヤハラヤや、**フーヤ、ハーヤ、イチャスィヤ、アスィブンスィ**と、巡回しマクブ（カンダイ）を追っていたが、それから約半世紀後眼がみえなくなり、昭和49年夏、島に戻りたいというから、両親を連れて崎原に行った。その時も、私を舟で、フーヤ、ハーヤ、ヤハラヤに行けと指示したが、眼がみえないので、その場所に行けなかった。
　町の歓迎会の時、西忠茂教育長と、崎原の海岸を散歩しながら、西教育長が、あれは**根神**（ネガン）、これは**立神**（タチガン）といったら、父はおこって、お前はあれが神にみえるか、あれは**寝岩**（ネガン）、これは**立岩**（タチガン）だよ君と、二人は立神論争をくりかえした。父は唯物論者で無神論者である。教育長をからかったのである。その翌年、父の唯物論が立証されるように、**崎原サウチ**から、トウテツ紋貝札（写真1）が出土した。それも、中国人が彫刻したものと

地名の偉大さ、不思議さ、面白さに魅せられて　201

写真1　トウテツ紋貝札（崎原サウチ遺跡）、長さ 5.4cm

河口貞徳先生はいわれた。
　私は、その後、何か父の予言が当ったような気がした。父は独学者で、ギリシャ哲学から始まった。私は、数年前から世界文明の伝播を調べているが、この崎原サウチ遺跡から出土したトウテツ紋貝札の紋様は、はるかイラン北部のノリスタン地方のドアー飾りがアレキサンダー大王の死後の頃、流行した。これは日本では近江の古代豪族、佐々木氏の四つ目結家紋となっており、原点は、ウル人シュメール人の「四」でエン・キ神、アア・リンム＝エア神、また、デンマークの「四線」と同じ思想、水の神エン・キである。
　しかも沖縄のニライカナイ＝はるか遠い国から、幸福と平和をもたらす神とはまさに、このメソポタミア文化、現世の平和と、幸福を祈る神（文化・宗教）である。沖縄（琉球）の城は城郭ではなく、仲松先生のいう、世界平和、幸福を祈るモスクである。
　牧野周吉を世間は共産主義と評しているが、父はギリシャ哲学ソクラテスから始めてアリストテレス、カント、ヘーゲル、マルクス、エンゲルス、レーニンと入った。彼のライフワークは、『カントの平和論』（未刊）である。
　前述の崎原の人形立神の周辺をヒンノ（写真2）といい、牌（遣唐使船の寄港地として太宰大弐、高橋牛養等が建てた）の建っていた澪（方名ニョー）＝船の水路寄港地と私は解している。また、ヒンノの南を西表と呼んでいる。この西表は、昔はイリオモテといっていたと思う。

写真2 遣唐使船の寄港地といわれる崎原ヒンノ

9　古代日本文化は南から ── 地名がそれを証明している

　日本よりの学者は、文化は東北から西南に来たと、思い、西をイニシのニシの漢字を当てているが、弥生以前は南から多く文化は日本に入っている。その証拠に、沖縄**西表島**(イリオモテ)はそれを証している。イリとは入口のイリである。種子島の**西之表**は、弥生時代の日本の入口であり、崎原は、遣唐使船(ケントウ)時代の日本(ヤマト)の入口で、西表島(イリオモテ)は、倭寇(ワコウ)時代の日本(ヤマト)の入口ということになる。その証拠に崎原は**泊　尻**(トマリンシリ)といっているが、隣りの**打田原**は、**テンシ**といっている。沖縄**運天**(テン)**港**のテンも港の意。竜郷町**宇天**(ウテン)のティンも港、赤尾木白浦の先**一屯**(イットン)のトンも**磯港**(イッテイン)である。屋久島に、**一湊**(イッソウ)といって、市来Ⅲ式と同じ、一湊式土器（3500年前）遺跡があるが、これも**磯港**(イッテイン)の意味がわからず、漢字読みになったものと思う。

名護市辺野古の海岸海域地名素描

島袋 伸三

　1977年4月、浜下りの大潮を目途に私が琉球大学地理学教室で指導教官とし担当した学年の卒業を記念してなつかしい郷里・辺野古(へのこ)のイノーにある無人島での1泊パーティーを試みた。島名は「平島(ひらしま)」、サンゴ石灰岩の島は村びとがよく利用していた。宜野座高校の先輩が所有する5トンの漁船を気軽に提供して貰い、他にも世話をしていただいた先輩の配慮もあった。教室にあるトランシーバーで非常連絡の体制もととのえた。携帯電話のない時代であった。

　1973年の「浜下り」にでかけたらピシ（礁原）のあたりはサンゴが豊かに生育していた。私はカメラを持ちながらイノーからピシ一帯を歩きまわった。まさしく「サンゴのお花畑」がピシをかこんでいた。だが、1975年の「海洋博」の頃からオニヒトデの異常繁殖によりサンゴ礁の危機が喚起され、このような状況は白化現象（bleaching）の影響も受け現在に至っている。1977年には辺野古のイノーとピシは凄惨たる状態を呈していた。子供の頃、オニヒトデの名称を耳にした記憶はない。しかし、数年のサイクルでホラ貝が豊富に採れたことは、オニヒトデと天敵のホラ貝の生態学的関係があったことを示唆している。

　子供の頃は、豊かな海の恵みで育ったようなものである。河川ではエビやカニがとれ、河口の汽水湿地帯のヒルギ林では大型の二枚貝がとれた。しかしそれは子供には手におえない獲物で、隣の老婆はこの二枚貝採りの名人であった。その老婆は貝採りについて決して他言しなかった。時には村びとが集まって干潮時にヒルギ林の水路でササ入れ（魚毒漁）を行いウナギや大小さまざまの魚がとれた。また、ヒルギ林の水路は台風時に小型の山原船が避難場所とし利用していた。現在ではヒルギ林の生態系は開発により埋め立てられ消去している。

河口の橋のたもとではチクラ（ボラの稚魚）が子供でもよく釣れた。そこでは大人が金網籠によるカニ漁も行っていた。夏になると橋の上から飛びこみ、護岸の岩にへばりついたカキを小石で割りほおばった思い出も忘れがたい。河口からイノーにいたる浅海が潟である。干潮になるとあちこちに青黒いパッチができた。イクサガニ（ミナミコメツキガニ）の集団である。近寄るとすばやく泥の中にもぐり消える。この集団のカニが海鳥の餌になるかについてはさだかではない。

秋口になるとこの広くない潟で夕方の満潮がせまると、あぶくを伴う潮汐にのりボラがパチャパチャと浅瀬をはねながら寄ってくるのを小枝や竹のムチでたたきながら漁を楽しんだこともなつかしい思い出である。潟からさらに進むと干潮時でも水域となるイノーが広がる。子供達には家庭で豆腐を造るためにここまで来て海水を汲んだものだ。辺野古の現在の漁港に連結されたトゥングァとピシ（リーフ）までの水域がイノーである。海岸は低平な海岸段丘の末端部で、その標高は海岸の砂浜からわずか数メートルしかない。海岸をつくる岩石は嘉陽層の砂岩で褶曲した岩石海岸が目立つ。サンゴ石灰岩は、トゥングァと隣接する陸繋島（りくけいとう）の**タカシダキ**があり、イノーとピシには**ナガシマ**（長島）、**ピラシマ**、**マナヌ**など岩礁がある。

図1は辺野古の海岸・海域地名を示している。これらの地名については『辺野古誌』のなかでかなり詳しく記述されている（辺野古誌編纂委員会、1998年、111-124頁）。その内容は（1）岩礁、（2）ピシ（干瀬）、（3）クチ、（4）クムイ（イノー内の凹地と礁原上のプール）、（5）スニ、（6）その他の地名の項目に分類して記述している。

図をみると**辺野古崎**（土地の名称は「**長崎**」）から**大浦湾**に沿う海岸は断層崖のためほとんど砂浜が存在しない。辺野古崎から**久志**まで連なるピシに囲まれたイノーはかなり広い水域である。天気の良い日にはいつも山原船がピシ近海を通過する風景は子供時代の風物詩であった。満潮時に山原船が悠然と船体を傾けながら滑走しいつものクチからイノーに進入している勇壮な帆船をながめていると思わず胸の高鳴りをおぼえたものだ。

足の速い千切れ雲の動きに映えて水面が迷彩色のように変化してゆく

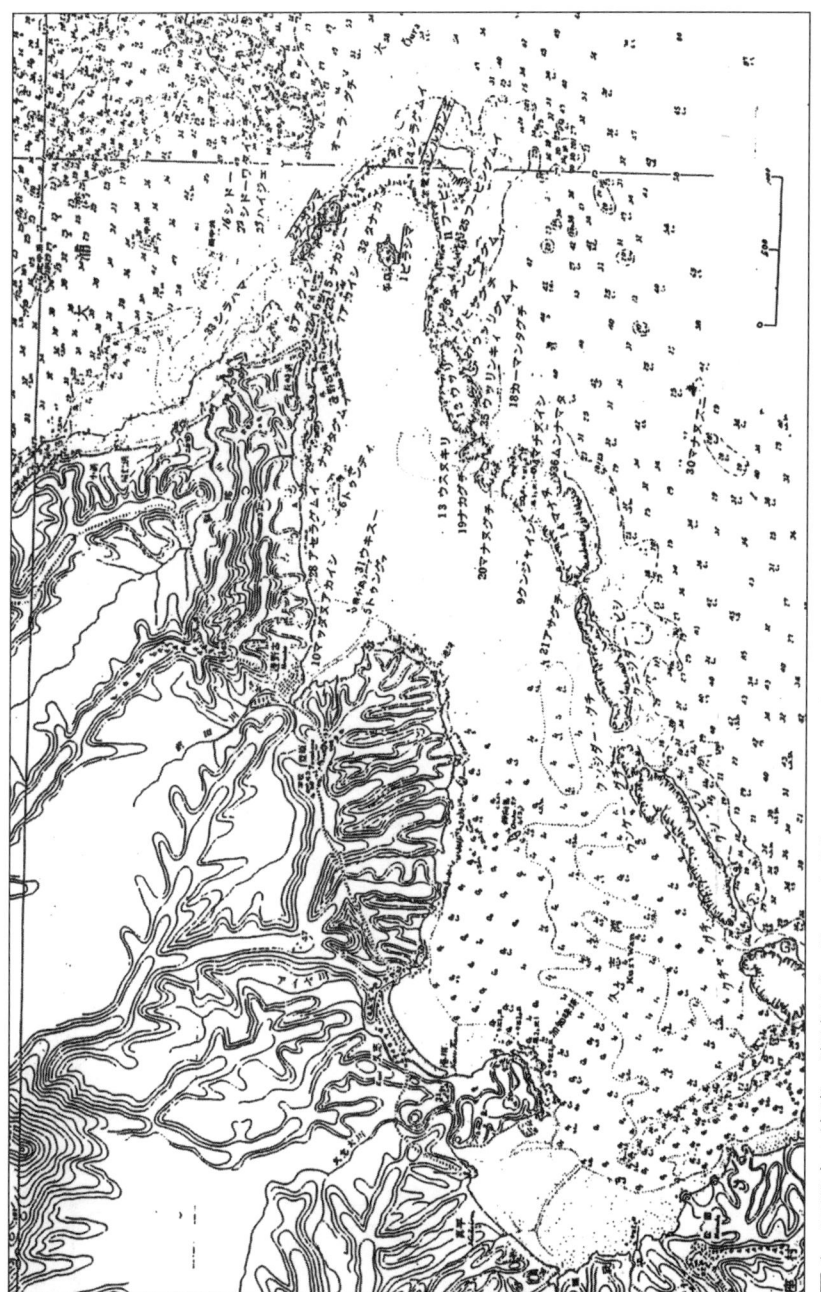

図1 辺野古の海岸・海域地名（『辺野古誌』, p. 113 より転載）

水面をみるとジュゴンがジャンクサミーで悠然と泳いでいた。
　浜下の**大浦**にはピシ一帯は人影で賑わい、浅いイノーでは肌寒さも気にせず子供達は心ゆくまで水あびを楽しんだものだ。夏ともなるとスク漁があり、ウニやモズクはいくらでもとれた。寒い冬の夜には松ヤニをしっかり含んだテービーを灯して「いざい」に出かけ、シガイ（小だこ）などの魚介類が採れた。肥料が貧しいため、海岸に打寄せられている海藻のモー（ホンダワラ）を採るため海中に入り寒さをこらえてモーを海岸の草むらに引き揚げ、雨水で脱塩ししばらく日干しにして畑に投入することも体験した。
　ピシ・イノーは土地の人びとにとって豊かな資源を得ることのできる空間である。アイヌ地名研究家の山田秀三氏によれば「ピシ」はアイヌ語で海岸を意味する名称であるという（1983年4月23日川崎市で催された地名学会において教示を受けた）。同じ地名は瀬戸内海にもみられるという。わが沖縄の先人達にとってピシは日常生活において陸地の一部として認識していたのではないだろうか。故に、ピシからイノーの空間は村びとの共有地（コモンズ）であったことが理解できよう。本当の漁師はイノーでは漁を行わない。そこは大衆が日常の魚撈をいとなむ空間であったのだ。しかし、近年は「つくる漁業」の水域として広く利用されていることは周知の通りである。
　ピシとイノーと親しくかかわった子供時代を追想していると、現在の辺野古の海域が夢想だにしなかった目的で利用されようとしている。米軍マリン隊のヘリポートの飛行場として基地利用の対象となっていることが全国の衆目を集めている。「辺野古」という名称は全国的にメディアを通じ広く知れわたっている今日である。空港建設とサンゴ礁の生態系の問題についてはこれまでかまびすしく論争されてきた。奄美大島空港の建設は大衆の関心をよそに実現した。白保海域における石垣新空港計画は豊富かつ貴重なサンゴがつくるサンゴ礁生態系に対する国際的な評価により廃止された。今度の辺野古のサンゴ礁水域はジュゴンが問題の対象になっている。かつて、王府時代には、ジュゴンの肉は珍味・薬用・長寿食用として知念間切は首里王府に献上したという。

沖縄の地名に接して

山口　均

　修学旅行の引率で私はしばしば沖縄を訪れている。幸いにして生徒による横暴な言動はないことから、沖縄県の人たちの感情を害するような余計な心配はいらない。しかし全国の地名に興味を抱く私にとっては、いささか欲求不満の残るものである。公務とはいえ、沖縄に来て特有の地名に接する機会が少ないことに、残念な感情がいつも残るのである。

　修学旅行の事前指導の中で、私は必ずと言っていいほど沖縄地名の読み方を担当する。事前に書をひもとき読み方や語源などを調べて生徒に教えはするが、よくバスガイドが車中で出題する「北谷（ちゃたん）」「読谷（よみたん）」「今帰仁（なきじん）」「南風原（はえばる）」「東風平（こちんだ）」などの市町村名、「大工廻（だくじゃく）」「勢理客（じっちゃく）」の字名だけでなく、マニアックだと苦言を受けながらも「保栄茂（びん）」「具志頭（ぐしちゃん）」「仲村渠（なかんだかり）」「為又（びーまた）」「平安名（へんな）」「奥武山（おうのやま）」等々の読み方も教えている。

　難し過ぎると批判もあるが、そういう時に限り「琉球地名・アイヌ語地名よりもヤマト語系地名がどれだけ難しいか」と声を大にしている。ヤマト語系地名は縄文語・古朝鮮語・アイヌ語などが渾然とし、瑞祥化・借音化・借義化、音の付加や音便化、誤記や当て字を繰り返してきたことから、語源を求めるには苦労するものも少なくない。私の育った「名古屋」や「愛知」[1]ですら明確な語源はまだ現れない。

　ことさら「一口（いもあらい）」（京都府久御山町）、「人里（へんぼり）」（東京都檜原村）、「岩作（やざこ）」（愛知県長久手町）、「和布（めら）」（福井県福井市）、「紫合（ゆうだ）」（兵庫県猪名川町）、「無悪（さか なし）」（福井県上中町）、「地名（じな）」（静岡県中川根町）などの難読地名は数えきれない。

　ただ生徒たちはこのような沖縄県の地名に対して、今日活躍している芸能人の姓氏と連動させている様子で、少なからずしも嬉しく感じ、ささやかな地名教育の実践に満足感を得ている。「仲間由紀恵」「国仲涼子」

「比嘉栄昇（BIGIN）」「安室奈美恵」「辺土名一茶（DU PUNP）」「上原多香子（元SPEED）」「喜納昌吉」「普天間かおり」「川平慈英」「新垣渚（ソフトバンクホークス）」など全て地名にもある。日常の会話の中に出てくるのか、親しみをもって私の話を聞く者も多い。

　地名と姓氏は切っても切れない関係にある。その代表的な例としてよく私は沖縄（琉球）地名を挙げて説明する。**藤原**不比等・**足利**尊氏・**織田**信長・**徳川**家康・**岩倉**具視[2]などはよく知られているが、沖縄地名と姓氏との関わりから、ヤマト語系地名圏の、ことさら名もなき人々の姓氏も地名との関わりは捨て難いと言えるのである。

　また機会を見つけ、ぜひ次回はプライベートで沖縄地名を訪れたいと願っている。

註
（1）名古屋＝上辺が平らな高台、愛知＝恵みをもたらす土地（柳田国男説）、という説を支持している。
（2）織田＝福井県丹生郡織田町、徳川＝群馬県新田郡尾島町徳川、岩倉＝京都市北区岩倉

「つる」はどこから来たか
特に九州地区の小地名「つる」について

名嘉 順一

　『角川日本地名大辞典』の鹿児島県・宮崎県・熊本県・大分県・佐賀県・長崎県には、1728カ所の「つる」の小字名が記載されている。「郵便番号簿」に記載されている全国の集落（字）レベルの「ツル」地名は310カ所である。
　「ツル」は川と関わる地形名である（大多数は川と関わりがある）。
　川が山地から平地へ流れる所にできた、ゆるやかな傾斜の扇を開いた形（扇状の地形）。流れが急に緩やかになって砂と小石（砂礫）を堆積した結果、下流に向かって、流水のために土砂などが積み重なった（沖積地）ところに命名されている。
　そのところは川魚（コイ・フナ・アユなど）のすみ場所として適している。
　地方によっては、むかし話や伝承にもとづいて命名された地名もある。

(1) 鹿児島県 阿久根市 鶴川内
　地名の由来は、古来よりの鶴の飛来地であることによる（阿久根のむかしばなし）。

(2) 熊本県 葦北郡芦北町 鶴木山
　地名については、往古、山上観音堂の大木に鶴が毎年巣を作ったことから鶴来山と名付けたとする伝承があるが（葦北郡誌）、ツルは水流を意味し、海岸に温泉が湧出するところから、地形にちなむものと思われる。

(3) 福岡県 筑後市 鶴田

地名の由来は、当地に鶴が飛び降りてきたことによるという。

(4)「つる」の表記

「つる」の表記には「鶴」・「津留」・「水流」・「都留」がある。

表1 都道県別「鶴」「津留」「水流」地名数

都道府県	鶴	津留	水流	都道府県	鶴	津留	水流
北海道	15			三重県	0	1	
青森県	9			滋賀県	2		
岩手県	1			京都府	5		
宮城県	21			大阪府	9		
秋田県	4			兵庫県	8		
山形県	6			奈良県	3		
福島県	18			和歌山県	2		
茨城県	3			鳥取県	1		
栃木県	2			岡山県	5		
群馬県	5			広島県	2		
埼玉県	10			山口県	1		
千葉県	4			徳島県	1		
東京都	4			香川県	4		
神奈川県	15			愛媛県	5		
新潟県	4			高知県	2		
富山県	2			福岡県	10	2	
石川県	5			佐賀県	4	1	
福井県	1			長崎県	4		
山梨県	3			熊本県	7	7	
長野県	5			大分県	23	14	
岐阜県	9			宮崎県	5		7
静岡県	4			鹿児島県	4		2
愛知県	15			沖縄県			
				計	272	25	9

表2 都道府県別の「つる」地名の数と地名事例

県名	地名数	事例
北海道	19	鶴野・鶴丘・鶴ケ岱・鶴沼・札弦町・鶴居・別海鶴舞町
青森県	9	鶴ケ坂・鶴ケ岡・鶴泊・鶴田・鶴打田・鶴児平・鶴喰・鶴ケ崎
岩手県	1	鶴淵
宮城県	20	鶴ケ谷・鶴巻・鶴ケ丘・鶴ケ埣・鶴巣・鶴喰・鶴羽美
秋田県	4	鶴形・沖鶴・鶴館・鶴巻田
山形県	5	鶴田・鶴脛町・楯岡鶴ケ町・鶴子・鶴巻田
福島県	18	矢剣町・鶴賀・鶴見坦・平鶴ケ井・鶴芝・鶴巻・鶴ケ谷・鶴田・鶴ケ岡・鶴沢・鶴峰西・鶴野辺・鶴蒔田
茨城県	2	鶴代・鶴田
栃木県	2	鶴田
群馬県	5	鶴が谷町・鶴光路町・鶴見町・鶴生田・鶴ケ谷
埼玉県	11	川鶴・かわつる三芳野・鶴ケ曽根・鶴瀬・鶴馬・鶴舞・鶴ケ丘
千葉県	4	鶴沢町・鶴奉・鶴舞・鶴岡
東京都	5	早稲田鶴巻町・弦巻・鶴川・鶴間・鶴牧
神奈川県	15	鶴見・鶴屋町・鶴ケ峰・鶴が丘・鶴が台・上鶴間・鶴巻・真鶴
新潟県	9	敦田・鶴田・敦賀・鶴町・鶴ケ曽根・敦ケ曽根・鶴吉
富山県	4	鶴ケ丘町・鶴寄町
石川県	6	鶴ケ島町・鶴多町・鶴ケ丘・鶴町
福井県	1	
山梨県	4	つる・鶴瀬・鶴川・鶴島
長野県	5	鶴賀・鶴巻
岐阜県	11	鶴田・鶴舞・鶴見・鶴里・鶴巣
静岡県	4	鶴見・長鶴・鶴舞・鶴喰
愛知県	18	鶴羽・鶴舞・鶴里・鶴田・鶴見通・鶴が沢・鶴ケ崎・鶴城・楽田鶴池・(鶴根)
三重県	1	津留
滋賀県	2	鶴の里・鶴が島
京都府	6	鶴山・敦賀・弦馳・鶴賀・鶴ケ岡・
大阪府	9	鶴町・鶴橋・鶴見橋・鶴野町・鶴田・鶴原・鶴山台
兵庫県	9	鶴甲・鶴町・下鶴井・鶴の荘・鶴居・弦谷・鶴木・鶴岡
奈良県	3	鶴福院町・鶴舞
和歌山県	1	鶴川
鳥取県	1	鶴田
島根県	0	
岡山県	6	鶴新田・鶴形・鶴の浦・鶴海・釣井・都留岐
広島県	2	鶴見・鶴江
山口県	1	鶴見台
徳島県	2	(鶴島)・釣井
香川県	4	鶴市町(台山)・鶴屋町・鶴羽
愛媛県	5	鶴島町・鶴吉・鶴間
高知県	1	大鶴津
福岡県	6	鶴田・鶴三緒・津留
佐賀県	4	津留・鶴・鶴牧
長崎県	4	鶴の尾町・鶴見台・鶴田町・深江鶴亀触
熊本県	10	鶴羽田町・鶴田町・津留・鶴ケ田・鶴喰・鶴木山
大分県	27	津留7・鶴田6・志津留・鶴瀬・鶴見2・大鶴2・池ノ鶴・鶴河内町・鶴城
宮崎県	6	鶴島・鶴ケ丘・水流迫・鶴町・水流崎町・水流
鹿児島県	4	鶴川内・鶴見町・鶴田・鶴丸
沖縄県	0	
計	296	

仲松弥秀先生の思い出

南島地名研究センター地名巡検。「佐敷ようどれ」にて。前列右端が仲松弥秀先生。(1997年4月26日、深沢惠子撮影)

弥秀先生との摩訶不思議な縁

仲松 源光

　私は昭和5年に師範学校に入学した。その年に仲松弥秀先輩のお名前を知りました。それは石田鶴鳳先生の引率で今帰仁方面に旅行した際、石田先生のお話しのなかで、今帰仁尋常高等小学校に「仲松」という新卒の青年教師がいることがわかりました。同姓というだけでなんとはなしに、私の念頭にはずっと残っていた。しかし、面会の機会はありませんでした。何年か経て、弥秀先輩が文部省の検定試験、その頃の通称「文検」の地理学科に合格されたことを知り、学究肌の先輩として強いイメージをいだきました。当時、文検合格ということは若い学徒の難関といわれた高等師範学校で4か年の過程を経て取得する資格と同等の資格である。それを弥秀先輩は教職に在りながら独学で獲得されたのである。全く驚きであり頭の下がる思いをいたしました。

　お名前を知ってから30年は過ぎたでありましょう。私が伊豆味小中学校に在職中、思いもかけず先輩が突然、学校に私をたずねてこられたのである。目を細めてニコニコ顔で「やあ！　源光君、琉大の仲松です。君のことは前から知っていたよ。古嘉津宇——嘉津宇岳麓の集落——の地形調査に学生をつれて行くところだが……。そこに待たしているよ。まあ、元気でやりたまえ」。大体そんなお話しであったと思う。職員室前の露地で僅か2、3分の立ち話しで先生は学生の待つ方へと歩みを速めて行かれた。お名前を知ってからおよそ30年目にして実現した初対面のシーンである。「君のことは前から知っていたよ」この一言は私の耳に強く響きました。後輩が思っていた以上に先輩は思っていられたのだと察せられました。初対面は全く先生のご配慮により実現したのである。

　初対面から後はお会いする機会が多くなっている。昭和52年の春、弥秀先生は同学の士を2人程伴って名護市宮里の拙宅までわざわざ訪ねてこられた。『角川地名大辞典沖縄県篇』の執筆協力の要請のためであ

る。先生の納得のいく説明と熱意に動かされて引き受けることにした。弥秀先生を筆頭編集責任者とした沖縄篇はおよそ9ヶ年を要して昭和61年7月に発行の運びに至りました。沖縄県下のそれぞれの地域の然るべき人材を登用網羅しての大事業でありました。その過程で調査研究し、経験したことは、後に自分が関与した本部町史の編集にも大いに益することがあった。

　沖縄に南島地名研究センターが発足して間もない頃である。川崎市で全国地名研究大会が開催された。大会の前日、ホテルに着いたばかりの弥秀先生は、谷川さんと事前の打ち合わせがあるから一寸行ってくると出て行かれた。大会当日、谷川健一先生と南島地名研究センター代表・仲松弥秀先生お二人の対談が行われた。内容としては、地名研究会の役割・進路といったもので全会員に多大な示唆・感銘を与えたと思っている。全国には著名な同学の士が多数おられる。わが国、民俗学トップの谷川先生が対談相手として弥秀先生を指名されたことは、「仲松弥秀」に対する評価がいかに高いかがわかる。沖縄県において東恩納寛惇賞・沖縄文化功労賞を受賞されたことは至極当然といえる。

　弥秀先生の研究は山野の跋渉を伴う場合が多い。地名の巡検である。一定の所までは車で行く。その先は歩いて、時には道なきところをさがしさがしして行く。巡検の一行で先頭を行くのはだいたい弥秀先生であった。それは土地の事情に通じておられるからであり、さらに足腰が強いからでもある。巡検の日程を終り、反省会・軽食会を催すことがある。皆の衆はヤレヤレとあぐらをかいてゆっくりする。ところが弥秀先生は正坐して背筋を伸ばしておられる。誰かが「先生、どうぞゆっくり」と進言する。「おれは、これが楽だ」とニコニコしておられる。先生には研究生活そのものが健康長寿に直結する生活であると私は察している。

　私的で恐縮ですが、弥秀先生とのいささかのご縁について書きたい。
　史書「球陽」について質疑があり、先生の御宅に訪問したことがある。なんと、すぐ隣は嫁に行った私の姪一家の家である。両家はつとに交流があり、熟知の仲であるという。後日、姪は「先生はよく冗談をおっしゃる」ともらしておる。冗談もいえる仲なら大いに結構なことで両家の親しみが伺える。瀬底島に旧北山の系統と伝えられる旧家がある。弥秀先

生一行がその旧家（大城家）を訪問されたことがある。そのすぐ南隣りは仲松家で私はそこの三男である。長兄は故人となり現在はその長男が後を嗣いでいる。ついでにしばらくの休息をお願いしてお立寄りくださった。大正の末期、長兄は国頭郡長賞を受けた優等生で師範学校に受験したこともあった。もし合格していれば、弥秀先生とは同期生になっていた計算になる……、とは私の空想である。明けて数え年91歳になる私は昨年から在宅介護にお世話になっている。ヘルパーさんが交替で来訪される。その中のお一人が弥秀先生の奥様の姪御さんである。「弥秀おじさんは昨年カジマヤーのお祝いをおすましになりました」という。その吉報で私はカジマヤーのお祝いの原稿に一段と精出し仕上げました。摩訶不思議な御縁である。弥秀先生にはいよいよ御健康長寿で日本一の記録を更新していただきますよう念願いたします。

仲松弥秀先生の思い出

牧野 哲郎

　仲松先生カジマヤー心からお祝い申し上げます。
　仲松弥秀先生と初めてお会いしたのは、1984年秋の「黒潮の流れに沿って～沖縄・奄美と川崎を結ぶ海上の道」、地名全国シンポの晩餐会で、私はかねて、お名前は存じていたので、私の書いた、つたない論文をお見せしたところ、大変よろこばれ、是非『南島の地名』に載せさせてくれといわれ、第3集に載せて貰った。その後度々お手紙を頂き、色々教示を賜った。
　先生は大学出でなく、私の父と同じ文検出身であることがわかり、一層親近感を持つようになった。1990年、2度目の沖縄、地名調査に単身のり出し、南島地名センター代表（当時）・仲松弥秀先生はじめ琉球大学の島袋伸三教授（現、名誉教授、南島地名研究センター代表）、沖縄国際大学の堂前亮平教授（現、久留米大学教授）、久手堅憲夫氏等が歓迎会を開

いて下さった。

　特に仲松先生は、御機嫌うるわしく、友人から、自分（仲松）に、お生れはどこですかと聞かれ、恩納の伊武部(オンナ)(インブ)ですと答えたら、相手は赤面して、おそれ入りましたといったと。ユーモアのある人で、若者に親しまれるのだろうと思った。またこうも私に言われた。「沖縄でそんなに戦争がありましたか？　城(グスク)論争。今の若い者は何も知らん」といわれた。私はその時、単に本土よりの学者が多いのを批判されたと思った。

　数年前から、川崎真治氏の『日本古代未解読文字』を見て、沖縄の「ニライカナイ」文化（宗教）は、世界の現世の平和、幸福を祈る、まさに仲松氏の生の世界を祈るグスク＝モスク拝所（オガミ山）、であることを正解していることがわかった。

　私の敬愛する鏡味完二が、昭和17年沖縄への船旅をし、琉球列島に於ける地名の分布を、地理学評論第18巻11号・12号に、また沖縄島の聚落を同地理学評論第18巻9号・10号に発表している。この時も仲松先生は鏡味の案内役をしておられる。鏡味が何で琉球に関心が強かったというと、「日本地名学」の本の内容を見ると、沖縄出身の言語学者・奥里将建の「日本語系統論」を多く使用している。奥里も小学校の教員をしながら高検（旧制高校の教員検定）を通っていて、鏡味と同じ道、同志ということで、奥里はすでに日本語の原点を、欧印に求めている。

　これは琉球（含奄美）の明治維新以後も、文化教育行政等、島津封建性を引き継ぎ、差別教育を行った。奄美の場合、奄美出身者は10ヶ月講習〔鹿児島師範学校教員養成講習科が名瀬にあり（明治12年〜14年と、さらに明治27年〜34年）〕を一番で了えた一人だけ鹿師本科に入れた。それで日本で最初の司法試験に合格した岡程良や、ロシア文学者・昇曙夢(のぼりしょむ)も師範の本科に入れなかった（大山麟五郎氏談）。

　沖縄、奄美に検定出身者が多いというのもこのような差別教育行政の結果と思う。沖縄の場合、稲村賢敷（方言・民俗）・宮良当壮（方言）・新屋敷幸繁（国文）・奥里将建（言語学）……と検定出身者が多いのも、沖縄（琉球）という独特の地理的、歴史的、文化学問思想から来ていると思う。奄美の場合、同じく、明治22年に名瀬に初めて大島高等小学校が出来、教員検定講習目的でつくったが、第一回卒には、後の法博、検

事総長、泉二新熊や大島直治（専検から東大へ、後九大教授）等大学に行くのもいた。

　私の父周吉の恩師奥江六郎は、この大島高小三回卒くらいと思うが、検定で、赤木名高小の教員になり、牧野、原口守国を教え、文検合格者を出した。父は高検を受ける予定をしていたが、笠利村民主化運動にかり出され、一番肝腎な30代の約10年間徒労に費した。恩師奥江六郎は、文検地理科を受験準備していたので、父は高等科時代は天文、地文（理）が得意だった。しかし、生来人間の生命、生き方に関心があったので、天文学から哲学の方に進み、昭和17年、奄美では高検第一号となった。

　日本は明治維新以後、世界に追いつけ追い越せといって、日清、日露、満州事件という軍国侵略に進んだ。その間、大正デモクラシー時代、父や、仲松先生等、琉球の文芸復興期に逢い、人間本来の、平和、幸福をもたらした、いわゆるニライカナイ思想への教育、文化への道を開いた。琉球の歴史的先輩たちとして、敬愛しているのです。吾々の年代は、引き続き、シナ事変、大東亜、世界戦争と、青年学生時代をすごし、常に国家権力に引きずり回され、戦争となると、まず最初に犠牲を強いられるのは、琉球である。吾々は、平和と幸福のために闘って来た先輩たちを、誇りと希望と平等、自立の精神と、自信を持って生きて行きたいと思っています。

定年退職したら一介の老人だよ

仲村　昌尚

　私が学生の頃、教室の後方の座席に坐っていると、講義中の声は良く聞こえたが、姿が見えなかった。私の背が低いせいであろうと思い、次回からの講義を受ける時から最前列に席を取ろうと思い、そのようにした。前列では弥秀先生の足先から頭のてっぺんまでよく見えた。思ったより体は小さく、すき通った声、大きな声は身体の数倍もあり、いつも

鮮やかな姿であった。

　講義の度ごとに、最前列に坐っている私に質問ばかりしておられた。「君の名は？」、「はい、仲村」です。「どこの出身だ」、「はい、久米島です」。次回の講義中、「久米島はいいところだよな」。「あっ、そうですか」。「『あっ、そうですか』とはなんだ。久米島は歴史・文化の宝庫だよ」、「あっ、そうですか」。その次の講義の時、何を質問するだろうかと、内心ハラハラしながらも、期待もしていた。案の定、質問がきた。「久米島には現存する村落ではなく、古い時代に、どこにどんな『村々』があったか」。私はこの質問にはほとんど答えることが出来なかった。

　その頃、弥秀先生は幾度も久米島へ渡り、今日姿を消している古い村落やその村落と関わる御嶽やウガンジュ、グスクなど、ことごとく調査をなされ、私たち若者（当時）より、久米島のことを良く知っておられた。「仲村君、卒業後郷里久米島で仕事をするんだったら、自分の島の歴史・文化を調査、研究したらどうか」と言われた。「自分の島を知ると、やがてもっと広い所が見えてくるよ」とも話しておられたが、当時私は、そのようなことに関心がなかった。卒業後、郷里久米島で中学校教師として赴任したが、教師免許は社会科でありながら、主として数学を担当していたので、社会科とは縁遠くなっていた。6ヶ年目から本来の社会科を担当したが、どんな方法で授業を進めたらよいか、しかも当時沖縄県内の中学生たちの社会科離れの状況もあったので、私も中学生たちと同じ思いをしていた。しかし、授業はしなければいけない、中学生たちが社会科に興味を持つためにはどんな授業をすればよいか、興味を持たすためには、私自身興味のもてることはないか、と考えた。その時、学生時代に弥秀先生に言われていたことを思い出した。「自分の島の歴史や文化」を調べることによって、もっと広い所が見えるかも知れない。私は多くの古老たちを訪ねたり、城跡に足を運んだり、県主催の貝塚調査に参加したり、久米島に関する文献を探し求めたりするようになり、知ったことを生徒たちに話を聞かせてやったりした。

　いつの日か記憶は定かでないが、弥秀先生と出合う機会があった。私は既に40代に突入していたが、「仲村君、教頭、校長への管理職試験を受けるか」とおっしゃっていたので、「未だ考えておりません」と応え

たら、「あれは名誉職で、定年退職したら一介の老人だよ、年を経ていくうちに人々から忘れ去られる、それより、徹底的に研究を続けて、世の人々に役立つ本を書き残した方がましだと思うが、どうだ」と話されていた。本を書くとか、管理職になろうとも考えずいつしか時間が経過していったが、私の郷土研究にひかれて、毎年多くの中学生が私の後について来た。私の研究調査、そして生徒と共に歩んだ成果は『久米島の地名と民俗』にまとめられた。私はこの本を印刷所に託する前に原稿を弥秀先生に一読していただいた。その時の弥秀先生が大変喜んでおられた姿は今も強く印象に残っている。しかも、序文も寄せていただき、感謝の念は今も忘れることはない。

犬も歩けば

津波 高志

　仲松先生に始めてお会いしたのは、私が琉球大学法文学部に入学した年、すなわち1967年のことである。それ以来、先生にはいろいろとご指導を仰いでいるので、その間、かれこれ40年近い歳月が流れたことになる。まさに、歳月人を待たずである。
　我が学生時代の仲松先生は50代後半のバリバリのフィールド・ワーカーで、恐らく学問への情熱からくる活力がみなぎっていたのであろう、私には燦然と輝いているように見えた。その仲松先生が今やカジマヤーを迎えられ、一方、学生時代にお世話になった私も加齢だけは順調で、当時の仲松先生と同じく50代後半になってしまった。その私に当時の仲松先生の思い出を語る機会が与えられたことは、そのこと自体、何とも不思議な巡り合わせとしかいいようがないのであるが、せっかくなので、先生に出会った頃のことを振り返ってみたい。
　法文学部の国語国文学科に入学した私は、当初、地理学の仲松先生に親しくご指導いただくことになるとは、予想だにしなかった。しかし、

結果的にはそうなってしまったのである。その切っ掛けは国文科の先生方と仲松先生との親しい仲にあったように思う。

当時の国文科には仲宗根政善や嘉味田宗栄、湧上元雄などの著名な先生方がいらっしゃった。私は嘉味田先生を顧問に戴く琉球文学研究会の一員だったので、その研究室によく出入りしていた。仲松先生も嘉味田研究室にはよく足を運ばれていたので、私はそこで始めて仲松先生にお会いしたのである。

同じ建物の2階には国文科の研究室があり、3階には地理学の研究室があった。仲松先生が1階下の嘉味田研究室に頻繁に来られる理由を研究会の先輩に聞いたら、両先生は師範学校の頃からの友達なので、研究の合間に退屈になると、仲松先生が暇つぶしに嘉味田先生をからかいに見えるのである、と教えてくれた。親しい仲では、いや親しい仲であればこそ、如何なる失礼な言葉も投げつけて良い沖縄文化を当時から我々は行動様式として身につけていたのである。つまり、仲松先生と我々学生はそれほど親しくなっていたのである。

ある日、嘉味田先生の目の前で、仲松先生が私に向かって「津波君、我々の研究室はここにはないよ。あそこにあるんだよ」と、外を指さしながらおっしゃった。そして、「犬も歩けば、棒に当たるのだから、我々は外を歩こう」と言い放ったのである。温厚な嘉味田先生は顔を真っ赤にしながら、一言も反論せず、ただ笑っておられた。

「犬も歩けば、棒に当たる」は仲松先生の口癖であった。恐らく、それを信条にして、1960年代初頭からグスク、御嶽、テラ、ミャーなど、琉球弧の村々の聖地や葬地に関する研究を意欲的に展開されたと思われる。61年の『沖縄文化』の2編の論文「〈御嶽〉の本体」「〈グシク〉考」から68年の著作『神と村』（琉球大学沖縄文化研究所）まで10年も要しない、猛烈な勢いであった。その『神と村』の出版された前後の時期が、私の学生時代なのである。

琉球弧の村々の聖地や葬地に関する仲松説は60年代の研究成果であるが、それを踏まえずして今日の研究状況は語れない。最も良い時期に仲松先生にお会いできたことは、私にとって何よりも幸いで、密かに誇りに思っている。そして、その口癖に込められた精神を生涯忘れずにい

たいと思っているのである。

　現に、いつかは棒に当たるつもりで、私は今も外を歩いている。出来れば、その棒は金の延べ棒だと良いのだが、と思いつつである。残念ながら、棒にはいまだ当たっていない、とこれまでは思っていた。しかし、よくよく考えてみると、仲松先生こそ、私にとって金の延べ棒なのではないか、と最近になってようやく気づくようになった。

　多くの学問を残された仲松先生は、また、多くのエピソードも残された。それらを一つ一つ紹介すると、「オイコラ、津波」と怒られそうなので、止めることにするが、一つだけ最後に紹介したい。90代になられた先生はいつ頃あの世に行くべきかを閻魔大王に尋ねられたそうである。そうしたら、閻魔大王が「仲松、おまえがこっちに来るとうるさいから、こっちには来るな」と答えたそうである。その調子で、いつまでも長生きしていただきたい、と切に願う次第である。

「墨は知ってモノ知らぬ人間」に成るなよ!!
仲松弥秀先生にいただいた言葉

安渓 遊地

　はじめて仲松弥秀先生にお会いしたのは、1977年、私が京大の大学院の3年目で、琉球大の地理学教室を訪ねた時でした。西表島の廃村の生活復原というエスノアーケオロジーをめざした修士論文を、島の方々にお返しするために、島袋伸三先生の研究室で増刷していただく、というとんでもないお願いをした時でした。訪ねてみると定年を迎えられていた仲松先生は、弟子達に囲まれてそこにあった私の修士論文を手にして、これはなかなかいい論文だと誉めておられるところでした。島袋先生が私を紹介してくださると、仲松先生は、「しまった、本人の居るところ

で誉めるんじゃなかった！」と茶目っ気たっぷりに笑われました。
　時は流れて、私と妻の安渓貴子が共著の形で福岡の葦書房から出した『島からのことづて ── 琉球弧聞き書きの旅』を仲松先生にお送りしたところ、早速お礼の手紙を先生は下さいました。「2000年5月5日（子供の日）」と先生は書いておられます。直接誉めないとおっしゃっていた先生の習慣はだいぶ緩和されたもようです。

　……安渓遊地さん思い出します。年、月、日も忘れていますが、偶然首里城（ぐすく）前の守礼門の処で、全く思いがけ無くも西表出身の貴方に会い、三人で首里城内の神の居処（真玉杜グスク）である「京の内」に行き、若い元気の貴方が、自然洞窟に、そして下方に抜け出て来られた処が、これまた「クンダグスク」であることを実証なされたことを!! このこと、私は全然忘れていません。

　先生、あれは1989年4月3日のことでした。1978年から足かけ2年アフリカの森に暮らし、1981年4月からわずか1年だけでしたが、沖縄大学の教員になって首里・赤平の古い家に住みました。その後も西表島通いは続きました。あの時は西表島経由で与論島に行った帰りに、仲松先生と久手堅憲夫先生の首里城の地名巡検に加えていただく果報をいただいたのでした。その時に狭い洞窟が見つかったので、向こう見ずにもぐり込んだら、向こうに抜けてしまいました。このことは、大きな発見だったらしいのです。
　そのあと、龍潭のほとりの喫茶店で、両先生の楽しいお話を伺い、与論島の地名についても情報交換ができました。耳に残っている両先生の言葉の中でも次のものは、私に音楽のもつ力と、言葉の力について実感させてくれました。

仲　松「沖縄戦であそこまで破壊されたのに、ウチナーンチュは、拾った空き缶と木ぎれとパラシュートのひもでカンカラ三線（サンシン）を作って、歌って踊りながらそこから復興して行ったものなあ……。」
久手堅「フェニックス（不死鳥）のようによみがえりましたからね。」

仲　松「沖縄の現状を見ると、フェニックスじゃなくてフェーヌクス（蝿の糞）だけれど（笑い）」

　亀の島（俗称「北アメリカ」）の先住民族運動の指導者デニス・バンクスさんが、のちに沖縄を訪れて「エイサーを見ると琉球民族が勝利した民族であることがよくわかる」と感心したことも思いおこされます。また、西表島の島びとたちの中には、「西表の人間はな、口は悪いけれど、心はもっと汚いぞ（笑い）」と言うような冗談を平気でいくらでも言える人たちがいることも、琉球弧の島びとたちの本当の底力（スクヂカラ）なんだと痛感させられます。

　先ほどの手紙の中で、先生は勢いのある筆で次のように書いてくださいました。

　　私が小学校二年か三年生の時、字の知らない御媼さんから言われました。
　　「弥秀よ！"墨は知って、モノ知らぬ人間"に成るなよ!!」（昔は毛筆、墨は文字の意味）
　　私は「墨知ったらモノわかる人間に成る」のに変な言をいう御媼だ

なとその時は思いました。

　今になって判りました。学問する者が「モノ」の判らぬ人間が満々と世界中に広がって居ることを。安渓両氏の『島からのことづて』は「現代の墨知っている者」に対しての無意識ながらの金言と思っています。流石「文明の劣って（？）いる島育ち」の安渓様です。まことに心身が洗われるような著書です。

　私は今まで、安渓様御二人は、山口県出身とのみ思いこんで居ました。貴子先生が愛知県のお生まれには驚きました。私も愛知県の高校に、敗戦で朝鮮から引き揚げて数年（約十年間）勤務しました。三女は渥美半島で生まれました。知多半島、渥美半島、特に岡崎市に長らく居ました。

　とにかく、安渓両先生、全く感謝致しています。私は字が書け無い老人に成ってしまいました。お許し下さい。何時までもお元気で!!

　机の上での学問だけでなく、「足で、耳で、目で、身と心を使って体得」せよ、というのが、仲松先生からいただき続けている暖かい励ましのお言葉です。

　先生のカジマヤー万歳！　先生こそいつまでもお元気で!!

仲松弥秀先生とわたし

町田 宗博

　「この長く続く人々の列は……」というロシア小説の一節からはじまったのは、ソ連圏地誌の講義の冒頭だったと記憶している。小説の題名は忘れてしまったが、そこに描かれた風景が、どのような社会的状況から発生したかを、仲松先生はヒューマンに語られた。地誌は、国なり地域なりの自然環境から出発して、人文的知識について学んでいくというイメージを持っていた私には、新鮮だった。仲松先生の講義の印象は、地

理学的成果や知識を羅列せず、ヒューマンに語り、熱く沖縄を論じた。時には憤りをこめたように、「てかけあしかけはなかけめかけ」とか「ちりちりばらばら」、「ちりあくた」という言葉を口になさっていた。私が、地理学専攻の学生として入学したのは1973年4月、仲松先生が退官なさるのが1975年3月。退官を前にして、先生が、今なさっていること、今言いたいことが講義の大部分にも反映している時期でもあったろう。ソ連圏地誌でも、経済地理学でも最後はウタキの話を聞いていた。

　数値データを用い論理実証的な研究をよしとすることが主流の当時の地理学において、仲松先生のウタキや民俗行事などの文化的諸事象を地理的（空間的）視点から究明し、琉球弧の村落・文化の古層に迫るという研究スタイルは、少数派であった。当時学生であった私も、他の教官の言動などからそのような状況を感じることができたし、「仲松先生的」テーマをやりづらい雰囲気もあった。仲松先生にとって、大学は決して居心地の良いものではなかったかもしれない。ある事務官は、「大学入試直前、仲松先生に試験監督を拒否されてたいへんに困った」と話されていた。研究活動に没頭したいころでもあろうし、拒否をさせるようないくつかの状況が重なったのであろう。当時、琉球大学に赴任されてきたばかりのある先生は「仲松先生の言っているニライカナイなんていうのは、あれはウソなんだろう？」と私に言われて、返答に困った。ただ、その先生自身の研究が、その後、仲松先生の影響をだいぶ受け、現在では仲松先生を高く評価し、今回のカジマヤー記念号の刊行を熱心に勧められたお一人でもある。

　私が、仲松先生の名前をはじめて知ったのは1971年、普天間高校3年生のときだった。現在、宜野湾市の文化課におられる呉屋義勝さんが主宰した郷土研究クラブに所属した私は、中城村新垣集落に聴き取りに行った。そこで、「前に琉球大学の仲松先生という方が調べにきていた。」という話しを聞いたのである。クラブの顧問が、民俗の前川守夫先生や言語の津波古敏子先生であったゆえであろう。後日、部室の本棚に『神と村』が置いてあるのに気づいた。表紙の仲松弥秀の活字を見て、ああこれが新垣で聞いた先生かと小さく感動したのを覚えている。間接的で

はあれ、私と仲松先生との最初の出会いはフィールドであった。高校3年の夏、米軍の毒ガス移送のため休みが例年より長くなった。この休みを利用し私たちは、その年の3月から調査をはじめた今帰仁村玉城に長い合宿をした。この玉城に、仲松先生が今帰仁赴任時代に住んでおられたことは後で知った。ご本人にお会いする以前から、フィールドではだいぶご縁があったようである。私にとって、この玉城集落での経験が、大学で地理を選択するきっかけともなった。

　私たちが学生のころの仲松先生は、きびしくて近寄りがたい雰囲気をもっていた。大学という環境が先生をそのようにみせていたかもしれない。講義の中で「今度、奄美に行くが、一緒に行くものは誰かおらんか」と先生が言われても教室はシーンとしていた。先生は落胆されたように帰られたが、先輩への遠慮もあり、手をあげづらい雰囲気があった。退官し、しばらく間をおいて、教養の「地理学」の非常勤講師を先生が担当された。そのころには、先生もだいぶ「丸く」なられたように感じた。あれほどヘビーであったタバコをやめられビールを嗜まれるようになった。学生にも、あの先生のニコニコ顔は人気がある。接する人間に、安心と癒しをあたえてくれるいいおじいちゃんだ。

　先生の築かれてきた経験は、私たちにとってかけがえのない宝物です。仲松弥秀先生、たいへんありがとうございます。

編集後記

 『南島の地名第6集:仲松弥秀先生カジマヤー記念号』をお届けいたします。「仲松先生著書未収録論文」「講演録」(各1篇)、「聞き書き」(2篇)、「仲松弥秀ノート目録」、「論文」(7篇)、「研究ノート・地名エッセー」(11篇)、「仲松弥秀先生の思い出」(6篇)、計29篇から構成されています。従来の3倍の分量になりました。また、表見返しの地図に示すとおり、対象地域は南島(琉球弧)を越えて広範囲に及んでいて、改めて「仲松学」の偉大さを実感いたしました。▼目次構成(論文と研究ノート・地名エッセーの分類等)は、編集委員会ならびに幹事会において決定しました。▼寄稿原稿は、約7割がワープロ原稿、あとの3割が手書き原稿でした。手書き原稿の大部分と、「著書未収録論文」「講演録」の文字入力を琉球大学法文学部の町田研究室で行ないました。仲松先生の年譜と研究業績目録の作成等を町田が、口絵写真の選定とそのキャプションを深沢が、レイアウト・図版調製等を渡久地が担当しました。編集および校正は全編集委員で分担して行ないました。▼ロゴマークに用いた文字は書家の南山聖逸氏(読売書法会幹事)にお願いいたしました。ボーダーインクの池宮紀子氏には、編集作業に関して貴重なアドバイスとご協力をいただきました。校了前には田場由美雄氏(沖縄県立芸術大学共同研究員、哲学)にご助力をいただきました。三氏に対して記して厚く御礼申しあげます(KT)。

南島の地名　第6集　仲松弥秀先生カジマヤー記念号

2005年8月7日発行

編集・発行　南島地名研究センター
　　　　　　(代表　島袋伸三)
　　　　　　〒903-0129　沖縄県西原町字千原1番地
　　　　　　琉球大学法文学部地理学教室(町田宗博研究室)
　　　　　　Tel. 098-895-8269

発　売　元　㈲ボーダーインク
　　　　　　〒902-0076　沖縄県那覇市与儀226-3
　　　　　　Tel. 098-835-2777
　　　　　　Fax 098-835-2840

印　刷　所　でいご印刷　Tel. 098-858-7895

© Nanto Placenames Research Center, 2005
ISBN4-89982-096-8 C0025　￥2000

編集委員　上原冨二男・我那覇念・渡久地健・仲田邦彦・深沢惠子・町田宗博